親子で学ぶ英語図鑑

基礎からわかるビジュアルガイド

HELP YOUR KIDS WITH
English
A UNIQUE STEP-BY-STEP VISUAL GUIDE

- 文法
- 句読法
- スペリング
- コミュニケーション技能

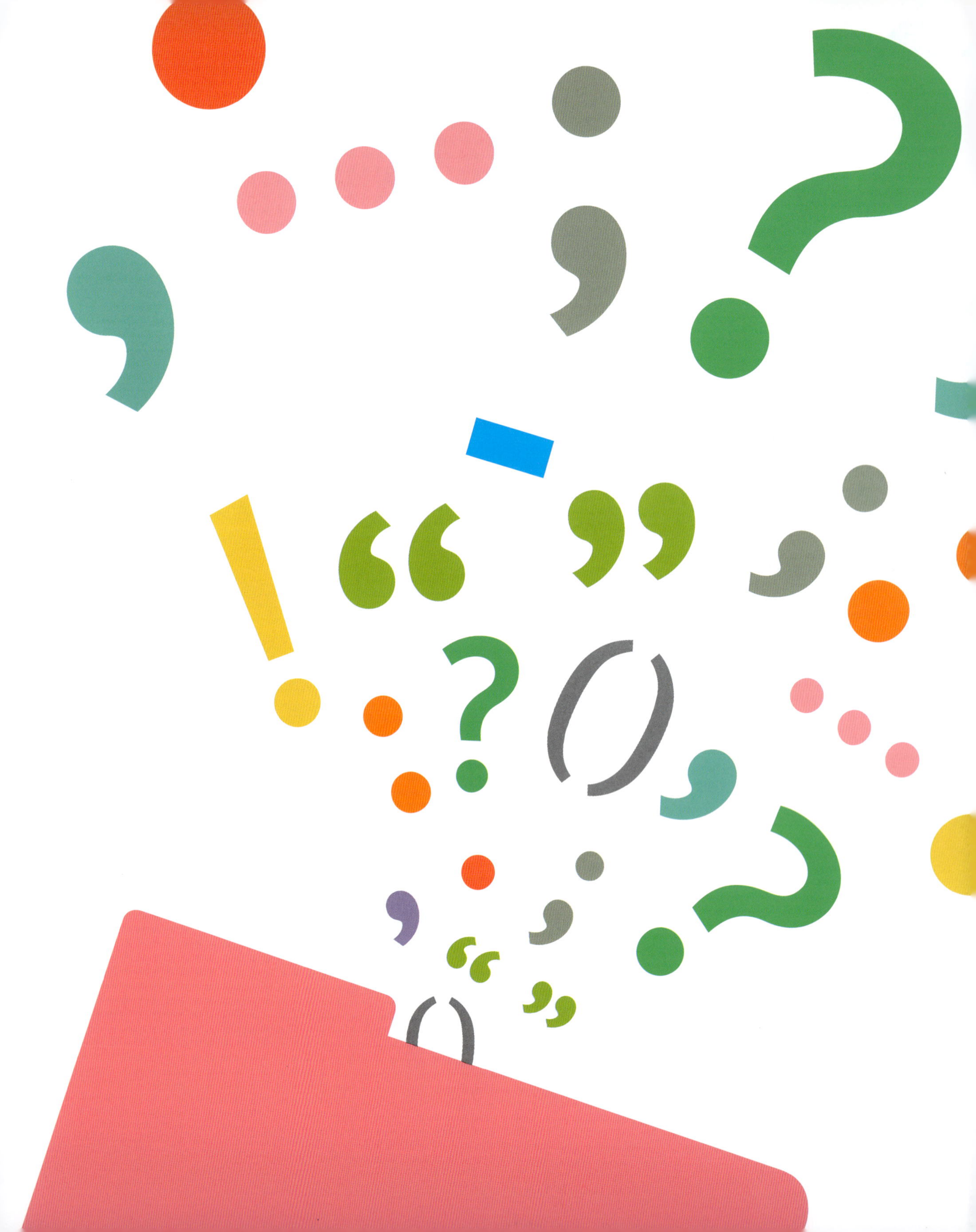

親子で学ぶ英語図鑑

基礎からわかるビジュアルガイド

HELP YOUR KIDS WITH English
A UNIQUE STEP-BY-STEP VISUAL GUIDE

謝辞

ドーリング・キンダスリー社は、デザインにご協力いただいたデイヴィッド・ボール、ミック・ゲイツ、図版作成にご協力いただいたマルティングズ・パートナーシップ社のマイク・フォスター、スティーヴ・キャプスィー、編集作業にご協力いただいたヘレン・エイブラムソン、校正担当のジェニー・スィッシュ、索引（翻訳書では割愛）担当のキャロン・ブラウンの各氏に感謝いたします。

また、写真の使用についてご快諾くださった次の方々に感謝いたします。

（図版の位置：b －最下部、c －中央部、t －最上部）

9 Alamy Images: Niday Picture Library. **39** Alamy Images: Moviestore Collection Ltd. **45** Alamy Images: Kumar Sriskandan. Alamy Images: Kumar Sriskandan. **45** Alamy Images: Kumar Sriskandan. Alamy Images: Kumar Sriskandan. **54** Fotolia: (c) Stephen Finn. **63** Corbis: Bettmann. **69** Corbis: Susana Vera / Reuters. **75** Alamy Images: Vicki Beaver. **80** Corbis: Michael Ochs Archives. **84** Alamy Images: Stephen Finn. **86** Alamy Images: Jon Challicom. **98** Alamy Images: Papilio. **101** Corbis: Ken Welsh / * / Design Pics. **104** Alamy Images: Jamie Carstairs. **109** Getty Images: NBC. **111** Alamy Images: Eddie Gerald. **112** Alamy Images: flab. **121** Alamy Images: incamarastock. **134** Alamy Images: Phillip Augustavo. **138** Corbis: National Archives / Handout / Reuters. **143** Alamy Images: David Page. **156** Corbis: Franck Guiziou / Hemis. **158** Alamy Images: Martin Shields. **163** Dreamstime.com: Urosr. **166** Corbis: Darren Greenwood / Design Pics. **172** Corbis: Richard T Nowitz. **175** Getty Images. **177** Corbis: Bettmann. **182** Alamy Images: Paul David Drabble. **185** Dreamstime.com: Shariffc. **191** Corbis: JGI / Jamie Grill / Blend Images. **195** Used with kind permission of Dogs Trust, the UK's largest dog welfare charity with 18 rehoming centres nationwide and they never put down a healthy dog. **196** Alamy Images: Alistair Scott. **203** Alamy Images: Mary Evans Picture Library. **208** Corbis: Frank Lukasseck. **211** Alamy Images: Nancy G Photography / Nancy Greifenhagen. **214** Getty Images: Darryl Leniuk (b); Nicholas Pitt (t); Jochen Schlenker (c). **218** Corbis: John Springer Collection. **221** Alamy Images: Kristoffer Tripplaar. **222** The Kobal Collection: Warner Horizon TV. **225** Corbis: Heide Benser. **227** Corbis: GARY HERSHORN / X00129 / Reuters. **229** Corbis: Joshua Bickel

All other images © Dorling Kindersley
For further information see: www.dkimages.com

■この本を手にとっていただいた方に

本書はもともと、親と子が一緒に楽しく英語を学び直すために編集された、イギリス人のための英語参考書（イギリス人にとっては国語参考書）です。英語世界の全体を多くの小項目に分け、カラフルな図版を駆使して、「文法」だけでなく「句読法」「スペリング」「コミュニケーション」の分野にも多くのページを割いているのが特色です。私たち日本人は、中学・高校の6年間に英語をかなりくわしく学習しますが、文法を除く上記の3分野については、まとめて学習することがほとんどありません。そこで、みなさんは、読み進むにつれてさまざまな新知識に出会うことになり、いまや「世界語」になっている英語に、ますます興味を抱くようになるはずです。

ところで、「親子で読む参考書」といっても、内容は必ずしも子供向きではなく、「就職申込書の書き方」など、青年・成人向きの内容も多数含まれています。したがって本書は、日本の英語好きの中学生・高校生はもちろん、大学生や大人のための「本場の視点を導入した英語再チャレンジ用ハンドブック」と言ってよいでしょう。例文や場面設定など、全体にわたってユーモアがちりばめられているほか、英語にまつわる各種のエピソードも随所に織り込まれており、読んで楽しい内容ともなっています。

●**イギリス英語とアメリカ英語の違い**――読者のみなさんの中には、「イギリス英語の参考書」という点にやや戸惑いを抱く方がいらっしゃるかもしれませんが、心配はまったく無用です。実は、本書はアメリカでも出版され、一部はアメリカ英語に直されているものの、修正はごくわずかで、英米どちらにも共通する内容になっています。特に異なる点については、それを説明する項目（たとえばp.174）が用意されていますし、原書で触れていない点については、訳者が解説を補充したり、「訳注」を付けたりして、そのつど英米の違いを簡潔に説明しました。イギリス英語とアメリカ英語の違いがわかるのも、この翻訳書の魅力の1つです。

●**英米での教え方と日本での教え方の違い**――英米と日本では、教え方に（特に文法の分野で）いろいろな違いがあり、時には、「この説明は変だ！」と感じる部分があるかもしれません。でも、教え方の違いを知るのも楽しいものです。ただし、日本での（特に中学校での）教え方と混乱しないように、翻訳にあたっては、違いを補足したり、「訳注」を付けたりして、そのつど簡潔な説明を加えました。したがって本書は、イギリス英語とアメリカ英語の違いだけでなく、本場の教え方と日本での教え方との違いにも触れた、類書のない、きわめて興味深い内容に仕上がっていると信じます。

さらに、解説を直訳しただけでは日本人にとってわかりにくい場合は、訳者が補足説明を加えたり、具体例を添えたりして、わかりやすい解説に書き換えています。ご了承ください。

では、さっそく、英語の「新しいドア」をノックしましょう！

訳者　リーピン・リザーズ

まえがき

　みなさん、こんにちは。

　テレビのクイズ番組「カウントダウン」に携わった30年間に、私は、言葉を大切にして魅力的に使うことを学び、さらに、言語というものがどのように進化していくかを学びました。現在、私たちは、店頭表示や広告文案から就職申込書に至るまで、あらゆる場面で劣悪な英語を目にしています。大した問題ではない、と言う人たちもいますが、決してそうではありません。上手に話したり書いたりする能力は、学校でも職場でも、私たちの日々の生活にきわめて大切なものなのです。

　文法や句読法やスペリングのさまざまな規則は、いかにも複雑そうです。そして、効果的なコミュニケーションに欠かせないそれらの規則を身につけることは、学生にとっても、親たちにとっても、気の遠くなるような課題に思えます。多くの親たちは、コンマの多彩な使い方を説明するのに不安を抱くかもしれませんし、「you and me」と言うべきか「you and I」と言うべきかを教えるだけの自信を持ち合わせていないかもしれません。本書では、最も複雑な概念でさえ誰でも簡単に理解できるように、きわめてわかりやすい例と解説を提供しています。

　ひとたびこれらの規則を身につけてしまえば、みなさんはそれらの規則を使って、エッセイや自伝の執筆から休暇旅行の予約、テレビ番組への出演に至るまで、どのような状況においても、自分のメッセージを英語で正しく伝えられるようになるでしょう。

　本書をまとめるために私たちが注いだ愛情と同じくらい熱い思いで、みなさんが本書を楽しんでくださるよう、心から願っています。

キャロル・ヴォーダマン

abbreviations, accents, **acronyms**, adjectives, **adverbs**, alliteration, **apostrophes**, Arabic numerals, **articles**, asterisks, **auxiliary verbs**, brackets, **bullet points**, capital letters, **clauses**, collective nouns, **colloquialisms**, colons, **commands**, commas, **common nouns**, compound sentences, **compound words**, conditional sentences, **conjunctions**, consonants, **dangling participles**, dashes, **dialects**, direct speech, **ellipses**, exclamations, **exaggeration**, figures of speech, **first person**, fragments, **gender**, homographs, **homonyms**, homophones, **hyperbole**, hyphens, **idioms**, indefinite pronouns, **indicative mood**, indirect questions, **infinitives**, interjections, **irregular verbs**, italics, **jargon**, linking verbs, **main clauses**, misplaced modifiers, **moods**, morphemes, **negatives**, noun phrases, **nouns**, numbers, **objects**, ordinal numbers, **parentheses**, participles, **personal pronouns**, phonetics, **phrasal verbs**, phrases, **pitch**, plural nouns, **possessive determiners**, prefixes, **prepositional phrases**, present participles, **pronouns**, proper nouns, **puns**, punctuation, **question marks**, questions, **quotations**, relative pronouns, **reported speech**, rhetorical questions, Roman numerals, roots, **sentences**, silent letters, **singular**, slang, **subject**, subordinate clauses, **suffixes**, syllables, **tautology**, tenses, **third person**, tone, **verbs**, voices, **vowels**

目次

まえがき（キャロル・ヴォーダマン）	6
なぜ規則を学ぶの？	10
話し言葉と書き言葉	12
世界の英語	14

1 文法

文法の目的	18
品詞	20
名詞	22
複数形	24
形容詞	26
比較級と最上級	28
冠詞	30
限定詞	32
代名詞	34
数と性別	36
動詞	38
副詞	40
単純時制	42
完了時制と進行時制	44
分詞	46
助動詞	48
不規則動詞	50
動詞の一致	52
態と法	54
句動詞	56
接続詞	58
前置詞	60
間投詞	62
句	64
節	66
文	68
重文	70
複文	72
節の正しい用法	74
修飾語句の扱い方	76
誤用しやすい単語	78
否定語	80
関係詞節	82
イディオム，類似表現、比喩表現	84
口語表現と俗語	86
直接話法と間接話法	88

2 句読法

句読法って何？	92
終止符と省略記号	94
コンマ	96
コンマの他の用法	98
セミコロン	100
コロン	102
アポストロフィ	104
ハイフン	106
引用符	108
疑問符	110
感嘆符	112
カッコとダッシュ	114
箇条書き	116
数、日付、時	118
その他の句読法	120
イタリック体	122

3 スペリング

なぜつづり方を学ぶの？	126
アルファベット順	128
母音	130
子音	132
音節	134
形態素	136
変則的な英語を理解する	138
語根	140

接頭辞と接尾辞	142
文字の硬い音と軟らかい音	144
-e、-y で終わる単語	146
-tion、-sion、-ssion で終わる単語	148
-able、-ible で終わる単語	150
-le、-el、-al、-ol で終わる単語	152
子音字が1つの単語、重なる単語	154
「cの後を除き、iはeの前」という規則	156
大文字	158
黙字	160
複合語	162
不規則な単語つづり	164
同形同音異義語、異形同音異義語、同形異音異義語	166
紛らわしい単語	168
その他の紛らわしい単語	170
略語	172
イギリス式つづりとアメリカ式つづり	174
イギリス式つづりとアメリカ式つづり（追加）	176

4 コミュニケーション技能

効果的なコミュニケーション	180
適切な単語を選ぶ	182
関心を引く文を作る	184
計画立案と情報収集	186
段落分け	188
ジャンル、目的、受け手	190
文章を読んで説明する	192
レイアウトと表示機能	194
情報を伝える書き方	196
新聞記事	198
手紙とeメール	200
影響を及ぼす書き方	202
説明したり助言したりする書き方	204
分析したり論評したりする書き方	206
描写する書き方	208
個人的な体験に基づく書き方	210
物語の書き方	212
ウェブ用の書き方	214
台本の書き方	216
改作	218
点検と編集	220
話し言葉	222
ディベートとロールプレイ	224
スピーチ原稿の書き方	226
プレゼンテーションの技術	228

5 参考資料

「文法」の参考資料	232
「句読法」の参考資料	236
「スペリング」の参考資料	238
「コミュニケーション技能」の参考資料	244
本文の日本語訳	248

なぜ規則を学ぶの？
Why learn the rules?

英語の規則を学んでマスターすれば、いろいろな場面で役に立ちます。

英語の規則は、何としても身につけなければなりません。規則を学べば、簡単なeメールを送ったり旅行案内をしたりすることから、次のベストセラー小説を書くことまで、さまざまな状況にあるすべての年齢層の英語話者（English speakers）の役に立ちます。

英語は世界のニュースや情報を伝える最も主要な言語（main language）です。

言語能力を磨く

英語の規則や技能は、4つの大きな領域（area）に分けられます。これらの領域は、文の中で言葉をどう組み立てればいいか、どうつづり、どんな句読点を使えばいいか、そして、特定の状況で言葉をどう使えばよいかを示すものです。

文法（grammar）

文法規則は、自然でわかりやすい文章を書くには、名詞や形容詞など種類の違う単語を文中でどう並べればよいかを教えるものです。

句読法（punctuation）

句読法とは、終止符（full stop）、疑問符（question mark）、コンマ、アポストロフィのような符号の使い方のことです。書かれたものの正確な読み方が身につきます。（＊訳注：終止符はアメリカ英語では period）

スペリング（spelling）

スペリング[つづり方]の規則は、文字や文字群をどうつなげれば単語になるかを示すものです。正しいつづりを記憶するのに役立ちます。（＊訳注：この章では、スペリングと発音の関係についてもくわしく解説されている）

コミュニケーション技能（communication skills）

コミュニケーションの技能は、手紙を書くとき、他人に指示するとき、スピーチをするときなど、英語を話す人たちがお互いに情報をやりとりする場面で役に立ちます。

すべての分野につながる

学生が英語を確実に理解すれば、英語の授業だけでなく、すべての学科でよい成績をとることができます。科学のレポートを書いたり、主将としてバスケットボールチームを指導したり、あるいは演劇のオーディションを受けたりする場合でも、英語力は、あなたの素質を十分発揮するのに役立ちます。（＊訳注：これは英語圏の場合。「英語」を「日本語」に置き換えるとわかりやすい。「体育」はアメリカ英語では P.E.（physical education）という）

Report Card（成績表）

Student: Paul Drislane

Course（課程）	Mark（得点）	Grade（評価）
English	97%	A
Maths	94%	A
Science	90%	A
History	92%	A
Geography	97%	A
Drama	93%	A
Sport	95%	A

学生が英語力を身につければ、すべての学科でよい成績がとれる。

理想の仕事を見つける

仕事に応募するとき、英語力が優れていれば結果に大きな違いが生じます。英語の諸規則がわかっていれば、応募者(candidate)は完璧な応募書類を書くことも、面接(interview)で自分のことを、明瞭に自信を持って話すこともできます。どんな産業分野でも、雇用主は皆、自分自身を正確にきちんと伝えられる応募者を求めています。なぜなら、こうした技能はほとんどの仕事で毎日必要なものだからです。

職場では堅実なコミュニケーション能力が大切。

勉強や仕事以外でも

言語は、騒々しいスポーツの試合から洗練された舞台のショーまで、社会のさまざまな場面で使われています。大きな試合では、ファンは相手チームをからかうジョーク(playful jokes)や侮辱の言葉(insults)に満ちた、韻を踏んだ繰り返しの多い応援歌(chant)を歌います。劇場では、愛、情熱、悲しみ、怒りの感情を表現するために、俳優がドラマチックで胸を打つせりふ(lines)を語ります。愉快な映画を見たり、新聞を読んだり、あるいはポップソングを聞いたりする場合でも、優れた英語知識を持っていれば、これらの体験から多くのものを得ることができます。

(愛は優しいもの？ それは激しく残酷で非情。いばらのように人を刺す)

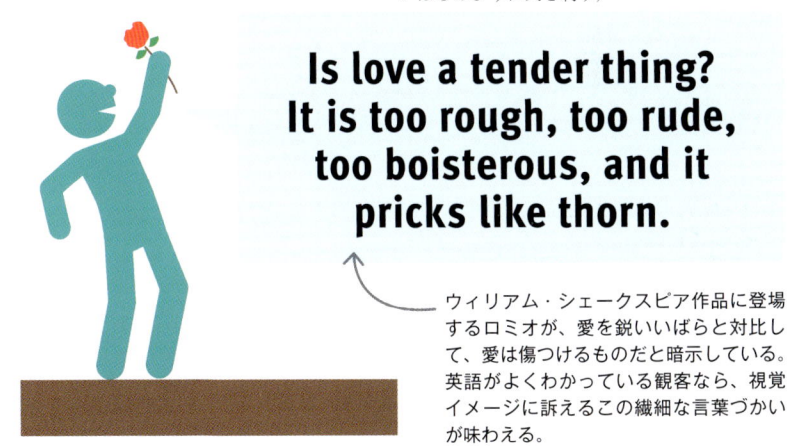

Is love a tender thing? It is too rough, too rude, too boisterous, and it pricks like thorn.

ウィリアム・シェークスピア作品に登場するロミオが、愛を鋭いいばらと対比して、愛は傷つけるものだと暗示している。英語がよくわかっている観客なら、視覚イメージに訴えるこの繊細な言葉づかいが味わえる。

世界を旅する

地球上で話されている言語の中でも、英語は普及率がトップクラスで、ビジネス界では主要言語になっています。英語が堪能なら、仕事や休暇で英語圏に行くのがずっと気楽になるでしょう。さらに、文法用語の知識があれば、ほかの言語を身につけるのがもっと簡単になります。

Hello! (こんにちは！)

Hi! (やあ！)

How are you? (元気ですか？)

話し言葉と書き言葉
Spoken and written language

英語の書き言葉も話し言葉も、それぞれに固有の特徴があります。

この2種類のコミュニケーション力を伸ばすためには、書き言葉と話し言葉の個々の用法だけでなく、両者の違いを理解することが大切です。

〔下の手紙文の訳〕ぼくはタイですばらしい時を過ごしています。タイは魅惑的な文化を持った美しい国です。毎日好天なので、ぼくらはほとんどの時間を、息をのむほど美しい浜辺で日光浴をしたりシュノーケリングをしたりして過ごしています。別の年に、またぜひ来てみたいと思っています。ニックから愛を込めて　キス
（＊訳注：アメリカでは、個人情報を伏せるため、宛名に敬称（特に Miss など）を付けないこともある）

書き言葉

小説や手紙や新聞記事のような文書は、細心の注意を払って書かれます。なぜなら、書き手にはふつう、使う単語や文を検討する時間があるからです。つまり、書かれる英語は、完全な文を使って、正式な語彙と正確な文法に従ってまとめられます。

Dear Jane,

I am having a wonderful time in Thailand. It's a beautiful country with a fascinating culture. The sun shines every day, so we spend most of our time at the stunning beaches, sunbathing and snorkelling. I would love to come back another year.

Love from Nick x

08-01-2013

Miss Jane Palmer
2 Villa Court
London, SE4 2JK
ENGLAND

英語の書き言葉は、省略しない完全な文で書く。

（＊訳注：snokelling はアメリカ英語では snokeling）

話し言葉

一般に、話し言葉は書き言葉より制約がないので、繰り返し(repetition)や、er とか um といった休止［間］(pause)が含まれます。会話の速度を上げるために、単語を省いたり、短くしたりすることもよくあります。また、使われる語彙や発音は、話し手の背景（生い立ちや経歴）によって違ってきます。

〔下の文章の訳〕やあ、ジェーン！　うん、旅行は最高。ありがとう。いい天気だし、いい浜辺だし…えーと…ぼくら、シュノーケリングにも行ったよ。また今度来るのが待ち遠しいよ。

I had an を省略。

yeah と awesome は、話し言葉で使われるくだけた単語。

Hey, Jane! Yeah, awesome trip, thanks. Good weather, good beaches...um... we went snorkelling, too. Can't wait to go back another time.

話しているときは、単語を繰り返すことがよくある。

話し言葉では、単語を短くしたり略したりするのが一般的。ここでは、cannot は can't と短くなり、I も省略されている。

話すときは休止をとって沈黙を音で埋める。

話し言葉と書き言葉　13

話し言葉を書く

文書によっては、わざと話し言葉風に書くものもあります。たとえば、小説や演劇台本にある対話は、自然な話し言葉に聞こえるように書かれます。そして、登場人物の背景がわかるような単語やつづりを使って、本物の対話らしくします。（＊訳注：Yarra Creek はオーストラリアのキング島にある町）

Yarra Creek

Episode 14: The Big Invitation

Scene: It's a sunny day. Mario and Darren meet while collecting their mail on the driveway.

Mario: G'day Darren. D'ya wanna drop by for a barbie this arvo?

Darren: Yeah, no plans, mate. Catch ya later.

- G'day はオーストラリア口語で hello を表す。
- catch ya later というくだけた語句は、see you later の代わりに使われる。you は発音通り ya と書かれている。
- Do you want to は、俳優が発音するように書かれている。
- barbie は barbeque の意味、arvo は afternoon の意味。

〔左の文章の訳〕ヤラ・クリーク
第14話：スゴい招待
場面：晴れた日。私道で郵便物を受け取っているとき、マリオとダレンが顔を合わせる。
マリオ：こんちは、ダレン。今日の午後、バーベキューに寄らないか。
ダレン：うん、用事ないし。じゃ、あとで。

正式 (formal)、略式 (informal)

一般に、話し言葉は書き言葉ほど正式ではありません。しかし、重要な例外があります。たとえば、友達に出す e メールの文章はくだけたものになるかもしれません。また、仕事上のプレゼンテーションは正式な言葉づかいですべきです。どの程度正式な言葉づかいにするかは、状況と受け手によって決まります。

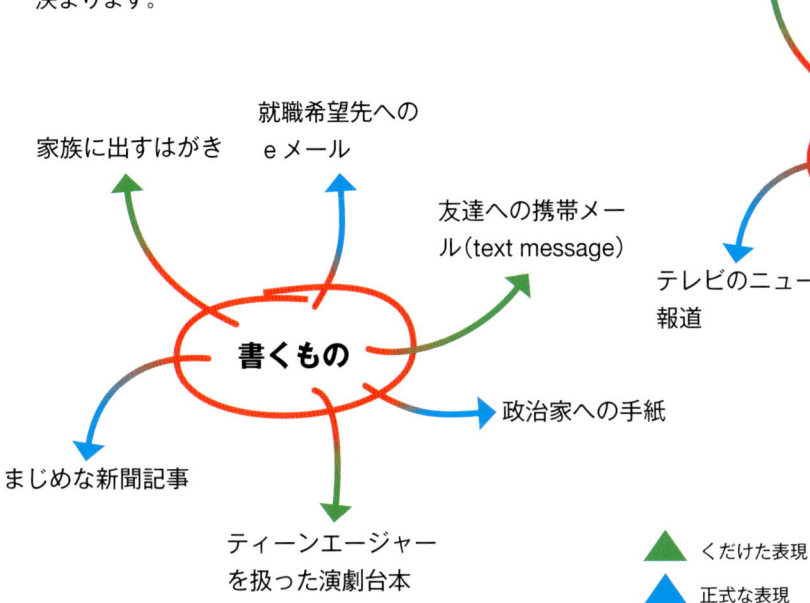

書くもの
- 家族に出すはがき（くだけた表現）
- 就職希望先への e メール（正式な表現）
- 友達への携帯メール(text message)（くだけた表現）
- 政治家への手紙（正式な表現）
- ティーンエージャーを扱った演劇台本（くだけた表現）
- まじめな新聞記事（正式な表現）

話すもの
- 電話での友達とのおしゃべり（くだけた表現）
- 就職面接での受け答え（正式な表現）
- ジョーク（くだけた表現）
- 仕事上のプレゼンテーション（正式な表現）
- トークショーでのインタビュー（くだけた表現）
- テレビのニュース報道（正式な表現）

▲ くだけた表現
▲ 正式な表現

△ **正式な表現か、くだけた表現か**
書く英語には、正式な言葉づかいにする必要があるものもあれば、くだけた言葉づかいでかまわないものもあります。話す英語も同様です。どちらの言葉づかいをするかは、個々の状況によります。

世界の英語 English around the world

英語は世界中で使われていますが、使われ方は必ずしも同じではありません。

世界の多くの国で英語を使っていますが、使われ方は（特に話し言葉の場合）地域によって大幅に異なります。同じ国の中でも同じことがいえます。

英語の広がり

英語の起源は、英国に渡ってきたアングロ・サクソン人の諸方言が融合した1500年以上前にさかのぼることができます。英語が世界に広がり始めたのは1600年代以降です。英国は海外に乗り出して植民地化を始め、現地に英語を持ち込みました。英語は今も普及し続けています。特に東南アジアや東アジアでは、英語は西洋との商取引に特に望ましい言語と考えられています。

1．カリブ海諸国やカナダは、歴史的に英国とのつながりが強い地域ですが、アメリカ合衆国とも地理的・文化的・経済的に結びついており、両国が競合しています。そのため、イギリス英語とアメリカ英語の両方の影響を受けています。

2．南アメリカのほとんどの国は、以前スペインやポルトガルに統治されていたため、スペイン語かポルトガル語を使っています。しかし、1966年に英国から独立したガイアナなど、一部の中央アメリカや南アメリカの国々では、英語が公用語（official language）になっています。

違いを見分けよう

英語が北アメリカに入ると、単語のつづりが変化し始めました。1828年に出版された『アメリカ英語辞書』(*An American Dictionary of the English Language*)では、centerとかcolor（イギリス英語ではcentreとcolour）といったつづりを採用し、アメリカ英語とイギリス英語は別物であることを広く認知させました。こうしたつづりの違いは、現在も続いています。

▷つづりと発音
たとえばcriticiseのような動詞は、イギリス英語ではsですが、アメリカ英語ではzです。また、アメリカ英語の方が長いダッシュ（―）を使い、コンマを多用します。

〔右の文章の訳〕新作ミュージカル「ハロー・ダーリン」は上演わずか9回で打ち切られた。劇場の歴史で最短の公演だった。多くのジョークが不快感を与えた後、このショーは酷評された。ある批評家はそのユーモアを「下品、時代遅れ、平凡」と表現した。

イギリス式
The new musical *Hello Darling* has been cancelled after just nine performances – the shortest run in the theatre's history. The show has been severely criticised after many jokes caused offence. One critic described the humour as "crude, dated and unimaginative".

アメリカ式
The new musical *Hello Darling* has been canceled after just nine performances—the shortest run in the theater's history. The show has been severely criticized after many jokes caused offense. One critic described the humor as "crude, dated, and unimaginative."

世界の英語 15

3．北アメリカは英語を主要言語とする最初の植民地でしたが、つづり方の異なる別形態の英語を発達させました。

4．英語が英国の優勢言語 (dominant language) になったのは中世 (5〜15世紀) です。

5．2010年のある調査では、ヨーロッパ人の約3分の2が英語をいくらかでも話せるということです。

6．現在、英語はビジネスの分野の国際語 (international language) です。日本と中国を含むアジアの多くの国々では、学校で英語を教えています。

7．インドおよびアフリカの一部では、植民地支配を受けていた数世紀の間、行政上の言語 (administrative language) として英語が強要されました。しかし、多くの場合、現地の人に第二言語として使われただけでした。

8．1700年代に大英帝国がオーストラリアとニュージーランドに進出すると、ヨーロッパ人の人口が現地人の人口を急速に上回り、英語が優勢言語になりました。

それ何？

世界の英語話者は、経歴や年齢や国籍によって異なる単語や発音を使います。なまり (accent) とはその単語の発音のされ方のことです。一方、方言 (dialect) は、語彙や文法構造の使われ方を指します。英国だけでも、ジョーディー（ニューキャッスル）、ブルーミー（バーミンガム）、ドリス（北東スコットランド）など、多くの方言があります。さらに、英語は世界中でさまざまに話されたり書かれたりしています。そこで、同じものを指すのに、イギリス、アメリカ、カナダ、オーストラリアで別々の言葉を使うこともあります。

fizzy drink soda pop
（炭酸水）

flip-flops thongs
（ビーチサンダル）

knapsack backpack rucksack
（リュックサック）

道路脇の歩行者用の小道はイギリス英語では pavement、北アメリカでは sidewalk、オーストラリアでは footpath という。

pavement sidewalk footpath
（歩道）

jumper sweater
（セーター）

イギリス人は、袖の長いニットの衣類を jumper というが、北アメリカでは sweater という。

sweet pepper bell pepper capsicum
（パプリカ、ピーマン）

trousers pants
（ズボン）

trainers runners sneakers
（スニーカー）

1

文法

文法

文法の目的 The purpose of grammar

言語の組み立て方[しくみ]を「文法」といいます。

単語は言語を組み立てる要素です。文法は、単語をどのように組み合わせれば適切な語句や節や文になるかを決定する一連の規則です。この規則によって、話が通じるようになり、会話を豊かにすることができます。

英文法についての最初の出版物 "Pamphlet for Grammar" は、1586年にウィリアム・バロカーによって書かれました。

発展する言語

どんな言語も、時とともに変化します。言語の発展につれて、文法も変化していきます。文法は言語によって違うので、同じことを表す文章でも組み立て方が違います。ですから、ほかの言語の文章を英語に正確に訳すのが難しいことがよくあります。

▷ **英語の語順**
右は、文法的に正しい英語の文です。主語 I の後に動詞 read が続き、形容詞 good が be 動詞 was に続いています。(, which = and it)

I read my sister's book, which was good.
（私は姉[妹]の本を読んだが、それはよい本だった）

▷ **古い英語の語順**
この文は、いったん古い英語の語順に変えたものを今の英語に戻したものです。前半は、現代英語でも文法的に意味が通じますが、後半では、be 動詞が最後にきています。

I read the book of my sister, which good was.

▷ **ドイツ語の語順**
この文は、いったんドイツ語の語順に変えたものを今の英語に戻したものです。古い英語はドイツ風の言語[ゲルマン語]なので、語順が同じになっています。

I read the book of my sister, which good was.

文法学習

子供は言葉を覚えながら、言葉の仕組みについても覚えていきます。この知識は読み書きによってさらに磨かれます。ほとんどの文法知識は無意識のうちに身につきますが、意識的に学ばなければならない文法規則もあります。（＊訳注：右は aren't I? を am I not?（正式な言い方）に直している対話。What you meant to say was, ～.「あなたは～のつもりで言ったんでしょ」）

I'm coming with you, aren't I?
（ぼくも一緒に行くんだよね？）

Wrong! What you meant to say was, "I'm coming with you, am I not?"

品詞

単語は、文の中での働きによってグループ分けされます。英語には 10 の品詞があります。独立した文が意味を持つには名詞（または代名詞）と動詞が不可欠ですが、文をおもしろくするのは形容詞、副詞、接続詞、前置詞など、それ以外の品詞です。

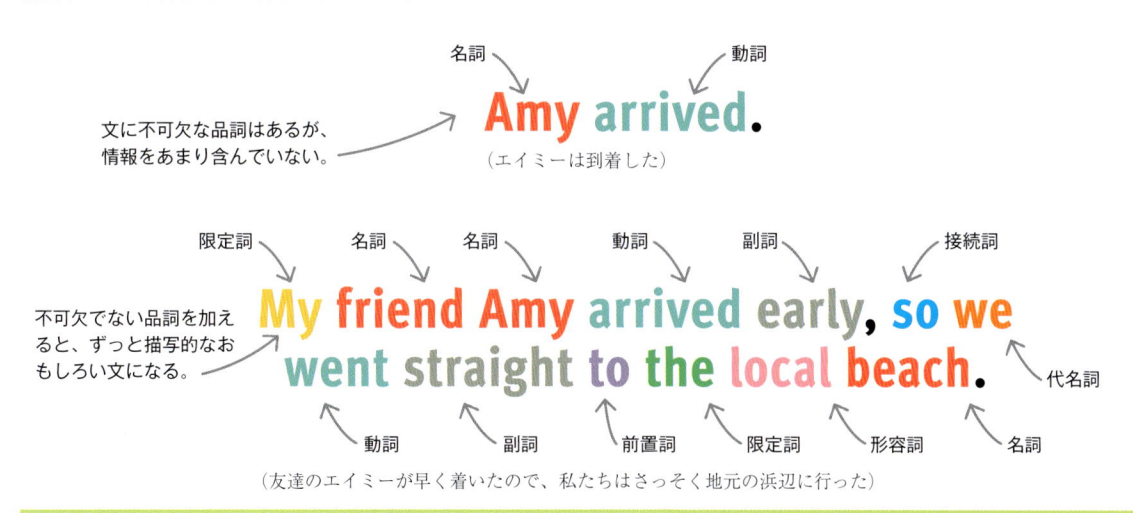

文に不可欠な品詞はあるが、情報をあまり含んでいない。

名詞 → **Amy** 動詞 → **arrived**.
（エイミーは到着した）

不可欠でない品詞を加えると、ずっと描写的なおもしろい文になる。

限定詞 → **My** 名詞 → **friend** 名詞 → **Amy** 動詞 → **arrived** 副詞 → **early**, 接続詞 → **so** **we** ← 代名詞
went **straight** **to** **the** **local** **beach**.
動詞 ↑ 副詞 ↑ 前置詞 ↑ 限定詞 ↑ 形容詞 ↑ 名詞 ↑

（友達のエイミーが早く着いたので、私たちはさっそく地元の浜辺に行った）

文を組み立てる

文法の規則がないと単語はでたらめに並ぶので、他人の言っていることがさっぱりわからなくなります。意思疎通をするためには、下のような規則が必要です。文の意味が通るように、句読点も正確に付けなければなりません。終止符やコンマのような句読点は、文をどう読むかを示しますが、文法は、単語をどのような順序で並べるのかを教えてくれます。

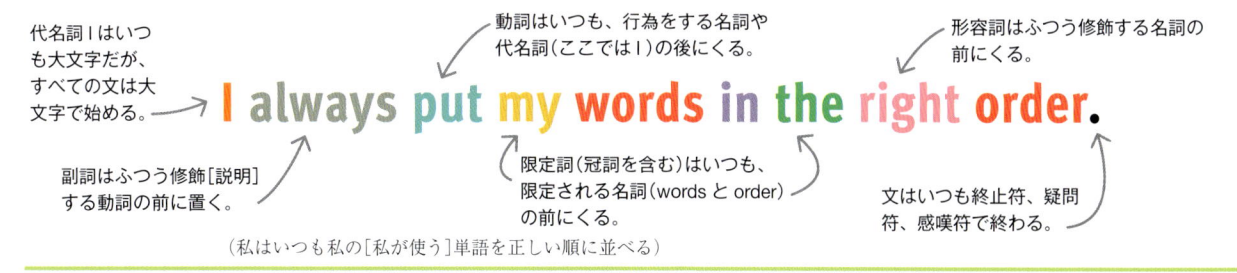

代名詞 I はいつも大文字だが、すべての文は大文字で始める。

動詞はいつも、行為をする名詞や代名詞（ここでは I）の後にくる。

形容詞はふつう修飾する名詞の前にくる。

I always put my words in the right order.

副詞はふつう修飾[説明]する動詞の前に置く。

限定詞（冠詞を含む）はいつも、限定される名詞（words と order）の前にくる。

文はいつも終止符、疑問符、感嘆符で終わる。

（私はいつも私の[私が使う]単語を正しい順に並べる）

文法はいつも必要

文法をよく理解すれば、明快・簡潔に話したり書いたりできるようになり、どんな種類の読み物も読めるようになります。文法知識は、就職申込みでも大いに役立ちます。雇用者は、文法的に正しい申込書を書いた応募者を選ぶからです。自分のことをきちんと表現できる応募者なら、面接もうまくいくでしょう。さらに、正しい文法知識は作文力も高めます。過去も現在も、有名な作家でさえ、いくつかの簡単な規則に従って書いています。

"My suffering left me sad and gloomy."

ヤン・マーテルの『パイの物語』(Life of Pi) の出だしの文句は、名詞で始まり、動詞が続き、文を印象深くする形容詞も含まれていて、文法規則に従っている。

（意訳：受難のせいで、私の心は悲しく憂うつなままだった）

品詞 Parts of speech

単語は言語を構成する単位ですが、意味が通じる順番に並べなければなりません。

品詞は、特定の単語がどう使われるかを示すものです。単語によっては、2つ以上の品詞になります。文中での使われ方によって、品詞が変わるのです。

参照ページ	
名詞	22–23 〉
動詞	38–39 〉
態と法	54–55 〉
句	64–65 〉
節	66–67 〉
文	68–69 〉

単語の種類

主な品詞は名詞、動詞、形容詞、代名詞、副詞、前置詞、接続詞です。間投詞も、日常会話でよく使われるので重要です。名詞（または代名詞）と動詞だけは、文の構成要素として不可欠なものです。

▽ **さまざまな役割**
単語の種類（品詞）によって働きが異なります。ほかの単語によって意味が決まる単語もあれば、ほかの単語を修飾するだけの単語もあります。

名詞
人・動物・場所・物事を名づけるのに使われる単語。
例
William, mouse, supermarket, ladder, desk, station, ball, boy

ball（ボール）

形容詞
名詞や代名詞の様子を表す単語。
例
shiny, dangerous, new, bouncy, noisy, colourful, wooden

colourful ball（カラフルな〈米〉colorful）

動詞
動作や状態を表す単語。
例
run, be, kick, go, think, do, play, stumble, touch

kick the ball（～をける）

副詞
動詞（句）を説明したり、情報を加えたりする単語。
例
quickly, soon, very, rather, too, almost, only, quietly

quickly kick the ball（すばやく）

代名詞
名詞の代わりをする単語。
例
he, she, them, him, we, you, us, mine, yours, theirs

kick the ball to **him**（彼に）

前置詞
2つの関係を示す単語。名詞・代名詞の前に置いて位置関係などを表す。
例
with, under, on, behind, into, over, across

kick the ball **behind** you（～の後方に）

名詞　23

英語で最もよく使われる名詞は "time" です。

集合名詞

集合名詞も普通名詞の一種で、人の集団や物の総称を表します。ふつうは、単数形で複数のものを表します。集合名詞は具象名詞でもあります。具象名詞とは、見たり触れたりできる場所や人や物体を表す名詞です。

a **crowd** of people
a **swarm** of bees
a **flight** of stairs
a **bunch** of grapes
a **flock** of birds

確認コーナー：名詞句はどれ？

名詞句は、名詞と名詞を修飾する単語で構成されています。修飾語はふつう、冠詞の the や a、限定詞の my や this や most、形容詞の happy や hungry、あるいは in the field のような前置詞句です。名詞句は、文の中で普通名詞とまったく同じ役割を果たします。

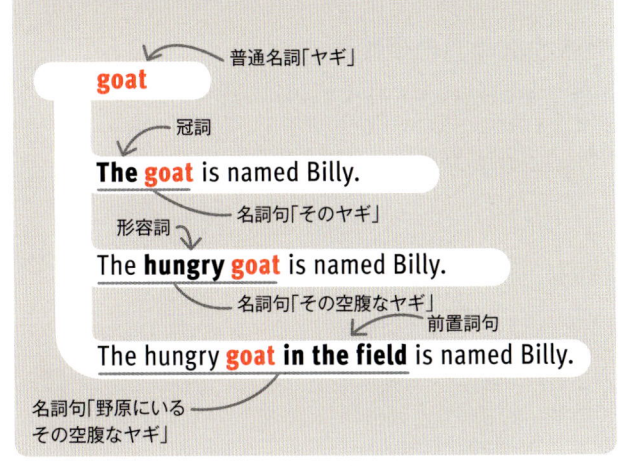

goat ← 普通名詞「ヤギ」

The **goat** is named Billy.
↑ 冠詞
↑ 名詞句「そのヤギ」

The **hungry goat** is named Billy.
↑ 形容詞
↑ 名詞句「その空腹なヤギ」

The **hungry goat in the field** is named Billy.
↑ 前置詞句
↑ 名詞句「野原にいるその空腹なヤギ」

when a **flock** of **birds** swooped **bread** from **Emily's** hand.

固有名詞

固有名詞は、特定の人や場所、宗教上・歴史上の特定の概念につけられた名称です。固有名詞はいつも大文字で始めるので、普通名詞とすぐに区別できます。最も一般的な固有名詞は人名と地名ですが、敬称、機関、曜日、行事、祝祭の名称も固有名詞です。

固有名詞の種類	例
人名	John, Sally Smith, Queen Elizabeth II
敬称［肩書き］	Mr., Miss, Sir, Dr., Professor, Reverend
場所、建物、機関	Africa, Asia, Canada, New York, Red Cross, Sydney Opera House, United Nations
宗教的名称	Bible, Koran, Christianity, Hinduism, Islam
歴史的名称	World War I, Ming Dynasty, Roman Empire
行事、祝祭	Olympic Games, New Year's Eve
曜日、月	Saturday, December

複数形 Plurals

名詞の複数形は、人や物が2人［2つ］以上のときに使います。

複数形とは、2つ以上の物を指すときに名詞がとる形のことです。ほとんどの名詞は、単数形（singular form）と複数形（plural form）で形が異なります。

参照ページ	
‹22–23 名詞	
比較級と最上級	28–29›
動詞の一致	52–53›
接頭辞と接尾辞	142–143›

規則的な名詞の複数形

単数形の語尾に s または es を付けて複数形にします。ほとんどの名詞は s を付けるだけですが、末尾が -s、-x、-z、-sh、-ch、-ss で終わる名詞には es を付けます。

One **dragon**
Two **dragons**

One **wish**
Two **wishes**

規則に従う

発音しやすいつづりにするために、語尾が別の形になる複数形もあります。簡単な規則がいくつかあります。たとえば、ある名詞の語尾が〈母音字＋y〉なら規則通り s を1つ付けて複数形にしますが、語尾が〈子音字＋y〉のときは、y を i にかえて es を付けます。

cactus（サボテン）のようにラテン語に由来する単語は、ラテン語の複数形（cacti）も使われます。

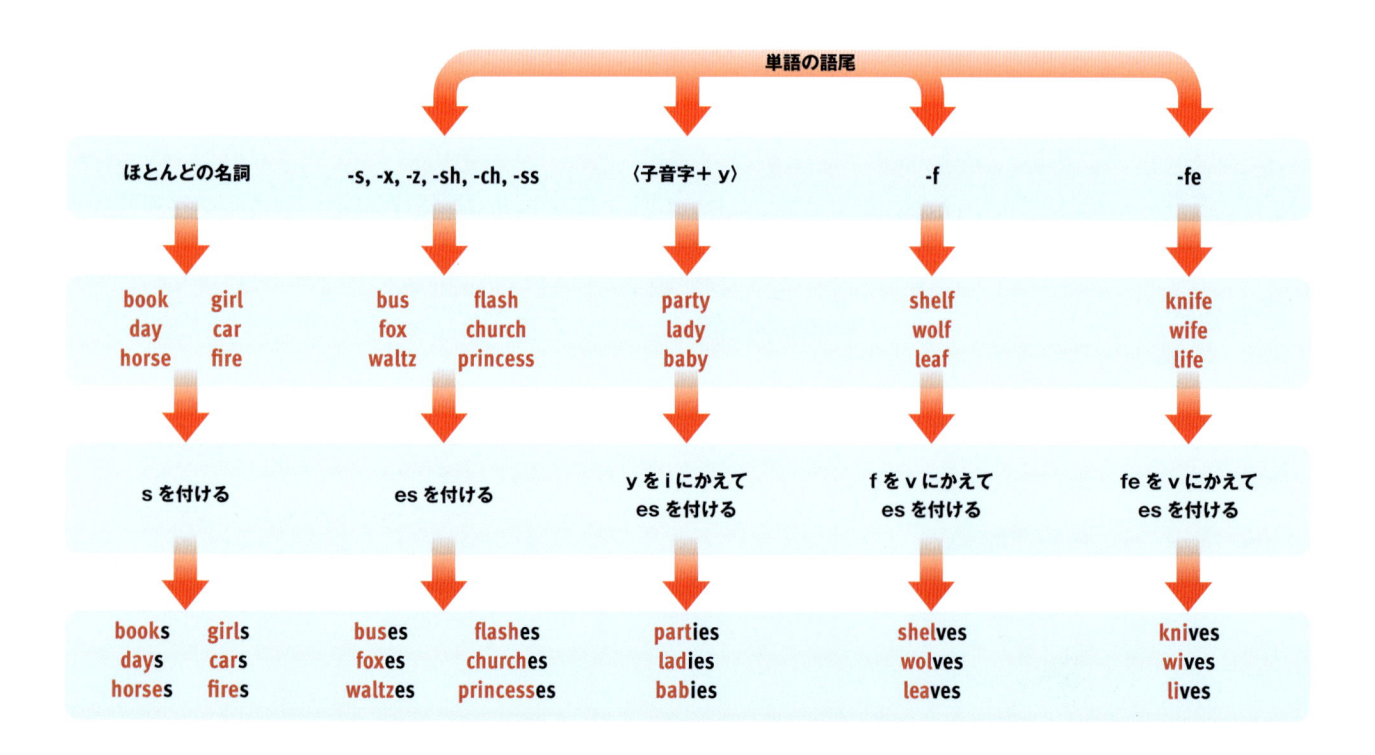

単語の語尾

ほとんどの名詞	-s, -x, -z, -sh, -ch, -ss	〈子音字＋y〉	-f	-fe
book　girl day　car horse　fire	bus　flash fox　church waltz　princess	party lady baby	shelf wolf leaf	knife wife life
s を付ける	es を付ける	y を i にかえて es を付ける	f を v にかえて es を付ける	fe を v にかえて es を付ける
book**s**　girl**s** day**s**　car**s** horse**s**　fire**s**	bus**es**　flash**es** fox**es**　church**es** waltz**es**　princess**es**	part**ies** lad**ies** bab**ies**	shel**ves** wol**ves** lea**ves**	kni**ves** wi**ves** li**ves**

複数形

不規則な複数形

規則通りにいかない単語もあります。-o で終わる名詞の多くは s を 1 つ付けて複数にしますが、es を付けるものもあります。複数形になるとつづりが完全に変わってしまう名詞もあれば、まったく変わらない名詞もあります。ラテン語やギリシャ語に由来する単語は、語尾が不規則な複数形になるので、これらの例外は覚えなければなりません。

- 文中で名詞の複数形が使われているときは、それに続く動詞も複数形にします。
- 名詞の複数形と所有格を混同しないように注意。例：「クラスには 2 人の Jason さん(two Jasons)がいて、これが Jason さんの(Jason's)車です」

Singular	Plural
belief	beliefs
chief	chiefs
cliff	cliffs
roof	roofs

-f で終わる単語は -ves とするが、これらは例外。

Singular	Plural
quiz	quizzes

-z で終わる単語は規則通り -es に。(zz に注意)

Singular	Plural
echo	echoes
hero	heroes
potato	potatoes
tomato	tomatoes

-o で終わる単語は -s とするが、これらは例外。

Singular	Plural
analysis	analyses
appendix	appendices
crisis	crises

ラテン語・ギリシャ語起源の単語は不規則な複数形が多い。

Singular	Plural
child	children
woman	women
person	people
man	men
foot	feet
tooth	teeth
goose	geese
mouse	mice
ox	oxen

つづりがまったく変わる単語もある。

Singular	Plural
sheep	sheep
deer	deer
moose	moose
series	series
scissors	scissors

つづりがまったく変わらない単語もある。

Singular	Plural
hoof	hooves or hoofs
dwarf	dwarves or dwarfs
mango	mangoes or mangos
buffalo	buffaloes or buffalo
index	indexes or indices
focus	focuses or foci

2 つの複数形を持つ単語もある。

単数形のまま使う

flock や crowd のような集合名詞にも複数形がありますが、ふつうは単数形で使います。複数の物を表しているのに、複数形のないものもあります。たとえば、furniture(家具)は形は単数ですが、テーブル、イス、ソファ、洋服ダンスなどを含んでいます。

furniture
education
information
homework
livestock (家畜)
evidence (証拠)
weather
knowledge (知識)

用語集

集合名詞：人や物の集合を指す名詞。

名詞の複数形：2 人以上の人や 2 つ以上の物を指す形。

接尾辞：単語の末尾に付いて形を変えるもの(たとえば、単数形→複数形)。1 字のものも 2 字以上のものもある。

26 文法

形容詞 Adjectives

形容詞は、名詞や代名詞を修飾[説明]したり描写したりする単語や語句です。

名詞1つだけでは、情報が十分ではありません。もし店でシャツを買いたいときは、「薄手の」とか「絹製の」などの「形容する言葉」を使って、どんな物を探しているのかを絞り込む必要があります。そのような単語が形容詞です。

参照ページ	
22-23　名詞	
比較級と最上級	28-29
冠詞	30-31
代名詞	34-35
動詞	38-39
副詞	40-41
コンマ	96-99
描写する書き方	208-209

👍
- ある単語が形容詞かどうか不確かなときは、「どんな種類?」「どれ?」「(数や量が)どれくらい?」という質問の答えになるかどうかで判断しましょう。
- 形容詞は、効果を生むように慎重に使いましょう。使いすぎると、文の意味がわかりにくくなります。

描写[形容]する単語

ほとんどの形容詞は、名詞や代名詞の性質(特徴)を描写して、「それはどんなもの?」という質問の答えになります。つまり、ある人や物を他と区別するために使われます。形容詞はふつう、名詞のすぐ前に置かれます。これを「限定用法」といいます。

the **weary** painter

限定用法の形容詞。「その疲れたペンキ屋」　　名詞

The weary painter took off his and ate a day-old Chinese

(その疲れたペンキ屋は、青・緑・白模様の仕事着を脱ぎ、ひどく空腹を感じたので前日に残した中華料理を食べた)

用語集
- **限定用法**：形容詞が名詞や代名詞のすぐ前に置かれて、修飾語になる用法。
- **節**：主語と動詞を含む語群。
- **連結動詞**：文の主語と、主語を叙述する単語や語句(たいていは形容詞)を結びつける動詞。(*訳注：be動詞、become, look, feel など)
- **叙述用法**：形容詞が連結動詞の後に置かれて補語になる用法。
- **固有名詞**：特定の人・場所・物を指す名詞で、常に大文字で始める。

複合形容詞

複合形容詞は、2語以上から成る形容詞です。2つ以上の単語が形容詞として名詞の前に置かれるときは、ふつうハイフンで結びます。2語で1つの形容詞、ということです。(*訳注：a ten-year-old girl「10歳の少女」は3語の例)

複合形容詞。「1日たって古くなった」
day-old meal

「固有」形容詞

名詞の中には、語形変化して形容詞になるものがあります。たとえば、地名のような固有名詞です。形容詞化した固有名詞は、常に大文字で始めます。語尾はたいてい -an、-ian、-ish になります。(China → Chinese「中国(人)の、中国語の」)

Chinese
Australian　　English
Roman

形容詞　**27**

🔍 確認コーナー：形容詞はどれ？

very や extremely（きわめて）のような副詞は、主語の状態を誇張するときに使います。これらの副詞は、時に形容詞と混同されます。形容詞か副詞かを調べる簡単な方法は、その単語を名詞の前に置いて、できた句の意味が通じるかどうかを確かめることです。

〔右の1行目の訳〕空腹で、明らかに疲れているペンキ屋

A **hungry, decidedly weary** painter

A **hungry** painter ✓ — この句は意味が通じるので形容詞。

A **decidedly** painter ✗ — 意味が通じないので、形容詞ではなく副詞。

A **weary** painter ✓ — 意味が通じるので形容詞。

形容詞を並べる

ある名詞を1語で描写しきれないときは、複数の形容詞を使います。
各形容詞はコンマで区切り、最後の形容詞の前には and を入れます。
（＊訳注：アメリカ英語では and の前にもコンマを付ける）

blue, green and white overalls

形容詞を並べるときはコンマを入れる。
最後の形容詞の前には and を入れる。

> 同じ意味の形容詞を一緒に使わないようにしましょう。たとえば、the hungry, starving, ravenous tennis player（3語はほぼ同じ意味）などです。別の単語を使って同じことを不必要に繰り返すことを「類語反復」（tautology）といいます。

blue, green and white overalls meal because he felt **ravenous**.

叙述用法の形容詞

多くの形容詞は、動詞の後に続けて文の最後に置くこともできます。これが叙述用法です。このとき使われる動詞は、主語と描写語（形容詞など）を結びつけるので「連結動詞」と呼ばれます。よく使われるのは seem、look、feel、become、stay、turn などです。

he felt **ravenous**

連結動詞　　　叙述用法の形容詞

形容詞の語尾

たいていの形容詞は、語尾を見れば形容詞だとわかります。これらの語尾を知っていれば、副詞や動詞と見分けやすくなります。

語尾	例
-able/-ible	comfort**able**, remark**able**, horr**ible**, ed**ible**
-al	fiction**al**, education**al**, logic**al**, nation**al**
-ful	bash**ful**, peace**ful**, help**ful**, beauti**ful**
-ic	energet**ic**, man**ic**, dramat**ic**, fantast**ic**
-ive	attract**ive**, sensit**ive**, impuls**ive**, persuas**ive**
-less	home**less**, care**less**, end**less**, use**less**
-ous	raven**ous**, mischiev**ous**, fam**ous**, nerv**ous**

比較級と最上級
Comparatives and superlatives

形容詞は、名詞や代名詞を「比較する」のに使えます。

比較級と最上級は形容詞の特別な形で、2つ以上のものを比較するときに使います。ほとんどの比較級は語尾が -er になり、最上級は語尾が -est になります。

参照ページ	
‹ 22–23　名詞	
‹ 26–27　形容詞	
前置詞	60–61 ›
音節	134–135 ›

- 決して比較級や最上級を二重に使わないこと。more prettier や most prettiest は誤りです。
- すべての形容詞に比較級や最上級があるとは限りません。unique、square、round、excellent、perfect などは、程度差を含まない単語です。（＊訳注：細かい用法は辞書を参照）

比較級

形容詞の比較級は、2者を比較するのに使います。比較級は、すべての1音節の形容詞といくつかの2音節の形容詞の末尾に -er を付けて作ります。文中で2つの名詞を比べるときは、ふつう前置詞の than（〜よりも）を使って関連づけます。

The Ferris wheel is bigger than the carousel.
（観覧車は回転木馬より大きい）

than は比較する2つの名詞を関連づけるのに使われる。

The Ferris wheel is bigger than the the biggest ride of all. The ghost

最上級

形容詞の最上級は、3者以上を比較するのに使います。1音節の形容詞の末尾に -est を付けて作り、その前に the biggest ride（最も大きい乗り物）のように the を置きます。

big
bigger
biggest

small
smaller
smallest

thin
thinner
thinnest

REAL WORLD
「最大最高の」

最上級を重ねる表現は、本や休暇旅行やサーカスのアトラクションなどの販売宣伝広告で多様されています。販売会社は greatest、best、cheapest のような言葉を使って商品の質や価値を強調し、見込み客にアピールするのです。しかし、改まった文書では、最上級は控えめにすべきです。

比較級と最上級

確認コーナー：つづりが変わる形容詞はどれ？

比較級や最上級の作り方が規則通りにならない形容詞もあります。-e で終わっている形容詞(rude)の比較級・最上級は -r、-st を付けるだけ(ruder - rudest)です。-y で終わる単語や〈短母音＋子音字〉で終わる単語も末尾が変わります。

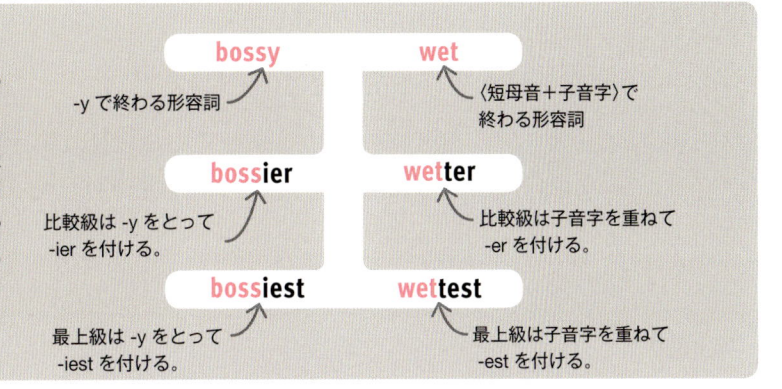

- **bossy** ← -y で終わる形容詞
- **bossier** ← 比較級は -y をとって -ier を付ける。
- **bossiest** ← 最上級は -y をとって -iest を付ける。
- **wet** ← 〈短母音＋子音字〉で終わる形容詞
- **wetter** ← 比較級は子音字を重ねて -er を付ける。
- **wettest** ← 最上級は子音字を重ねて -est を付ける。

例外

2 音節の形容詞の中には、比較級や最上級の形が 2 通りあるものがあります（たとえば lovely）。また、比較級や最上級の形が完全に変わってしまうものもあります。これらの形は、どうしても暗記しなければなりません。

形容詞	比較級	最上級
good	better	best
bad	worse	worst
much	more	most
many	more	most
little	less	least
quiet	quieter or more quiet	quietest or most quiet
simple	simpler or more simple	simplest or most simple
clever	cleverer or more clever	cleverest or most clever
lovely	lovelier or more lovely	loveliest or most lovely

carousel, but the roller coaster is train is the **most frightening**.

（観覧車は回転木馬より大きいが、ジェットコースターはすべての乗物の中で最も大きい。幽霊列車は最も恐ろしい）

やっかいな形容詞

形容詞の語末に -er や -est を付けると変な発音になってしまう場合、比較級と最上級は前に more と most を置いて作ります。ほとんどの 2 音節の形容詞と 3 音節以上の形容詞はそのようにします。

The ghost train is the **most** frightening.

frightening は 3 音節語で長く、最上級が frighteningest では言いにくい。そこで、most を使って最上級にする。

冠詞 Articles

冠詞には2種類あります。定冠詞と不定冠詞です。

冠詞は形容詞の一種であり、限定詞の一種でもあります。いつも名詞と一緒に使います。また、多くの名詞の単数形は、冠詞と一緒に使わなければなりません。

参照ページ	
‹ 22-23	名詞
‹ 24-25	複数形
‹ 26-27	形容詞
限定詞	32-33 ›

フランス語、ドイツ語、スペイン語を含む多くの言語では、女性名詞か男性名詞か中性名詞かによって冠詞が異なります。英語では、単語の性別はほとんどありません。

定冠詞

定冠詞とは the(その)のことです。いつも名詞の前にきて、特定の人や物を表します。すでに述べられている人や物、またはこの世に1つしかない物を指すのに使われます。あるいは、文脈からその名詞が何を指しているか明らかなときに使われます。

the rhinoceros
← バスにいるサイは1頭だけなので定冠詞を使う。

The rhinoceros and his best
a bus to visit the struggling

不定冠詞

不定冠詞の a や an は「不特定の1つ」を表すのに使われます。子音で始まる単語(bus)には a を使い、母音(a、e、i、o、u)や黙字の h で始まる単語(hour など)には、発音しやすくするために an を使います。また、不定冠詞は、特定の集団に属する誰か1人、または何か1つを指します。たとえば、The animal is a giraffe. は、「その特定の動物は、キリンと呼ばれる動物のうちの1頭だ」という意味です。(黙字→ p.160)

定冠詞 the が特定のバスを指すのに対して、不定冠詞 a は多くのバスの中の1台であることを指す。
→ **a bus**

母音の前を an にすると発音しやすくなる。
→ **an elephant**

冠詞と形容詞

名詞の前に1つ以上の形容詞が付くときは、その形容詞の前に冠詞を置きます。その結果、〈冠詞＋形容詞＋名詞〉は名詞句になります。形容詞が子音で始まるときは a、母音で始まるときは an を使います。

〈冠詞＋形容詞＋名詞〉の語順になる。
→ **the struggling ostrich**

anxious は母音で始まる形容詞なので、不定冠詞は an。
→ **an anxious rhinoceros**

冠詞

🔍 確認コーナー： いつ冠詞を使うの？

単数名詞が「1つ、2つ、…」と数えられるもののときは、定冠詞か不定冠詞が必要です。I saw elephant today. では意味が通じません。happiness、information、bread などの名詞は複数形がなく、数えられない名詞なので、無冠詞、または定冠詞と一緒に使われます。決して不定冠詞は付けません。（＊訳注：辞書では、数えられる名詞は C 、数えられない名詞は U で表示されている）

elephant
この名詞は数えられるので、定冠詞も不定冠詞も使える。

one elephant
two elephants

the elephant

an elephant

bread
「パン」の意味では数えられない名詞なので、誤り。

one bread
two breads

特定のパンであれば定冠詞が使える。「そのパン」

the bread

「パン一般」（総称）を表すときは無冠詞。

bread

---

friend, an elephant, took ostrich at flying school.

（そのサイと親友のゾウは、悪い成績に苦しんでいるダチョウを航空学校に訪ねるためにバスで行った）

冠詞なし

school、life、home などの単語は、特定の物を指すときは定冠詞を使い、いくつかの中の1つを指すときは不定冠詞を使います。これらの単語は、at school（学校で）のように一般的な概念や機能を述べるために使われるときは、無冠詞になります。（＊訳注：at school の school は建物ではなく「学ぶ場所」を指す）

at flying school
概念としての school（学びに行く場所）を指すので無冠詞。

at the flying school next to the zoo
動物園の隣にある特定の flying school（航空学校）を指すので、the が必要。

- 川、砂漠、海など、地理上の地域や地勢を表す名詞には、たいてい定冠詞が付きます。例：the North Pole（北極）、the Pacific Ocean（太平洋）、the Rocky Mountains（ロッキー山脈）

- 冠詞が作品名の最初にある場合は、大文字で始めます。例：*The Secret Garden*（秘密の花園）

- 太陽のような唯一物には、常に the を付けます。

- university のように、母音字で始まっていても発音が子音の単語は要注意です。使う不定冠詞は an ではなく a です。

限定詞 Determiners

限定詞は常に名詞の前に置かれ、名詞の内容を明確にします。
（＊訳注：日本の学校文法では扱わない品詞分類）

冠詞は限定詞で、他の限定詞もほとんど同じ働きをします。つまり、限定詞は名詞の前に置いて、その名詞が文章中で具体的に何を指すか、どんな特定の種類のものを指すかを示します。

参照ページ	
‹ 20–21	品詞
‹ 22–23	名詞
‹ 26–27	形容詞
‹ 30–31	冠詞
代名詞	34–35 ›
動詞の一致	52–53 ›

限定詞と形容詞

限定詞は形容詞の一部とも考えられ、形容詞のように名詞を修飾して名詞句を作ります。ただし、2つ以上の限定詞が名詞に付くことはめったになく、比較級や最上級にもなりません。限定詞は冠詞(the や a や an)や数詞(one や two)だけでなく、several、those、many、my、your なども含みます。

- 多くの文は、限定詞なしでは意味が成り立ちません。一方、形容詞は選択自由です。形容詞は名詞を色づけするだけで、なくても文が成り立ちます。
- ほとんどの名詞句は限定詞を1つだけ使いますが(＊訳注：this my pen は誤り)、例外もあります。all the bats や both my cats などです。

常に〈限定詞＋形容詞＋名詞〉の語順になる。

several furious members
（形容詞）（複数名詞）

Several furious members of the broomsticks. "That witch has nine
定冠詞

用語集

基数：1、2、21のような自然数。

連結動詞：be動詞のように、文の主語とそれを描写する単語や語句（形容詞が多い）を結びつける動詞。

序数：first, second, twenty-first など、「第〜(の)」を表す数の形。

指示限定詞

指示限定詞は、話し手と、話し手が話題にしている人や物との「距離感」(an idea of distance)を示します。this (単数「この」)と these (複数「これらの」)は近くにある人や物を指し、that (単数)と those (複数)は離れている人や物を指します。(＊訳注：日本の学校文法では「指示代名詞」と呼んでいる)

この that (あの)は、集会に出ていない魔女を指している。→ **that witch**

コウモリのキーキー声を聞いて議論しているので this (この)が使われる。→ **this noise**

限定詞

確認コーナー：限定詞はどれ？

限定詞は形容詞と非常によく似ています。名詞の前にある単語が限定詞か形容詞かを見分ける1つの方法は、その単語をbe動詞のような連結動詞の後に置いてみることです。その結果、もし文の意味が通れば形容詞、通らなければ限定詞です。

Several furious members

The members **are furious**. ✓
文の意味が通るので形容詞。「メンバーたちは激怒している」

連結動詞

The members **are several**. ✗
文の意味が通らないので限定詞。

- eachやallなど、限定詞と代名詞の両方に使われる単語もあります。「名詞に置き換えられるときは代名詞で、名詞の前にあるときは限定詞」と覚えておきましょう。

所有限定詞

my、your、his、her、its、our、theirなどの所有限定詞（＊訳注：日本の学校文法では「代名詞の所有格」）は「～の」を表します。これを所有代名詞と混同しないように。所有代名詞はmine（私のもの）、yours、ours、theirsなどで、名詞の前に置かず、名詞に置き換えられます。

their broomsticks
このほうき（複数）は魔女たちの所有物。

不定冠詞

"...coven held **a** meeting on **their** shrieking bats!" they grumbled.

数と数量詞

基数、序数、その他の数量を表す単語は、名詞の前にあるときは限定詞とみなされます。たとえばmuch、most、little、least、any、enough、half、wholeなどです。muchは単数名詞、manyは複数名詞を修飾することに注意しましょう。

〔上の例文（Several furious ...の訳〕怒り狂った魔女のメンバー数人はほうきに乗って集会を持った。「あの魔女はキーキー鳴くコウモリを9匹飼ってる！」と彼女らは不平を言った。

nine shrieking bats
基数のnineが、限定詞として名詞句shrieking batsの前に使われている。

much noise
muchは多量を表し、単数名詞の前でだけ使われる。

many bats
manyは多数を表し、複数名詞の前でだけ使われる。

疑問限定詞

whichとwhatを含む疑問限定詞は、質問をするときに名詞の前で使われます。（＊訳注：日本の学校文法では「疑問形容詞」）

Which witch?
（どの魔女？）

What noise?
（何の音？）

代名詞 Pronouns

代名詞は「名詞の代わり」(FOR A NOUN) を意味し、名詞の代用となる単語です。

参照ページ	
‹ 22–23	名詞
‹ 30–31	冠詞
‹ 32–33	限定詞
数と性別	36–37 ›
前置詞	60–61 ›
誤用しやすい単語	78–79 ›
関係詞節	82–83 ›

代名詞がなければ、英語の話し言葉も書き言葉も、繰り返しの多いものになるでしょう。名詞が何かを表すために一度使われた後は、それを指すために別の単語（つまり代名詞）が使えます。

代名詞を使う

何かを指すためにいちいち同じ名詞を使っていたら、文章は長くなり、わかりにくくなります。代名詞を使えば、文章は短くなり、明瞭になります。といっても、ある人や物を初めて述べるときには、名詞を使わなければなりません。

Rita loves playing the **guitar**.
She finds **it** relaxing.

（名詞）Rita — 名詞／guitar — 名詞
この人称代名詞は、主語 Rita を指す。
この人称代名詞は、目的語 playing the guitar を指す。

代名詞の種類

代名詞には 7 種類あり、使い方が異なります。名詞を修飾する限定詞や形容詞と混同しないようにしましょう。

• I は大文字でつづる唯一の代名詞です。

人称代名詞

人、場所、事物を指します。人称代名詞は、それが指す名詞が文の主語（動作をするもの）か目的語（動作を受けるもの）かによって形が変わります。

I, you, he, she, it, we, you, they (subject) （主語）
me, you, him, her, it, us, you, them (object) （目的語）

単数の主語を指す。
She gave **them** a guitar lesson.
複数の目的語を指す。「彼らに」

所有代名詞

「〜のもの」と所有を表し、名詞の所有格を含む句の代用になります。名詞の前に置き、名詞の代用にはならない所有限定詞（my、your など）と混同しないこと。

mine, yours, his, hers, its, ours, yours, theirs

The guitar is **hers**.
名詞の所有格を含む句 Rita's guitar の代用。「彼女のもの」

関係代名詞

名詞や代名詞を後ろから説明する関係詞節（p.82）の最初に使い、節を文に結びつけます。

who, whom, whose, which, that, what

Rita is the person **who** plays the guitar.
主語 Rita を指す。「ギターを弾くその人」

再帰代名詞

前に出てきた名詞や代名詞を受けて、「それ自身」の意味を表します。主語と目的語が同じとき、目的語は再帰代名詞になります。受ける名詞や代名詞がないときは使えません。

myself, yourself, himself, herself, ourselves, themselves

She taught **herself**.
前の she を受けている。「彼女は独学した」

代名詞　35

指示代名詞
文中で主語または目的語として働き、名詞の代用になります。名詞の前に置き、名詞の代用にはならない指示限定詞（this「この」など）と混同しないこと。
this, that, these, those

This is my instrument.

「これは」は主語として働く。

疑問代名詞
質問をするときや、また未知の主語や目的語を表すときに使われます。
who, whom, what, which, whose

Who is playing?

「誰が」は、主語として未知の音楽家を指す。

不定代名詞
特定の人や物を表すものではありませんが、文中で名詞の代わりをします。
somebody, someone, something, anybody, anyone, anything, nobody, no one, nothing, all, another, both, each, many, most, other, some, few, none, such

I haven't seen anyone.

目的語で、未知の人を指す。「私は誰にも会っていない」

- 代名詞はふつう、名詞のように形容詞で修飾されることはありません。たとえば、the sad I では意味が通りません。what else（ほかに何か）や somebody nice（すてきな人）などは例外です。
- somebody と someone は同じ意味です。anybody と anyone、everybody と everyone、nobody と no one も同じです。

"myself" について
I か me のどちらを使うかわからないとき、誤って再帰代名詞 myself を使う人がいます。再帰代名詞はあくまでも、前に出てきた名詞や代名詞を受けて再び述べる場合に使います。その名詞や代名詞は、ふつう（いつもではないが）主語です。

I imagined myself on the stage.

主語の I を正しく受けている。「自分が舞台上にいるのを想像した」

Rita performed for Ben and myself.

文中に I がない（受ける名詞がない）ので誤り。（myself → me）

🔍 確認コーナー： I と me の使い分けは？

人称代名詞の I と me の使い分けを間違えることがよくあります。迷ったときは、文を 2 つの短文に分けてみましょう。そうすれば、どちらを使えばよいかがわかります。なお、I や me は他人より後に置くことを忘れずに。

Me and Ben enjoyed the concert.	✗

意味が通らない。（me → I）
Me enjoyed the concert.	✗
Ben enjoyed the concert.	✓

意味が通る。I は正しい代名詞。
I enjoyed the concert.	✓

常に他人が最初。
Ben and **I** enjoyed the concert.	✓

前置詞の後では、目的語になる人称代名詞 me を使います。

for は前置詞なので、主語になる I は誤り。
It was a late night **for** Ben and **I**.	✗
It was a late night **for** Ben and **me**.	✓

for の後に目的語になる me があるので正しい。「ベンと私にとって（は）」

数と性別 Number and gender

代名詞や限定詞は、それが指す名詞に合わせなければなりません。

英語では、対象となる人間が3人称単数の場合、男性か女性かによって人称代名詞や所有限定詞を使い分けます。そのため、誤って単数名詞と複数代名詞（または複数限定詞）を組み合わせてしまうことがあります。

参照ページ	
‹ 24-25	複数形
‹ 32-33	限定詞
‹ 34-35	代名詞
動詞	38-39 ›
動詞の一致	52-53 ›

• his or her ～（その人の～）を使いすぎていると感じたら、複数名詞を使って変化をつけましょう。（p.37, 最後の例文を参照）

数の一致

代名詞の数（単数か複数か）は、それが指す名詞の数と一致させます。つまり、単数名詞や単数代名詞なら、単数代名詞や単数限定詞で受けます。また、複数の場合は複数で受けます。（＊訳注：たとえば、主語が Ben なら代名詞は he や him、限定詞は his にする）

代名詞	限定詞
I	my
you	your
he	his
she	her
it	its
we	our
you	your
they	their

用語集

不定代名詞：everyone のように、特定の人や物を表さない代名詞。

数：その名詞や代名詞が単数か複数かを示す文法用語。

人称代名詞：名詞の代わりに人や場所や事物を表す代名詞。

所有限定詞：「～の」と所有を表すために名詞の前に使われる単語。

They were preparing for their

told his students that everyone

• each を使うときは、each one（それぞれの人[物]）を思い出してください。each は常に、単数代名詞や単数限定詞で受けます。

• each や all のように、限定詞としても代名詞としても使われる単語があります。代名詞は名詞の代用になりますが、限定詞は常に名詞の前で使われるということを忘れずに。

不定代名詞

everyone（すべての人）や anything（何でも）のような不定代名詞はやっかいです。複数の人や物を指すように思えても、実際は単数の単語です。代名詞が単数か複数かを確かめるには、直後に be 動詞の are を続けてみましょう。結果として聞き慣れない響きだったら、その代名詞は単数です。

単数	複数
everyone is	both are
somebody is	all are
something is	many are
each is	most are
nothing is	others are
another is	few are

数と性別 37

確認コーナー：誰のこと？

文中に複数の人や物があるときは、代名詞が何を指すか、明確でなければなりません。あいまいなら、文を書き直すべきです。明確にするために、人名を繰り返してもよいでしょう。

〔右の2つ目の文の訳〕それは彼女の初登山だったが、エミリーはアンナに来てほしかった。

Emily wanted **Anna** to come, although it was **her** first climb. ✗ → 「Emily の」か「Anna の」か、不明確。

Although it was **her** first climb, **Emily** wanted **Anna** to come. ✓ → 主語の近くに代名詞がくるように並べ直した文。「Emily の」初登山だとわかる。

「Anna の」初登山であることを明示するために名前を繰り返している。

Emily wanted **Anna** to come, although it was **Anna's** first climb. ✓

"their" の誤用

複数形の they には性別がないので、男性・女性を区別しないで話したり書いたりするときに使えます。そのとき、単数の名詞や代名詞と複数限定詞(their)を一緒に使う誤りをよく犯します。この誤りを避けるには、their の代わりに he or she を使うか、名詞を複数にして their を使うことです。

Everyone had to bring **his** or **her** own rope. → everyone は単数なので、男女で構成される集団であることを示すのに his or her を使っている。

The students had to bring **their** own ropes. → 文を複数主語(students)で書き換え、複数限定詞 their を使っている。目的語(ropes)も複数形になっている。

(学生たちは自分のロープを持ってこなければならなかった)

climbing expedition. The instructor had to bring **his** or **her** own rope.

男性か女性か？

男女の両方を表すとき、he、she、they のどれを使えばよいか、わからないことがあります。歴史的に見ると、作家は he、his、him、himself という男性代名詞や男性限定詞を使って「人一般」を表していましたが、今では時代遅れとみなされています。また、男女の役割についての思い込みも避けるべきです。(＊訳注：「看護師は女性だ」というような)

The instructor told **his** students to bring ropes. → 男性だとわかっている特定の人を指す場合は、his で正しい。

(教官は生徒たちにロープを持ってくるように言った)

An instructor must carry spare ropes for **his** or **her** students. → 男性か女性かわからない不特定の人を指す場合は、his or her が適当。

Instructors must carry spare ropes for **their** students. → 名詞(instructor)と限定詞の両方を複数形にして、混乱を避けた例。

動詞 Verbs

ほとんどの動詞は「動作動詞」です。

動詞は文中で最も重要な単語です。動詞がないと、文の意味が通りません。動詞は人や事物の動作や状態を表します。

参照ページ	
‹ 22–23	名詞
‹ 26–27	形容詞
‹ 34–35	代名詞
副詞	40–41 ›
単純時制	42–43 ›
完了時制と進行時制	44–45 ›
不規則動詞	50–51 ›

動詞、主語、目的語

どんな文も、動詞と主語の両方が必要です。主語(名詞や代名詞)とは、動作(動詞)を行う人や事物です。多くの文には目的語も含まれています。動作を直接受ける人や事物(名詞や代名詞)のことを直接目的語といいます。

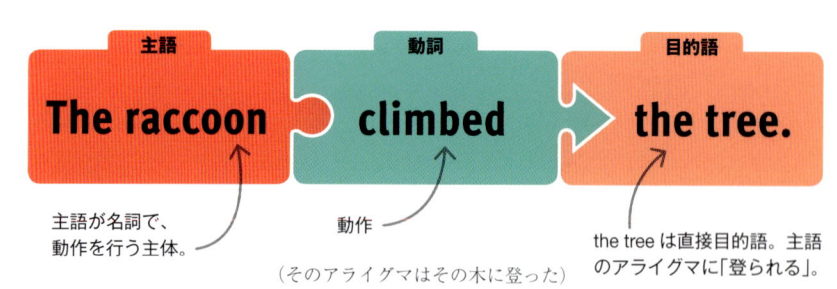

主語 The raccoon — 主語が名詞で、動作を行う主体。
動詞 climbed — 動作
目的語 the tree. — the tree は直接目的語。主語のアライグマに「登られる」。

(そのアライグマはその木に登った)

▷ 間接目的語

間接目的語とは、その動作に間接的に関わる(=何かを受け取る側を表す)人や事物です。ふつうは〈動詞+間接目的語+直接目的語〉の語順になります(訳注:たとえば、I gave Tom a CD.)。間接目的語は、直接目的語なしでは使いません。

主語 The raccoon — アライグマが動作している。
動詞 threw — 動作
間接目的語 the deer — シカは直接目的語(some nuts)を受け取る側。
直接目的語 some nuts. — 木の実は「投げられる」もの。

(そのアライグマはそのシカに木の実をいくつか投げた)

他動詞

動作動詞は2種類に分けられます。他動詞と自動詞です。他動詞は必ず目的語と一緒に使われます。他動詞は、主語が直接目的語に及ぼす動作を表します。もし、動詞を使って「誰を[に]~?」「何を[に]~?」と尋ね、それに答えられれば他動詞です。

この目的語は「火事が何を破壊しましたか」の答え。

A fire destroyed the forest.

主語 | 他動詞 | 目的語

自動詞

自動詞は目的語を必要とせず、それだけで意味が通る動詞です。arrive、sleep、die などが代表例です。ただし、escape (~を逃れる、逃げる)のように、他動詞にも自動詞にもなる動詞がいろいろあります。

この escaped は自動詞として使われている。目的語がなくても意味が通じる。

The animals escaped.

主語 | 自動詞

動詞　39

連結動詞

連結動詞は、主語と主語を描写[説明]する単語や語句を結びつけます。連結動詞は、知覚(feel、taste、smell、look、hear)か物事の状態(be、become、appear、remain)を表します。最も一般的な連結動詞は be です。

主語 → The rabbits **were** frightened.
この連結動詞は be の過去形。
この形容詞はウサギの心の状態を描写している。
(そのウサギたちはおびえていた)

確認コーナー：連結動詞はどれ？

連結動詞かどうかを見分ける最も簡単な方法は、その動詞を be 動詞に置き換えてみることです。その結果、文の意味が通れば連結動詞、意味が通らなければ動作動詞です。

The chipmunk **looked** hungry.
連結動詞。「～のように見えた」

The chipmunk **looked** for berries.
動作動詞。looked for ～「～を探した」

is に置き換える

✓ The chipmunk **is** hungry.
✗ The chipmunk **is** for berries.

不定詞

不定詞は動詞の最も簡単な形で、辞書に載っている形です。単独でも使いますが、ほとんどの場合は前に to が付きます。動詞とは違い、不定詞は形が変わりません。〈to＋不定詞〉は文中で名詞、形容詞、副詞として働きます。(＊訳注：ここでいう不定詞とは、動詞の原形、または原形不定詞のこと)

The chipmunk **needed** to eat.
主語
この to 不定詞は、food と同じ名詞の働きをし、目的語になっている。「そのシマリスは食べることが必要だった」

He **found** a grasshopper **to eat.**
主語
この to 不定詞は目的語(a grasshopper)を修飾し、形容詞の働きをしている。「食べるためのバッタ」と、情報を追加。

〈主語＋動詞＋目的語〉の例外として有名なのは、キリスト教の結婚式での誓いの言葉です。With this ring, I thee wed.(この指輪を以って私はあなたと結婚します。thee は you の古語)

REAL WORLD

to boldly go か to go boldly か？

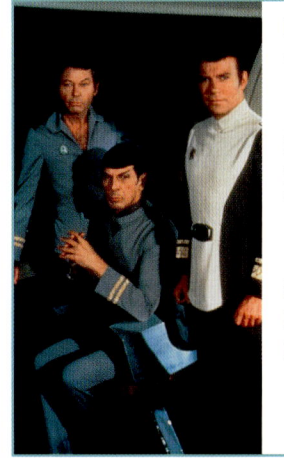

boldly のような副詞が不定詞と to の間に置かれると、分離不定詞になります。〈to＋不定詞＋副詞〉だと文がぎこちなくなるとき、この語順にします。ただし、分離不定詞は、強調するため、自然に発音するためなどの目的に限定し、控え目に使うべきです。有名な例は、1960年代のテレビの連続番組「Star Trek」の出だしです。To boldly go where no man has gone before.(前人未踏の地へ勇敢に進む)

用語集

自動詞：目的語を必要としない動詞。
連結動詞：文の主語と、主語を叙述する単語や語句(たいていは形容詞)を結びつける動詞。
目的語：動詞の動作を受ける名詞や代名詞。
主語：動詞の動作を行う名詞や代名詞。
他動詞：必ず目的語と共に使われる動詞。

副詞 Adverbs

副詞は動詞、形容詞、他の副詞を修飾します。

adverb という単語は本来、「動詞に加える」を意味し、これが副詞の主な働きです。副詞は、何かがいかに、いつ、どこで、どのくらいの頻度で、どんな度合いで起こるかなどの情報を提供します。

参照ページ	
‹ 26–27	形容詞
‹ 28–29	比較級と最上級
‹ 38–39	動詞
接続詞	58–59 ›
句	64–65 ›
節	66–67 ›
修飾語句の扱い方	76–77 ›

いつ、どのくらいの頻度で？

時の副詞はいつ起こるかを示し、頻度の副詞はどれくらいの頻度で起こるかを示します。これらの副詞は動詞を修飾し、時を表す副詞はふつう、文や節の最初か最後に置かれます。

- yesterday, soon, today, now, then, later 〔時の副詞〕
- always, rarely, usually, again, sometimes, never 〔頻度の副詞〕

どこで？

場所の副詞は、時や頻度の副詞と同じように働きます。動詞を修飾し、それがどこで起こるかを読み手に示します。

away, nowhere, there, everywhere, upstairs, abroad, here, out

Yesterday we went out. We left an extremely large dog saw us.

一般的な副詞を作る

英語のほとんどの副詞は形容詞の語尾に -ly を付けて作りますが、例外もあります。lovely や holy のように、-ly で終わっている形容詞もあるので、これらと副詞を混同しないようにしましょう。（friendly（形容詞）「友好的な」→ in a friendly way（副詞句）「友好的に」）

〔上の例文（Yesterday ...）の訳〕きのう私たちは外出した。こっそり出かけたが、運悪くすごくでかい犬が私たちを目撃した。この次はもっと速く走ろう。

形容詞の語尾	規則	副詞
-l (beautiful, wonderful)	-ly を付ける	beautifully, wonderfully
-y (pretty, busy, hungry)	-y を -i にかえて -ly を付ける	prettily, busily, hungrily
-le (comfortable, reputable)	-e を -y にかえる	comfortably, reputably
-ic (enthusiastic, ecstatic)	-ally を付ける	enthusiastically, ecstatically
-ly (friendly, daily)	副詞句にかえる	in a friendly way, every day

副詞

どのように？

動作がどのように行われるかを表す副詞を「様態の副詞」といいます。形容詞から作られ、動詞を修飾します。様態の副詞は動詞の前や後、または文や節の最初や最後に置きます。様態や頻度を表す副詞は、形容詞と同じく、very、quite、almost のような程度を表す副詞を前に付けることができます。

程度を表す副詞が様態の副詞 quietly を修飾し、どの程度静かに出かけるかを示す。

We left very quietly

様態の副詞が節の最後にあり、動詞 left を修飾している。どのように出かけるかを示す。

an extremely large dog

程度を表す副詞が形容詞 large を修飾し、犬がどれくらい大きいかを示す。

- 程度を表す副詞 just、only、almost、even などは、必ず修飾している単語の直前に置きます。例：I have just arrived.（私はちょうど着いたところだ）

文副詞［文を修飾する副詞］

文副詞は例外的な副詞で、動詞だけでなく、文全体やその動詞を含む節全体を修飾します。文副詞はふつう、話し手の気持ちや意見、あるいは何かが起こる可能性や確信の度合いを表します。unfortunately、probably や certainly のような単語がよく使われます。

この副詞は「不運なことに」の意味で、節全体を修飾し、it is unfortunate that an extremely large dog saw us（〜が…したことは不運だ）ということ。

unfortunately an extremely large dog saw us

very quietly, but unfortunately We'll run more quickly next time.

副詞の比較変化

様態の副詞は、形容詞と同じように比較変化をします。ふつう、比較級は more を副詞の前に付けて作り、最上級は most を副詞の前に付けて作ります。

more quickly（より速く）

most quickly（最も速く）

- then は時の副詞なので、接続詞として使うことはできません。2つの単文を結びつけるときは、and then（そしてそれから）としましょう。

- 副詞を使いすぎないこと。たとえば、副詞の absolutely（まったく）を形容詞 fabulous（実に驚くべき）に加えるのは無意味です。fabulous にはすでに、対象に対する強い感情が含まれています。

> **用語集**
>
> **副詞句**：in July last year（去年の7月に）など、副詞と同じ働きをする語句。「どのように？」「いつ？」「どこで？」「どれくらいの頻度で？」などの答えになる。

英語で最もよく使われる副詞は not、very、too の3つです。

単純時制 Simple tenses

動詞の時制は、動作が行われる「時」を示します。

他のたいていの品詞とは違って、動詞は形を変えます。それらの異なる形を時制といい、1人称・2人称・3人称によって行われた動作の「時」を表します。

参照ページ	
‹ 34–35	代名詞
‹ 38–39	動詞
‹ 40–41	副詞
完了時制と進行時制	44–45 ›
助動詞	48–49 ›
不規則動詞	50–51 ›

正しい人称を選ぶ

動詞の形は、人称（1人称・2人称・3人称）、数（単数・複数）、時制（過去・現在・未来）に応じて変えなければなりません。英語には3つの人称があり、それを使い分ければ、誰が会話に関わっているかがわかります。

tense という単語は「時」を意味するラテン語に由来します。

▷ **1人称**
1人称は話し手を表し、話し手が1人のときは人称代名詞 I や me を使い、同伴者がいるときは we（私たちは）や us（私たちを[に]）を使います。

単数 → **I sing**　　複数 → **We sing**

▷ **2人称**
2人称は相手、つまり読み手や聞き手のことです。単数も複数も you を使います。

単数 → **You sing**　　複数 → **You sing**

▷ **3人称**
3人称とは、その他の人や事物のことです。単数代名詞としては he/him、she/her、it、複数代名詞としては they/them を使います。

単数 → **She sings**　　複数 → **They sing**

単純現在時制

単純現在時制は、現在の習慣的・反復的動作や現在の状態を表します。また、I smile all the time.(私は笑顔を絶やさない)のような、一般的な事実や真理も表します。規則動詞の現在形は、主語が3人称単数以外は不定詞[原形]を使います。3人称単数のときは不定詞の末尾に -s を付けます。

I smile　　　We smile
You smile　　You smile
She smiles　 They smile

↙ 主語が3人称単数なので s が付いている。

単純過去時制

↙ 過去形は、主語の数にかかわらず同じ形。

I laughed　　We laughed
You laughed　You laughed
She laughed　They laughed

単純過去時制は、過去に始まって過去に終わった動作や状態を表します。規則動詞の過去形は、不定詞の末尾に -ed を付けて作ります。

単純未来時制

単純未来時制は、未来に起こる動作や状態を表します。規則動詞の未来形は、〈助動詞 will ＋不定詞〉とします。イギリス英語では、主語が1人称(I, we) の場合は shall または will を使います。
(＊訳注：アメリカ英語では will のみ)

アメリカ英語では I will, We will

I shall cry　　We shall cry
You will cry　 You will cry
She will cry　 They will cry

単純未来時制を表すために will が使われている。

- 単純未来時制を作るもう1つの方法は、〈be (am/is/are) + to +不定詞[原形]〉を使うことです。この形(be going to ～)は、その動作が確かに起こりそうなときに使います。例：It is going to explode.(それは今にも爆発しそうだ)
- 3つの基本時制は現在、過去、未来です。このそれぞれに、単純形、進行形、完了形、完了進行形の時制があります。

用語集

助動詞：be や have のような「動詞を助ける」品詞で、本動詞と主語を結びつける。

不定詞：動詞の最も単純な形で、辞書に載っている形(原形または原形不定詞)。〈to +不定詞〉を to 不定詞という。

44 文法

完了時制と進行時制
Perfect and continuous tenses

これらの時制は、ある行為（動詞が表す内容）が続いているのか終わったのかなど、時の経過についてくわしく説明するものです。

完了時制は、ある時点を基準にして、「それまでにしてきたこと」「してしまったこと」「まだしていること」などを表します。進行時制は、ある時点で動作が進行中であることを強調します。（＊訳注：完了時制は、ここではごく簡単にまとめられている）

参照ページ	
‹ 38–39	動詞
‹ 42–43	単純時制
分詞	46–47 ›
助動詞	48–49 ›
不規則動詞	50–51 ›

用語集
助動詞：be や have のような「動詞を助ける」品詞で、本動詞と主語を結びつける。
過去分詞：ふつう -ed や -en で終わる動詞の形。
現在分詞：-ing で終わる動詞の形。

現在完了時制

完了時制は、「ある時点を基準にしてそれまでの動作・状態を述べる」ときに使います。現在完了時制は「現在」を基準にし、過去の不特定の時に起こったこと（＝経験・完了・結果）か、過去に始まり今も続いていること（＝継続）を表し、形は〈have [has] ＋過去分詞〉です。（＊訳注：過去の特定の時に起こったことは過去時制で表す）

過去の不特定の時に起こった動作。「姿を消した」

I have disappeared
You have disappeared
She has disappeared

We have disappeared
You have disappeared
They have disappeared

過去に始まり現在も続いている状態。「10年住んでいる」

She has lived here for ten years.

3人称単数主語には has を使う。

過去完了時制

過去完了時制は、過去のある時点より前にその動作・状態が起こったことを表します。形は〈had ＋過去分詞〉です。

I had escaped
You had escaped
It had escaped

We had escaped
You had escaped
They had escaped

By the time **the guard** noticed, **I had escaped**.

この動作は第二の動作（警備員が気づく）以前に終わっている。「警備員が気づくまでに私は逃げてしまっていた」

未来完了時制

未来完了時制は、未来のある時点までにある動作・状態が起こることを表します。例：He will have offended again before we catch him.（彼は私たちが捕まえる前にまた罪を犯しているだろう）

I will have offended
You will have offended
He will have offended

We will have offended
You will have offended
They will have offended

未来完了時制は〈will have ＋過去分詞〉で表す。

現在進行時制

進行時制は、進行中の動作(例：走っている)や状況(例：隠れている)を表すときに使います。現在進行時制は、現在を基準にし、今まさにしている動作や、まだ途中で、終わっていない動作を表します。形は〈am [are、is] ＋現在分詞(～ing)〉です。

I am hiding　　　**We are hiding**
You are hiding　　**You are hiding**
She is hiding　　 **They are hiding**

I am hiding in a tree until **it gets** dark.

「暗くなる」までしている動作。「私は暗くなるまで木に隠れている(つもりだ)」

過去進行時制

過去進行時制は、過去を基準にし、そのとき進行している動作を表します。例：They were falling asleep when they heard a loud crash.(大きな衝突音が聞こえたとき、彼らは寝入るところだった)

I was falling　　　**We were falling**
You were falling　　**You were falling**
He was falling　　 **They were falling**

is や am の代わりに was を使い、are の代わりに were を使う。

未来進行時制

未来進行時制は、未来を基準にし、そのとき進行しているはずの動作を表します。形は〈will be ＋現在分詞〉(～しているだろう)です。

I will be watching　　　**We will be watching**
You will be watching　　**You will be watching**
She will be watching　　**They will be watching**

完了進行時制

単純進行時制と同じく進行している動作を表し、現在分詞を使って表します。(＊訳注：現在完了進行時制は「(現在まで)ずっと～している」の意味で、動作を表す動詞のとき使う。like、know など状態を表す動詞のときは現在完了時制で表すのがふつう)

時制	形	例
現在完了進行時制	have [has] been ＋現在分詞	I have been hiding since dawn.
過去完了進行時制	had been ＋現在分詞	The guard had been searching all day.
未来完了進行時制	will have been ＋現在分詞	They will have been following my trail.

REAL WORLD
記憶に残る言葉

進行時制で使うと奇妙に響く動詞があります。進行形は「走っている」とか「食べている」というように、動作が進行しているときに使います。動作ではなく状態を表す動詞、たとえば know、own、love、feel は進行時制では使えません。おなじみのフレーズですが、宣伝文句の"I'm lovin' it"(それが大好き)は文法的には誤りです。誤りだからこそ、みんなの記憶に残るのでしょう。(lovin'＝loving)

分詞 Participles

分詞は、動詞から分かれてできたものです。

分詞には、過去分詞と現在分詞の2つがあります。分詞は助動詞の have や be と一緒になっていろいろな時制を表したり、単独で形容詞になったりします。現在分詞は名詞としても使えます。

参照ページ	
‹ 26–27	形容詞
‹ 38–39	動詞
‹ 42–43	単純時制
‹ 44–45	完了時制と進行時制
助動詞	48–49 ›
態と法	54–55 ›
修飾語句の扱い方	76–77 ›
黙字	160–161 ›

動詞として働く過去分詞

過去分詞は助動詞 have と結合して、完了形になります。規則動詞の過去分詞は、過去形と同じく、不定詞(原形)に -ed を付けて作ります。不規則動詞の過去分詞の末尾はたいてい -en、-t、-n になっています。過去分詞が不定詞(原形)と同じ形の動詞も少しあります(右の cut の段)。また、tell のようにつづりがまったく変わる動詞もあります(右の told の段)。

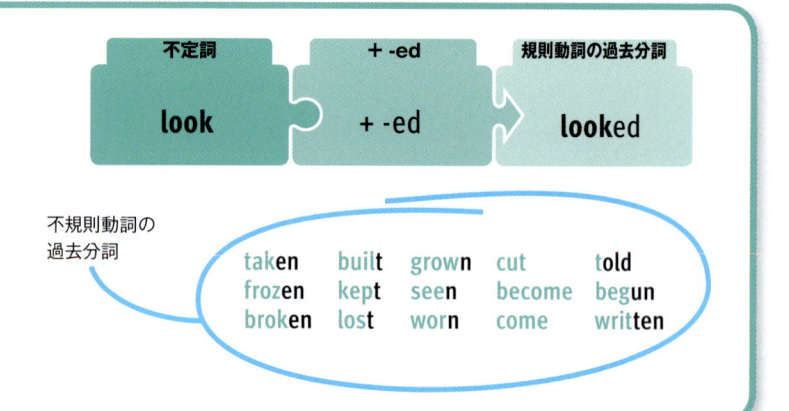

不定詞 **look** + -ed ⇒ 規則動詞の過去分詞 **look**ed

不規則動詞の過去分詞:
tak**en** buil**t** grow**n** cu**t** **t**old
froz**en** kep**t** see**n** become beg**un**
brok**en** los**t** wor**n** come writt**en**

Josh had looked everywhere for
been hoping to do some ice-

- 形容詞としての分詞を間違って使わないこと。interested car と interesting car では意味が違います。

用語集

助動詞: be や have のような「動詞を助ける」品詞で、本動詞と主語を結びつける。

動名詞: 現在分詞が名詞の働きをするときの呼び名。(~ing 形)

連結動詞: 文の主語と、主語を叙述する単語や語句を結びつける動詞。

動詞として働く現在分詞

現在分詞は助動詞 be と結合して、進行形になります。現在分詞は不定詞(原形)に -ing を付けて作ります。過去分詞と違い、現在分詞の末尾はすべて -ing です。不定詞の語尾が無音の -e で終わるとき(たとえば hope)は、-e をとって -ing を付けます。

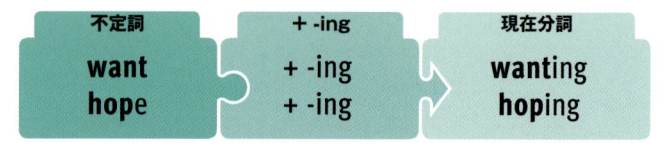

不定詞 **want / hope** + -ing ⇒ 現在分詞 **want**ing / **hop**ing

形容詞として働く過去分詞

過去分詞は、単独で形容詞の働きをして名詞を修飾します。〈過去分詞＋修飾する名詞・代名詞〉または〈連結動詞＋過去分詞〉の語順になります。

修飾する名詞の前で形容詞として働く。「彼の壊れたスケート靴」

his broken skates

His skates were broken.

連結動詞の後で、主語を描写する形容詞として働く。「壊れていた」

確認コーナー：動名詞句はどれ？

分詞句が形容詞として働き、主語の様子を描写したりするのに対して（例：the people working here「ここで働いている人たち」）、動名詞句は名詞として働きます。動名詞句は常に単数なので、句を代名詞の it に置き換えることができれば、それは動名詞句です。

Emptying his cupboard, Josh found them.

句を it に変えると文として意味をなさないので、分詞句。

It, Josh found them. ✗

Emptying his cupboard, Josh found them. ✓

この分詞句は形容詞として働き、主語の様子を描写。「戸棚の中身を出してジョッシュは」
（＊訳注：この例文の場合、日本の学校文法では「分詞構文」で副詞句、と習う）

Repairing the skates was a priority.

it に変えても意味が通るので、動名詞句。「スケート靴を修理することが先決だった」

It was a priority. ✓

Repairing the skates was a priority. ✓

---

his broken skates. He had ～ skating, but they were missing.

（ジョッシュは壊れたスケート靴をあちこち探し回った。ずっとアイススケートをしたいと思っていたのだが、靴は行方不明だった）

名詞として働く現在分詞

名詞として使われる現在分詞を、特に「動名詞」といいます。動名詞や動名詞句は、名詞のように文の主語や目的語になることができます。

主語

He wanted to do some ice-skating.

動名詞句 ice-skating は、この文の目的語。「彼はアイススケートをしたかった」

形容詞として働く現在分詞

過去分詞と同じく、現在分詞も形容詞として使えます。現在分詞は修飾する名詞や代名詞の前か後に置きます。

連結動詞に続く現在分詞。主語の they を説明する形容詞の働き。「それらは行方不明だった」

They were missing.

the missing skates

この現在分詞は動詞 miss から作られ、名詞 skates を修飾。「行方不明のスケート靴」

助動詞 Auxiliary verbs

本書では、本動詞を助ける動詞を特に助動詞と呼びます。

「助ける」動詞である助動詞は、ほかの動詞の前に置いて各種の時制を作ったり、否定文や受動態を作ったり、いろいろな心的態度を表したりします。（＊訳注：英米ではいわゆる be 動詞を「本動詞にもなれる助動詞」と教えている。→右ページ参照）

参照ページ	
◁ 34–35	代名詞
◁ 38–39	動詞
◁ 42–43	単純時制
◁ 44–45	完了時制と進行時制
◁ 46–47	分詞
態と法	54–55 ▷
否定語	80–81 ▷
疑問符	110–111 ▷

便利な性質

助動詞は、いろいろな役割を持つ「動詞を助ける」動詞です。主な役割は各種の時制を作ることですが、さらに否定文や疑問文を作ったり、本動詞を強調したりします。

現在形だけで過去形のない助動詞は must だけです。

▷ **時制を作る**
助動詞は、本動詞と主語を結びつけていろいろな時制を作ります。未来時制、完了時制、進行時制はすべて助動詞によって決まります。

主語 **Jacob** ／ 助動詞 **is** ／ 本動詞 **sleeping.**
（ジェイコブは眠っている）

現在進行時制にするために現在分詞が使われている。

▷ **否定文を作る**
be や do [does、did] や have [has、had] は、否定文を作る助動詞にもなります。否定文は、not を助動詞と本動詞の間に置いて作ります。

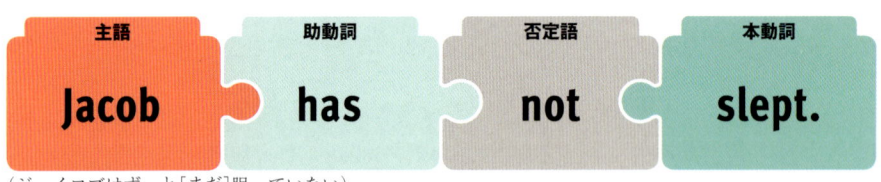

主語 **Jacob** ／ 助動詞 **has** ／ 否定語 **not** ／ 本動詞 **slept.**
（ジェイコブはずっと［まだ］眠っていない）

▷ **疑問文を作る**
文では、主語は常に本動詞の前にきます。そこで、疑問文にするために助動詞を主語の前に置きます。

助動詞 **Did** ／ 主語 **Jacob** ／ 本動詞 **behave?**
（ジェイコブはよい子にしていましたか）

▷ **強調する**
助動詞は、強調するとき（特に相手の発言を否定したいとき）にも使えます。

主語 **Jacob** ／ 助動詞 **did** ／ 本動詞 **have** ／ 目的語 **fun.**
（（いいえ、）ジェイコブは確かに楽しみましたよ）

基本的な助動詞［第一助動詞］

be と have と do の3つが第一助動詞です。本動詞として使われたり、分詞と一緒になって時制を表したりします（例：be＋現在分詞→進行時制、have＋過去分詞→完了時制）。これらには、分詞形（現在分詞形、過去分詞形）もあります。下のように不規則に変化し、現在形は主語によって使い分けます。

助動詞の形	be	have	do
不定詞［原形］	be	have	do
1人称主語で現在のとき	am, are	have	do
2人称主語で現在のとき	are	have	do
3人称主語で現在のとき	is, are	has, have	does, do
過去分詞形	been	had	done
現在分詞形	being	having	doing

- 第一助動詞の be と have と do には変化形がありますが、法助動詞は常に同じ形です。
- might は may の過去形です。〈might have ＋過去分詞〉で、過去に起こったかもしれないことを指し、「～したかもしれない」の意味を表します。
- 法助動詞は決定や命令を強調するときも使います。1人称の未来時制で be going to の代わりに will（イギリス英語では shall も）を使うと、より固い決意（話し手の意志）を表します。例：I will go to the party.（私はパーティーに行きます）

その他の助動詞［法助動詞］

それ自体では本動詞になれない助動詞を「法助動詞」（＝心的態度を表す助動詞）と呼ぶことがあります。can、will、should、may、must などで、指示、義務、可能などを表すために動作動詞と一緒に使われます。法助動詞は to 不定詞形にも分詞形にもならず、主語が3人称単数でも語尾に -s を付けません。

He can go.

主語が3人称単数でも -s を付けない。
he cans は誤り。

法助動詞	使用法	例
can	人の能力・可能を表す。「～できる」	I can run fast.
could	「～できるだろう」（可能性）を表す。または can の過去形「～できた」。	I could run faster.
may	「～してよいか」と許可を求める。または可能性「～かもしれない」を表す。	May I come?
might	「～かもしれないが」（少ない可能性）を表す。または may の過去形として使う。	I might run away.
must	「～しなければならない」（強い義務）を表す。	I must come.
ought	「～すべきだ」「～する方がよい」（客観的義務・当然）を表す。	I ought to stay.
shall	イギリス英語で単純未来時制を作る。決意を示すために使われる。	I shall run faster.
should	「～すべきだ」「～する方がよい」（義務・当然）を表す。	I should come.
will	単純未来時制を作るほか、「～するつもりだ」（意志）や「～しなさい」（命令）を表す。	You will come!
would	丁寧な質問や願望のほか条件文の帰結を示す（右欄3行目：もし行ければ楽しいだろうに）。または will の過去形として使う。	Would you like to come? I would love to come. If I were to come, I would have fun.

不規則動詞 Irregular verbs

動詞の中には、不規則な活用変化をするものもあります。

すべての規則動詞は、過去形と過去分詞形が同じ形です。一方、不規則動詞は予測不能で、動詞の語尾がいろいろな形になります。つづりがまったく変わるものもあります。それらはどうしても暗記しなければなりません。

参照ページ	
‹ 38–39	動詞
‹ 42–43	単純時制
‹ 44–45	完了時制と進行時制
‹ 46–47	分詞
‹ 48–49	助動詞

- 助動詞の過去形も不規則に変化してできます（例：can → could）。be、have、do は、現在形でさえ主語によって変化します。

不規則動詞を作る

規則動詞の過去形と過去分詞形は、語尾に -ed(-e で終わる動詞なら -d のみ) を付けて作ります。しかし、不規則動詞は違います。語尾がさまざまに変化し、過去形にするために動詞の母音字を変化させることもよくあります。

規則動詞 discover の過去形の語尾は -ed。

Grace discovered her shoes a week after her sister had swiped them.

規則動詞 swipe の過去分詞形の語尾は -d。

不規則動詞 find の過去形。

Grace found her shoes a week after her sister had stolen them.

（グレースは姉[妹]がくすねた1週間後に自分の靴を発見した）

不規則動詞 steal の過去分詞形。

英語で最もよく使われている動詞の中には不規則動詞がたくさんあります。

用語集

助動詞：be や have のような「動詞を助ける」品詞で、本動詞と主語を結びつける。

不定詞：動詞の最も単純な形で、辞書に載っている形（原形または原形不定詞）。〈to ＋不定詞〉を to 不定詞という。

過去分詞：ふつう -ed や -en で終わる動詞の形。完了時制を作るために助動詞 have や will と一緒に使われる。

🔍 確認コーナー： lie と lay の使い分けは？

不規則動詞の lie（横たわっている；自動詞）と lay（〜を横たえる、〜を強要する；他動詞）は、日常会話でよく混同されます。lie の過去時制は、動詞 lay の不定詞形（つまり lay）と同じです。多くの話し手が誤るのは、lie の現在形または不定詞形（つまり lie）の代わりに、過去形の lay を使ってしまうことです。（訳注：活用は lie - lay - lain / lay - laid - laid）

I need to **lay** down. ✗

lay ではなく lie が必要なのは文脈上明らか。「私は横になる必要がある」

I need to **lie** down. ✓

lie の過去形が正しく使われている。「私は横になった」

I **lay** down. ✓

I **lay** down the law. ✗

I **laid** down the law. ✓

lay の過去形が正しく使われている。「私は頭ごなしに命令した」

よく使われる不規則動詞

よく使われる動詞の多くは、過去形や過去分詞形で使われるとき -ed の形をとりません。過去形や過去分詞形が不定詞形 [原形] のつづりと非常に違っているものもあるので、1 つ 1 つ確実に覚えなければなりません。動詞の意味は辞書で確かめてください。

不定詞形[原形]	単純過去形	過去分詞形
be	was/were	been
become	became	become
begin	began	begun
blow	blew	blown
break	broke	broken
bring	brought	brought
build	built	built
buy	bought	bought
catch	caught	caught
choose	chose	chosen
come	came	come
cost	cost	cost
creep	crept	crept
cut	cut	cut
do	did	done
draw	drew	drawn
drink	drank	drunk
drive	drove	driven
eat	ate	eaten
fall	fell	fallen
feel	felt	felt
find	found	found
fly	flew	flown
freeze	froze	frozen
get	got	got or gotten
give	gave	given
go	went	gone
grow	grew	grown
hang	hung	hung
have	had	had
hear	heard	heard
hold	held	held
keep	kept	kept
know	knew	known
lay	laid	laid

不定詞形[原形]	単純過去形	過去分詞形
lead	led	led
leave	left	left
let	let	let
lie	lay	lain
lose	lost	lost
make	made	made
mean	meant	meant
meet	met	met
mistake	mistook	mistaken
pay	paid	paid
put	put	put
ride	rode	ridden
rise	rose	risen
run	ran	run
say	said	said
see	saw	seen
sell	sold	sold
send	sent	sent
set	set	set
shake	shook	shaken
sit	sat	sat
sleep	slept	slept
speak	spoke	spoken
spend	spent	spent
spin	spun	spun
stand	stood	stood
steal	stole	stolen
stick	stuck	stuck
swear	swore	sworn
swim	swam	swum
take	took	taken
teach	taught	taught
tear	tore	torn
tell	told	told
think	thought	thought
throw	threw	thrown
understand	understood	understood
wear	wore	worn
weep	wept	wept
win	won	won
write	wrote	written

動詞の一致 Verb agreement

動詞の「数」は、主語の「数」で決まります。

名詞や代名詞のように、動詞にも単数動詞（単数主語を受ける動詞）や複数動詞がありますが、動詞は主語に一致させなければなりません。主語となる名詞や代名詞が単数か複数かがわかりづらいとき、この一致を間違えることがあります。

参照ページ	
‹ 22–23	名詞
‹ 24–25	複数形
‹ 34–35	代名詞
‹ 36–37	数と性別
‹ 38–39	動詞
‹ 42–43	単純時制
前置詞	60–61 ›

主語が単数か複数かで判断

動詞を正しく一致させるには、この単純なルールに従うことです。もし主語が単数なら単数動詞にし、主語が複数なら複数動詞にする、ということです。

主語「出場選手たち」
複数主語なのでhasではなくhave。

The competitors have arrived, and the Mighty Musclemen contest is about to start.

主語「ムキムキマンコンテスト」
単数主語なので単数動詞。

- 複数に思えても実際は単数として扱われる名詞があります。the United States や the Philippines などの固有名詞だけでなく、mathematics（数学）や politics（政治）も単数扱いです。

確認コーナー：主語はどれ？

どれが主語かを間違えることがよくあります。主語と動詞が前置詞句で分かれているときは、特に注意が必要です。文からその前置詞句を取り除いてみれば、どれが本当の主語かはっきりします。

The box of extra weights are ready. ✗
　これが前置詞句。前置詞 of、形容詞 extra、名詞 weights から成る。

The box are ready. ✗
　前置詞句を除けば、主語（box）は単数だとわかる。

The box is ready. ✓
　単数主語なので単数動詞 is を使うべき。

The box of extra weights is ready. ✓
　前置詞句を戻すと正しい文になる。「追加のウェイトが入った箱は用意ができている」(weight「ウェイトトレーニング用器具」)

集合名詞

ほとんどの集合名詞（たとえば class や crowd）は単数形でも複数形（classes、crowds）でも使います。しかし、team、staff、couple などは、単数形のままで単数扱いしたり複数扱いしたりします。その名詞が1つの単位[集団]を意味するのか、個々に行動する構成員を意味するのかによって、受ける動詞を使い分けます。

My team has won.

team は1つの単位を表すので、単数動詞。「私たちのチームは勝った」

The team are divided in their feelings.

チームの個々のメンバーが別々に行動するので、複数動詞。「そのチームのメンバーたちは感情面で分裂している」

動詞の一致　53

複数の主語

文が2つ以上の主語を含み、それがandで結びついているとき（複合主語）は、動詞はたいてい複数動詞にします。along withやas well asのような句は2つの主語を切り離しますが、この場合は、2つ目の主語に関係なく、動詞は最初の主語に一致させます。一方、単数主語と複数主語がorやnorで切り離されているとき（混合主語）は、動詞は最も近い主語に一致させます。これが原則です。

- the number of ～（～の数）という主語は単数扱いにします。The number of weights is ～（ウェイトの数は～）。一方、a number of ～（多くの～）という主語は複数扱いにします。A number of weights are ～（多くのウェイトが～）
- 時、お金、重さ、割合のような量を表す語句は、集合名詞と同様に扱います。例: Half of Tyler's allowance is spent on exercise equipment.（タイラーのこづかいの半分は運動器具に使われる）

Tyler and his brother Matt are competing.
（タイラーと兄[弟]のマットは競争している）

◁ **複合主語**
単数名詞と単数名詞がandで結合されているので、複数動詞にします。

Matt's size as well as his strength is awesome.
（マットは体格も腕力もスゴイ）

◁ **分離主語**
単数名詞と単数名詞がas well asで切り離されているので、最初の主語sizeに一致させて単数動詞にします。

Neither Tyler's neck nor his arms are small.
（タイラーの首も腕も小さくない）

◁ **混合主語**
複数主語armsが単数主語neckより動詞に近いので、複数動詞にします。混合主語の場合は、常に複数名詞を動詞の近くに置きます。

不定代名詞

ほとんどの不定代名詞は、単数か複数か、簡単に判断できます。たとえばboth、several、few、manyは常に複数扱いです。each、everyone、everythingなどは単数形で複数の内容を表しますが、あくまでも単数動詞で受けます。

▽ **前置詞句と一致させる**
all、any、most、none、someの5つの不定代名詞は、文脈によって単数または複数になります。これらの代名詞が単数か複数かを決定するのは、後に続く前置詞句です。

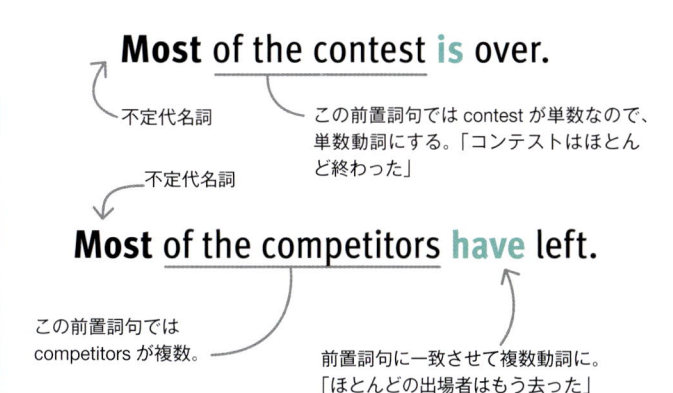

数	不定代名詞
単数	everybody, everyone, everything, somebody, someone, something, anybody, anyone, anything, nobody, no one, nothing, neither, another, each, either, one, other, much
複数	both, several, few, many, others
単数または複数	all, any, most, none, some

Most of the contest is over.
不定代名詞 — この前置詞句ではcontestが単数なので、単数動詞にする。「コンテストはほとんど終わった」

Most of the competitors have left.
不定代名詞 — この前置詞句ではcompetitorsが複数。前置詞句に一致させて複数動詞に。「ほとんどの出場者はもう去った」

態と法 Voices and moods

英語の文は、いろいろな「態」と「法」で表現されます。

英語には2つの態があり、文の主語が動作を行っているか行われているかによって、どちらかに決まります。法とは、どんな姿勢・気分で表現されるかを伝える動詞の形です。

参照ページ	
‹ 38–39	動詞
‹ 42–43	単純時制
‹ 46–47	分詞
‹ 48–49	助動詞
‹ 50–51	不規則動詞
文	68–69 ›
新聞記事	198–199 ›

能動態

動詞は2通りの方法で使うことができます。それが「態」です。能動態は、受動態より簡単です。能動態の文では、主語は動詞の動作を行い、目的語がそれを受けます。

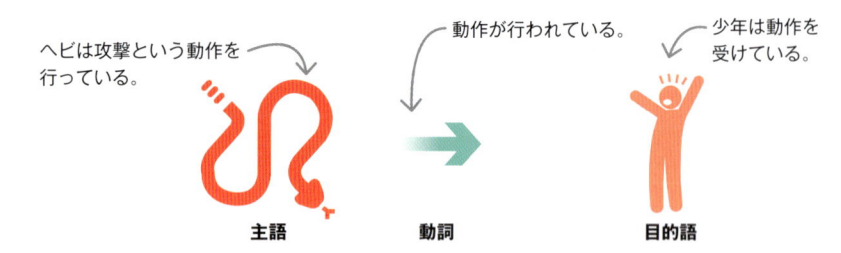

ヘビは攻撃という動作を行っている。

動作が行われている。

少年は動作を受けている。

主語　動詞　目的語

The snake attacked the boy.
（そのヘビはその少年を襲った）

受動態

受動態の文では、主語が動作を受け、目的語が動作を行うので、語順が逆になります。受動態は〈助動詞 be ＋過去分詞〉の形です。動作を行う側［動作主］は前置詞 by を使って表すか、まったく表現しないかのどちらかです。

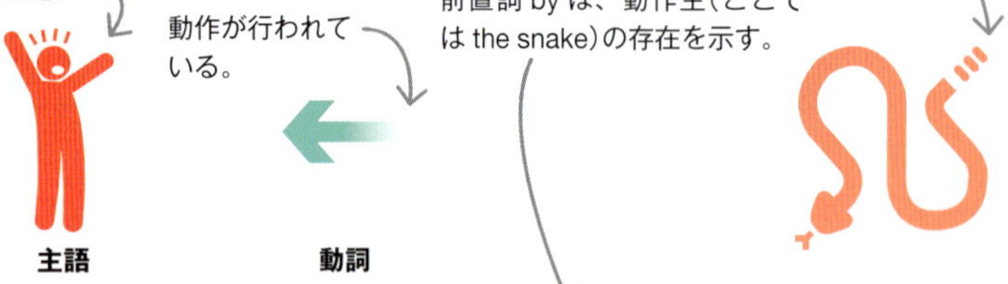

少年はここでは「動作を受けている主語」。

動作が行われている。

ヘビはこの文でも動作を行っているが、主語ではない。

前置詞 by は、動作主（ここでは the snake）の存在を示す。

主語　動詞

The boy was attacked by the snake.
（その少年はそのヘビに（よって）襲われた）

REAL WORLD
受動態を使った説得

受動態は、能動態より強制感が弱く感じられるので、よく公共の掲示に使われます。ふつう、説得する主体を示す必要もありません。（＊訳注：下の右の掲示、are not permitted「許可されていない」）

主語　動詞

The boy was attacked.
（その少年は襲われた）

助動詞 be の過去形。

規則動詞 attack の過去分詞形。

文から動作主が脱落しているが、文は成り立つ。

Danger
Pedestrians are not permitted beyond this point

態と法

直説法

英語には主に3つの「法」があります。ほとんどの動詞は直説法で使われ、意図したり予期したり望んだりする事柄とは対照的に、事実を述べるために使われます。これまで学んできた動詞の形はすべて直説法です。

この文は、過去のある時点での「事実」を述べているので直説法。

The boy was terrified.
（その少年はおびえていた）

命令法

命令法は、指示・命令したり要求したりするときに使います。感嘆文はたいてい命令法で、いつも最後に感嘆符が付きます。

この指示・命令は感嘆文でもある。　　これは要求。

Go away! Please leave me alone.
（行ってくれ！ 私を1人にしてください）

仮定法

仮定法は英語ではめったに使われません。主語が3人称単数のときか、be動詞を使うときに目にする程度です。demand、require、suggestやit is essential that（～することが不可欠［重要］だ）のような義務・要求を表す動詞や語句の後で使われ、その義務・要求が達成されないかもしれないことを示します。

用語集
助動詞	beやhaveのような「動詞を助ける」品詞で、本動詞と主語を結びつける。
感嘆文	驚きや甲高い声のような強い感情を表現する文で、感嘆符を付ける。
法助動詞	命令、義務、可能性などを表すために動作動詞と一緒に使われる助動詞。
過去分詞	ふつう-edや-enで終わる動詞の形。受動態にするために助動詞beと一緒に使われる。

▷ 3人称
最も仮定法らしい動詞形。removeの主語は3人称単数だが-sが脱落している。

He demanded that the zookeeper remove the snake.
（彼は動物園の飼育係にヘビを取り除くように要求した）

removeは仮定法現在（that節で使う原形）で、demanded thatに続いている。仮定法を使うのは、飼育係がヘビを除かないかもしれないから。

▷ 例外
be動詞の場合は、現在時制なら（isやamではなく）be、過去時制なら（wasではなく）wereを使うのが正式。

The zookeeper requested that the boy be quiet.
（その飼育係はその少年に静かにするように頼んだ）

beは仮定法現在で、requested thatに続いている。仮定法を使うのは、少年が静かにしないかもしれないから。

🔍 **確認コーナー：直説法？仮定法？**

条件文（もし～なら…だ）は、「従属節が含む条件（＝天候が暑い）が満たされれば主節の行為（＝ビーチに行く）が実現する」ことを示す文です。ほとんどの条件文はIf（もし～なら）かUnless（もし～なければ）で始まります。主節の行為が起こる可能性が高ければ直説法を使い、主節の行為が仮定でしかないときは仮定法過去を使います。（＊訳注：仮定法過去とは、現在の事実と反対のことを仮定して、過去形を使って述べるもの）

多くの条件文はIfで始まる。

If the weather...

天候が暑ければweはほぼ確実にビーチに行く。→直説法

If the weather is hot, we will go to the beach. ✓

If the weather were hot, we would be happier. ✓

「天候が暑ければ、もっとうれしいのだが」という仮定法。動詞にwereを使う。

条件文が仮定法のとき、主節にはふつうwouldを使う。

句動詞 Phrasal verbs

すでにある動詞に副詞や前置詞が付くと、新たな動詞になります。

句動詞とは、〈動詞＋副詞〉〈動詞＋前置詞〉〈動詞＋副詞＋前置詞〉の組み合わせです。句動詞はふつうの動詞のように働きますが、ほとんどの場合、くだけた話し言葉で使われます。

参照ページ	
‹38-39 動詞	
‹40-41 副詞	
前置詞	60-61›
ハイフン	106-107›

副詞の句動詞

〈動詞＋副詞〉の句動詞は、1つの単位として1語の動詞のように働きます。副詞は句動詞の意味を表すには不可欠で、動詞の意味を強めるか、まったく別の意味に変えます。up、down、out、off などの副詞がよく使われます。

副詞 up は動詞 get の意味を変える。「受け取る、手に入れる」ではなく、「(ふつうは睡眠の後で)起きる」を意味する句動詞になる。

I got up early.
(私は早く起きた)
— 副詞の句動詞

英語では、新しく生まれた動詞はほとんど句動詞です。

- 句動詞を作る短い単語(副詞や前置詞)は、変化形のない単語(不変化詞)です。
- 句動詞は決してハイフンでつなげません。

I got up early because Daniel
We ran into Paulo, who was

前置詞の句動詞

前置詞の句動詞は、動詞に by、after、in、on、for などが続くものです。前置詞は、後に続く名詞や代名詞(直接目的語)と動詞を結びつけます。前置詞の句動詞は必ず他動詞ですが、副詞の句動詞と違って、ふつう、動詞と前置詞の間に直接目的語を入れることはできません(→右ページ「語順」参照)。

〔上の例文(I got up ...)の訳〕ダニエルが私をランチに誘うことになっていたので私は早く起きた。私たちはパウロに出くわしたが、彼は試合を楽しみにしていた。

talk about (〜について話す)
stand by (〜を援助する)
listen to (〜を聞く)
call on (〜を訪ねる)
take after (〜に似ている)
wait for (〜を待つ)
run into (〜にばったり会う)

いろいろな句動詞を作る動詞

同じ動詞にいくつかの副詞や前置詞を加えると、意味の異なる一連の句動詞になります。句動詞が違えば、文の意味はまったく変わります。たとえば、Paulo is looking after the game. は「パウロはその試合の責任[担当]者だ」の意味です。

句動詞 57

用語集

直接目的語：動詞の動作を受ける名詞や代名詞。
自動詞：目的語を必要としない動詞。
他動詞：必ず目的語と共に使われる動詞。

確認コーナー：どんなとき句動詞を分割できる？

他動詞の句動詞には、直接目的語をはさんで分割できるものと、できないものがあります。簡単な見分け方は、代名詞の it を、直接目的語として動詞と副詞（または前置詞）の間に置いてみることです。その結果、意味が通じれば、その句動詞は分割できます。（＊訳注：副詞の句動詞で直接目的語が代名詞のときは、必ず句動詞の間に入れる）

副詞の句動詞で他動詞。「～を取り上げる」
pick up → **pick it up** ✓
意味が通じるので句動詞は分割できる。

前置詞の句動詞で他動詞。「～の世話をする」
look after → **look it after** ✗
意味が通じないので句動詞は分割できない。

語順

ふつうの1語の動詞と同じく、句動詞も他動詞や自動詞になります。get up や eat out（外食する）は自動詞になる句動詞で、目的語がなくても意味が通じますが、「他動詞になる副詞の句動詞」の場合は、動作を受ける直接目的語が必要です。

（ダニエルは私をランチに連れていくことになっていた）
Daniel was taking me out for lunch.

直接目的語 → me
これは副詞の句動詞で他動詞。直接目的語（me）で分割できる。

was taking me out for lunch.
looking forward to the game.

look forward to（～を楽しみに待つ）
look over（～にざっと目を通す）
look out（～を探し出す）
look through（～を調べる）
look at（～を見る）
look after（～の世話をする）

〈副詞＋前置詞〉が付く句動詞

後ろに〈副詞＋前置詞〉が続く句動詞もあります。前置詞の句動詞のように直接目的語が必要ですが、直接目的語を句動詞の途中に入れることはできません。

Paulo was looking forward to the game.

動詞 ← looking
副詞 ← forward
前置詞 ← to
直接目的語 ← the game

接続詞 Conjunctions

接続詞は単語や句や節を結びつけます。

接続詞は文中の2つ以上の部分を連結するのに使います。各部分を同等に連結したり、従属接続詞（従属節を導く接続詞）を使って主節と従属節を連結したりします。

参照ページ	
句	64–65 〉
節	66–67 〉
重文	70–71 〉
複文	72–73 〉
節の正しい用法	74–75 〉
コンマ	96–99 〉

- who、whom、which、that のような関係代名詞も、従属接続詞と同じように使われます。(p.82)
- because や and のような接続詞で文を始めるのは避けましょう。中途半端な文になることが多いからです。

等位接続詞

接続詞を使わなければ、短い文ばかりの文章になってしまいます。接続詞は、文を長くすることによって、ぎこちなく単調になることを防ぎます。等位接続詞は、対等な単語や句や主節（単文）をつなぐのに使われます。and、but、or、nor、yet、for、so などです。

roses and sunflowers

この等位接続詞は2種類の花をつなぐのに使われている。

Flora tried to water her roses and She cut both the hedge and the

- 2つの主節（単文になれる節）は、コンマではなく、必ず接続詞やセミコロン（；）やコロン（：）でつなぎます。

用語集

主節：主語と動詞を含み、それだけで意味が完結している（単文になれる）語群。

従属節：主語と動詞を含むが、意味を成すには主節が必要な語群。

相関接続詞

接続詞は1つの単語か句ですが、ペアを組むことがよくあります。both/and、either/or、not only/but also のペアは、接続詞が一緒に働くので相関接続詞といいます。2つの接続詞は、結びつける単語のそれぞれの直前に置きます。

相関接続詞

She cut both the hedge and the tree.

ペアによって結びつけられている名詞

接続詞　59

確認コーナー： いつセミコロンを使うの？

however、accordingly、besides、therefore などの副詞は、接続詞として2つの主節（単文）をつなぐ働きをします。等位接続詞や従属接続詞とは違って、セミコロンの後に置き、後ろにコンマを付けます。

2つの主節（単文）
She was confident. She hadn't cut the hedge before.

2つの主節を分けている等位接続詞
She was confident, but she hadn't cut the hedge before.

接続詞の働きをする副詞。「セミコロンの後、コンマの前」に置く。
She was confident; however, she hadn't cut the hedge before.

（彼女には自信があった。以前に生け垣を刈ったことはなかったが）

2つの主語と等位接続詞

主語が異なる2つの主節を等位接続詞でつなぐときは、接続詞の前にコンマを置くべきです。そうすれば、1つの主節がどこで終わり、もう1つの主節がどこから始まるかがわかります。

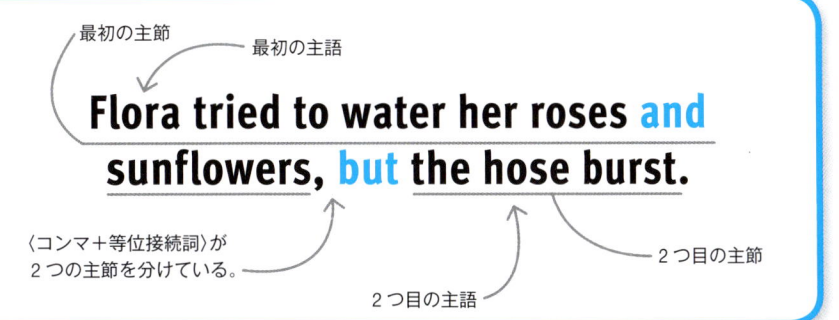

最初の主節／最初の主語

Flora tried to water her roses and sunflowers, but the hose burst.

〈コンマ＋等位接続詞〉が2つの主節を分けている。

2つ目の主語／2つ目の主節

sunflowers, but the hose burst.
tree because they were too tall.

従属接続詞

従属接続詞は、対等ではない単語や句や節をつなぐのに使います。従属節は、何かがなぜ、いつ、どこで起きているのかを述べて、主節に情報を加えます。従属節は before、if、because、although、while のような従属接続詞で始まり、文の前半か後半に置きます。

〔上の例文（Flora tried ...）の訳〕フローラはバラとヒマワリに水をやろうとしたが、ホースが破裂した。伸びすぎていたので、彼女は生け垣と木の両方を刈った。

She cut both the hedge and the tree because they were too tall.

主節／従属接続詞／従属節は、フローラが生け垣と木を刈った理由を説明。

Before she started, she put on some gloves.

従属接続詞／従属節は文の前半にも置ける。／主節

従属接続詞が文の前半にあるときは、2つの節を分けるコンマが必要。「始める前に手袋をはめた」

前置詞 Prepositions

前置詞は、文中の名詞・代名詞をほかの単語と結びつけます。

前置詞は決して単独では使いません。前置詞は、名詞や代名詞と文の他の部分との関係（たいていは物理的な位置関係）を示す短い単語です。

参照ページ	
‹ 20-21	品詞
‹ 22-23	名詞
‹ 30-31	冠詞
‹ 34-35	代名詞
‹ 56-57	句動詞
句	64-65 ›
コンマ	96-99 ›

単純な前置詞

前置詞は書き言葉でも話し言葉でもよく使われます。for、about、with、of、on のような単語で、ふつうは前置詞句の一部になります。前置詞句は、前置詞とその目的語（名詞、代名詞、名詞句）でできています。

前置詞「〜のために」 ↓　　形容詞 ↓
for a long bicycle ride
　　↑冠詞　　↑名詞句で、前置詞 for の目的語

- 正式な文では、文を前置詞で終えるべきではありませんが、話し言葉ではよくあることです。例：What are you talking about?（何について話しているの？）
- 前置詞句は文の目的語を含みますが、主語は含みません。They raced down a hill.（彼らは丘を急いで下った）では、hill が raced down の目的語で they が主語です。

Daisy went for a long bicycle ... a hill and through a stream ...

ウィンストン・チャーチルは「文末に前置詞を置くな」という教師の指導に反発して、That is nonsense up with which I shall not put. と言いました。
（*訳注：〜 which I shall not put up with. が自然な英語。「私には耐えられない馬鹿げた話だ」）

前置詞の並列

別々の名詞に別々の前置詞が必要なときは、省略することはできません。1つの前置詞が2つ以上の名詞にかかるときは、最初の名詞の前だけに置くと、洗練された文になります。いちいち同じ前置詞を置くと、文がくどくなります。

〔上の例文（Daisy went ...）の訳〕デイジーはエドと長距離サイクリングに出かけた。彼らは猛スピードで丘を下り、小川を通って（または、渡って）橋の隣で止まった。

hill と stream には別の前置詞が必要。「丘を下り、小川を通って」
They raced down a hill and through a stream.

through a stream and through a forest の意味。最初の名詞の前に置くだけでよい。
They sped through a stream and a forest.

前置詞

確認コーナー：前置詞を含む句動詞はどれ？

前置詞を含む句動詞は〈動詞＋前置詞〉の形になります。この動詞句には目的語が必要ですが、動詞と前置詞の間に目的語を置くことはできません。もし前置詞を含む句動詞から前置詞を取り去ったら、文の意味が通らなくなります（右の1行目の文）。

Daisy was **annoyed** and **afraid of** Ed's poor cycling skills. ✗
— and afraid を取り去ると、文の意味が通らない。

Daisy was **annoyed of** Ed's poor cycling skills. ✗
— この句動詞は単独で意味が通じる。「〜にハラハラした」

Daisy was **afraid of** Ed's poor cycling skills. ✓
— 正しい前置詞を加えたもの。　— by と of の共通の目的語となる名詞句

Daisy was **annoyed by** and **afraid of** Ed's poor cycling skills. ✓

（デイジーはエドの下手な自転車技術にイライラし、ハラハラした）

前置詞句を使う

前置詞句は、名詞や動詞を修飾するために形容詞や副詞のように使うことができます。前置詞句は目的語をよりくわしく説明するものなので、読み手は、何の（または誰の）ことなのか、どこにあるものなのか、いつなのか、なぜ起こったのか、などがそれでわかります。

in a tree は形容詞として目的語 eagle を説明。「木にいるワシ」

Daisy saw an eagle in a tree.

down a hill は副詞として走った場所を説明。「丘を下って」

They raced down a hill.

ride **with** Ed. They raced **down** and stopped **next to** a bridge.

複合前置詞

前置詞がほかの単語と一緒になって、1つの前置詞として働くことがあります。1語の前置詞と同じように、名詞や代名詞の前に置いて前置詞句を作り、形容詞や副詞として働きます。

except for（〜を除いて）
out of（〜の外に）
in spite of（〜にもかかわらず）
next to（〜の隣に）
as for（〜に関して言えば）
in front of（〜の前に）
along with（〜と一緒に）

用語集

形容詞として働く前置詞句：名詞を修飾する前置詞句。

副詞として働く前置詞句：動詞を修飾する前置詞句。

名詞句：〈冠詞・形容詞など＋名詞〉の形の語句。

目的語：動詞の動作を受ける名詞や代名詞。

前置詞を含む句動詞：〈動詞＋前置詞〉の形の語句で、1つの動詞として働く。

前置詞句：〈前置詞＋代名詞（または名詞、名詞句）〉の形の語句で、文中で形容詞（名詞を修飾）や副詞（動詞を修飾）として働く。

間投詞 Interjections

間投詞は、感情を表すために単独で使われる単語や語句です。

間投詞は品詞の1つとみなされていますが、文中で文法的な役割は果たしません。間投詞は「叫ぶ、抗議する、命令する」ときに使われる単語や語句で、正式な文章にはめったに現れません。

参照ページ	
‹ 20–21　品詞	
文	68–69 ›
口語表現と俗語	86–87 ›
コンマ	96–99 ›
感嘆符	112–113 ›

感情を表す単語

間投詞は口語英語を書くときによく出てきます。つまり、くだけた文章、特に物語や台本で登場人物の感情を伝えるのに役立ちますが、正式な文章では発言を引用するときに使われるだけです。いろいろな感情を表す新しい間投詞が、地域ごとに絶えず生まれています。

感情	間投詞
痛み	ouch, ow, oh
嫌悪	yuck, ugh, ew
驚き	eek, yikes, ooh, wow, eh, well, really
感情の高ぶり	hurrah, yippee, ha, woo-hoo, whoopee
喜び	mmm, yeah
安心	phew, whew, whoa
退屈	blah, ho-hum
困惑	ahem, er
失望	aw, meh, pfft
落胆	oh no, oh, oops
パニック	help, ah, uh, oh
いらだち	hmph, huh, hey, oy
非難・軽蔑	tsk-tsk, tut-tut
理解・納得	aha, ah
同情	dear, alas, ahh
疑い	hmm, er, um

- 間投詞は控えめに使うか、使わないようにしましょう。使っても、文章はめったによくなりません。

間投詞を使う

失望や驚きといった強い感情を表す間投詞は、1語または語句で感嘆文になります。後ろに感嘆符（！）を付けます。穏やかな感情の場合は、間投詞の後ろにコンマを付けて使う傾向があります。

Uh oh!

強い感情（パニック）を表しているので感嘆文。感嘆符が付いている。

Phew, that was scary.

（ふう、ああ怖かった）

穏やかな感情。文中に組み込まれ、コンマで文の主要部と切り離されている。

間投詞 63

REAL WORLD
「わかった！」
アルバート・アインシュタインは、特殊相対性理論を思いついたとき「Eureka!」（ユリーカ）と叫んだそうです。ギリシャ語で「わかった」の意味です。英語なら、発見の瞬間に「Aha!」や「Hurrah!」などの間投詞が使われるかもしれません。間投詞1つだけを使う方が、文にするよりはるかに豊かな感情を伝えてくれます。

挨拶
日常の挨拶は、hello、hi、goodbye、それに yoo-hoo（おーい）まで間投詞で、これらは単独で、または文の一部として使われます。他の間投詞も同じですが、挨拶表現を文から除くと、人の心を動かさない内容になってしまいます。

Hello, what are you doing?
（やあ、何してるの？）

この間投詞は Be quiet!（静かにして！）の意味で使われる。

Shh! I'm concentrating.
（シー！ 集中してるところなんだ）

ためらいと前置き
言うべきことがはっきりしないときなどには、発言の中断を埋めるために、er や um などの間投詞を使います。いわゆる「つなぎ言葉」です。また yes、no やその類似語も、indeed や well といった他の前置き表現と同じく間投詞になります。これらは、相手の質問や発言を受けるとき単独で使えます。

I, **er**, have no idea what has happened to, **um**, the snake charmer.

つなぎ言葉のような穏やかな間投詞（「えーと」など）を入れるときは、両側にコンマを付ける。（have no idea「わからない」、snake charmer「ヘビ使い」）

Yes, he's been gone for ages. Where is he?

yes や no は文の前置きに使われ、後にコンマを付ける。Yes. He's ... としてもよい。（for ages「長い間」）

ト書き風に使う
せりふ以外の発声やしぐさを示すために、間投詞をカッコに入れることがよくあります。特に演劇台本で使われ、せりふの調子を示したり、役者に指図を与えたりします。

The snake charmer is **(cough!)** temporarily unavailable.

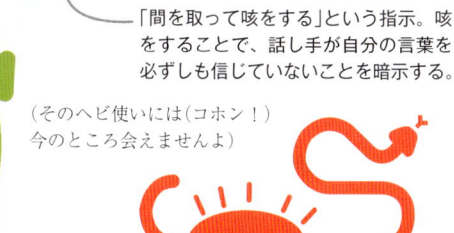

「間を取って咳をする」という指示。咳をすることで、話し手が自分の言葉を必ずしも信じていないことを暗示する。
（そのヘビ使いには（コホン！）今のところ会えませんよ）

句 Phrases

句とは、文の一部を構成する語群のことです。

句は文に情報を追加しますが、文の一部としてまとまった意味を表すだけです。句は動詞を含まず、形容詞、副詞、名詞の働きをします。

参照ページ	
‹ 22–23	名詞
‹ 26–27	形容詞
‹ 40–41	副詞
‹ 46–47	分詞
‹ 60–61	前置詞
修飾語句の扱い方	76–77 ›

形容詞句

形容詞のように、名詞や代名詞を修飾する句です。形容詞句はふつう、副詞か前置詞で始まります。形容詞句は、修飾する名詞の前か後に置きます。

very red-faced ← 副詞

この形容詞句は〈副詞＋形容詞〉で、修飾する名詞の後に置く。「真っ赤な顔をした」

the very red-faced drummer

修飾する名詞の前にも置ける。

of the band ← 前置詞

名詞 members をくわしく説明する形容詞句。「そのバンドの〜」

The drummer, very red-faced,
The shocked members of the band

💡
- 1語の形容詞や副詞の代わりに句を使うと、文章がもっとおもしろくなります。

英英辞典での単語の定義には、形容詞句がたくさん使われています。

名詞句

名詞句は、名詞と、それを修飾する単語（冠詞、限定、形容詞、形容詞句など）で構成されます。名詞句は、文中で名詞とまったく同じ働きをします。

全体で hid（隠れた）という動作の主体を表す名詞句。文の主語になっている。

the shocked members of the band

これは形容詞句で、名詞句の一部になっている。

the drummer ← 冠詞

〈冠詞＋名詞〉の単純な名詞句。

句　**65**

〔下の例文(The drummer, very ...)の訳〕その真っ赤な顔をしたドラマーは、怒って舞台を横切って大股で歩いた。ショックを受けたバンドのメンバーたちは、楽器の陰に隠れた。

副詞句

副詞句は、副詞のように動詞、形容詞、他の副詞を修飾します。副詞句を使えば、どのように、いつ、なぜ、どこで、どれくらいの頻度で、などの問いに答えられます。

angrily across the stage
← ドラマーがどのように、どこを大股で歩いたのかを表す副詞句。

behind their instruments
← バンドのメンバーたちがどこに隠れたのかを表す副詞句。

用語集

形容詞句：名詞や代名詞を修飾する語群。

副詞句：in July last year(去年の7月に)のように副詞の働きをし、どのように、いつ、どこで、どれくらいの頻度で、などの問いの答えとなる語群。

名詞句：いくつかの単語が結びついて名詞と同じ働きをする語群。

前置詞句：in や on のような前置詞が名詞や代名詞の前に付いて、文中で形容詞(名詞を修飾)や副詞(動詞を修飾)の働きをする句。

strode angrily across the stage.
hid behind their instruments.

前置詞句

前置詞句は最もありふれた句ですが、文中ではいつも、形容詞(名詞を修飾)か副詞(動詞を修飾)のどちらかの働きをします。つまり、前置詞句は形容詞句か副詞句かのどちらかになります。前置詞句は〈前置詞＋名詞(句)〉の形です。(＊訳注：前置詞句は「前置詞の働きをする句」のことではないので注意)

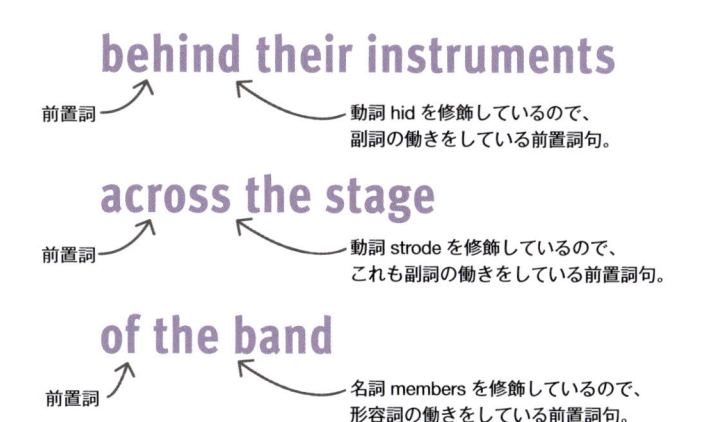

behind their instruments
前置詞 → ← 動詞 hid を修飾しているので、副詞の働きをしている前置詞句。

across the stage
前置詞 → ← 動詞 strode を修飾しているので、これも副詞の働きをしている前置詞句。

of the band
前置詞 → ← 名詞 members を修飾しているので、形容詞の働きをしている前置詞句。

節 Clauses

節は文の主要な要素です。

節とは、主語と動詞を含む語群のことです。節は文の一部、または完全な単文になります。節はまた、主節や従属節になり、従属節は形容詞や副詞の働きをします。

参照ページ	
‹22–23	名詞
‹26–27	形容詞
‹40–41	副詞
‹58–59	接続詞
文	68–69›
重文	70–71›
複文	72–73›
節の正しい用法	74–75›
関係詞節	82–83›

主節

主節は「独立節」ともいい、主語と動詞を含み、1つの完結した内容を表します。主節は、それ自体で意味が通じるので、単文と同じことです。

主語　動詞
The cat　slept.
（その猫は眠った）

→ 完結した内容

従属節

従属節も主語と動詞を含む節ですが、それだけでは意味が完結しません。従属節の意味は、主節によって決まります。従属節は、物事がどこで、いつ起こるのか、どのように行われるのかなどを説明したり、情報を加えたりします。関係詞節や副詞節は従属節の一種です。

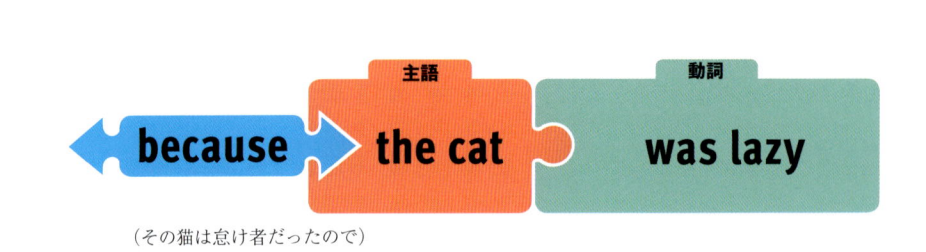

because　the cat　was lazy
（その猫は怠け者だったので）

🔍 確認コーナー：従属節はどれ？

主節も従属節も主語と動詞を含んでいますが、単独で意味が完結するのは主節だけです。従属節を見分ける最も簡単な方法は、which や that のような関係代名詞を探すか、because や although などの従属接続詞（従属節を導く接続詞）を探すことです。

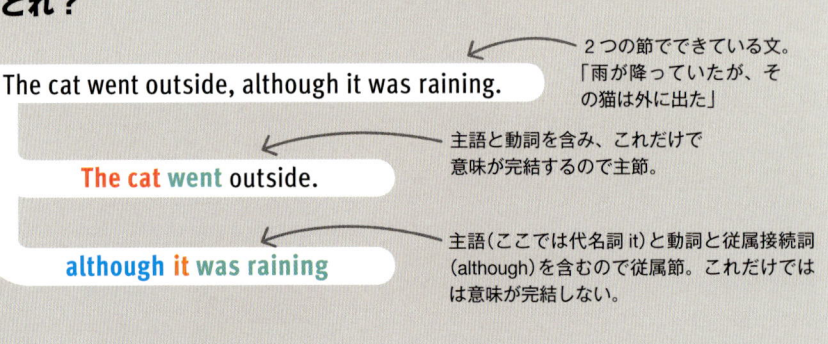

The cat went outside, although it was raining.

2つの節でできている文。「雨が降っていたが、その猫は外に出た」

The cat went outside.

主語と動詞を含み、これだけで意味が完結するので主節。

although it was raining

主語（ここでは代名詞 it）と動詞と従属接続詞（although）を含むので従属節。これだけでは意味が完結しない。

節

関係詞節

関係詞節は形容詞の働きをする節で、従属節の一種です。形容詞や形容詞句のように、名詞や代名詞を修飾します。形容詞とは違って、関係詞節が置かれるのは修飾する名詞や代名詞の後だけです。関係詞節はいつも関係代名詞 who、whom、whose、which、that のどれかで始まり、それらは従属節内の主語や目的語になります。

▽**主語**（＊訳注：日本の学校文法では「主格」）
関係代名詞 which はこの節の主語で、この節は名詞を修飾するのに使います。「正常［普通］だった〜」

[which] → [was（動詞）] → [normal（形容詞）]

▷**目的語**（＊訳注：日本の学校文法では「目的格」）
関係代名詞 which はこの節の目的語（did の目的語）です。「その猫が毎朝した〜」

[which] → [the cat（主語）] → [did（動詞）] → [every morning（副詞句）]

副詞節

副詞節は従属節の一種で、副詞のように働きます。副詞節は、何かがどのように、いつ、どこで、なぜ起きているのかといった情報を追加します。副詞節は because、although、after、while、since、as、until のような従属接続詞で始まります。

▷**なぜ？**
猫が何かをした「理由」を述べている副詞節。主節なしでは意味が完結しません。「その猫が朝食をほしがったので〜」

[as] → [the cat（主語）] → [wanted（動詞）] → [breakfast（目的語）]

従属接続詞（アメリカ英語では since）

▷**いつ？**
ネコが何かをした「時」を述べている副詞節。主節なしでは意味が完結しません。「その猫が朝食を食べてしまった後で〜」

従属接続詞
[after] → [the cat（主語）] → [had eaten（動詞）] → [breakfast（目的語）]

用語集

副詞句：副詞の働きをし、どのように、いつ、どこで、どれくらいの頻度で、などの問いの答えとなる語群。

目的語：動詞の動作を受ける人や事物。

関係代名詞：前にある名詞や代名詞を修飾する関係詞節を導いて、文の一部を他の部分とつなぐ代名詞。

主語：動詞の動作を行う人や事物。

従属接続詞：重要度の違う単語や語句や節をつなぐのに使う接続詞。

👍 主節（単文になれる節）の前に従属接続詞が付けば、従属節に変わります。例：because the cat slept（その猫が眠ったので）

文 Sentences

単純なものから複雑なものまで、文にはいろいろな種類があります。

文は主語と動詞を含み、それだけで意味が完結する書き言葉の1単位です。文は大文字で始め、終止符、感嘆符、または疑問符で終えなければなりません。

参照ページ		
‹ 38–39	動詞	
‹ 54–55	態と法	
‹ 64–65	句	
‹ 66–67	節	
重文		70–71 ›
複文		72–73 ›
終止符と省略記号		94–95 ›
疑問符		110–111 ›
感嘆符		112–113 ›

単文

単文は主節と同じものを指します。必ず1つの主語と1つの本動詞を含み、一定の考えを表現します。主語は動作(動詞の内容)を行う人または事物ですが、複数存在する場合もあります。ほとんどの単文には、目的語、つまり動作を受ける人や事物が含まれます。

The chef cooked.
― 大文字
― 終止符で文を終える。
― 主語
― 動詞

The chef and his friends ate the delicious meal.
(シェフとその友人たちはそのおいしい食事を食べた)
― 主語は複数の人や事物でもよい。
― 目的語
― 情報を追加するために説明的な単語や語句も加えられるが、動詞が1つだけなら単文。

平叙文

平叙文とは、1つの事実や情報を伝える文です。主語は常に動詞の前にきます。文章中のほとんどの単文は平叙文で、最後に終止符が付きます。(*訳注:平叙文とは肯定文と否定文のこと)

The pie had exploded.
事実を述べ、終止符で終わっているので平叙文。
(そのパイは爆発していた)

疑問文

疑問文は情報を求める文で、疑問符で終えます。平叙文と違い、主語を動詞の後に置きます。主語と位置が代われる動詞は助動詞だけなので、疑問文では必ず be、do、can などの助動詞を使います。なお、疑問詞の why、when、where、how などで始まる疑問文もたくさんあります。(*訳注:本書では助動詞を動詞の一種としている。→ p.48)

Why did the pie explode?
― 疑問詞
― 主語
― 本動詞
― 助動詞
(パイはなぜ爆発したのですか)
情報を求め、疑問符で終わっているので疑問文。

- たいていの場合、内容を理解してもらうには短い文の方が効果的です。
- 文章を書く際は、単調にならないように文の種類に変化をつけることが大切です。
- 単文は、物語に緊張を生み出すのに有効です。(p.184)

文　**69**

🔍 確認コーナー：文かどうかの見分け方は？

大文字で始まり、終止符、疑問符、感嘆符のどれかで終われば、その主節は文になります。すべての文は主語と動詞を含み、追加情報がなくても意味が通じなければなりません。

❌ **the chef loves** cooking
→ 大文字で始まらず、終止符がないので文とはいえない。

✅ **The chef loves** cooking.

❌ What **is**.
→ 主語がなく、意味も通じないので文ではない。疑問詞 what で始まっていれば疑問符で終わらなければならない。

✅ What **is he cooking**?

❌ **something is burning**!
→ 大文字で始まっていない。下の文は「何かが焦げているよ！」の意味。

✅ **Something is burning**!

命令文

命令文は、命令したり指示したりする文です。指示は、単文で書くのが最も効果的です。命令文の主語（命令・指示を受ける人）は、明示されずに暗示されています。命令するときはたいてい感嘆符で終わりますが、指示するときは終止符で終わる傾向があります。

命令を示すので、感嘆符で終わっている。
Do not open the oven!
暗示されている主語は、「オーブンを開けるな」と言われている人。

Please do not touch the pie.
暗示されている主語は、「パイにさわらないように」と言われている人。
命令ではなく丁寧な指示を示すので、終止符で終わっている。

感嘆文

感嘆文は平叙文と同じような働きをしますが、驚きや恐怖のような強い感情を表し、感嘆符で終えます。

The pie had exploded!
（パイは爆発していた！）

終止符の代わりに感嘆符を使えば、平叙文に感情が加わり、もっと劇的になります。

完結した文で最も短いのは、英語では I am. です。

REAL WORLD
"Careful you must be ..."

文を組み立てる簡単な規則が守られないと、まるで理解できない文になります。『スターウォーズ』の登場人物ヨーダ（Yoda）がよい例です。ヨーダは〈主語－動詞－目的語〉の形に従わず、ごちゃまぜにして〈目的語－主語－動詞〉などと並べます。その結果、わかりにくくなってしまうのです。（＊訳注：見出しは You must be careful ... がふつうの語順。「気をつけなければいかんぞ…」）

用語集

助動詞：be や have のような「動詞を助ける」品詞で、本動詞と主語を結びつける。

主節：主語と動詞を含み、それだけで意味が完結している語群。

目的語：動詞の動作を受ける人や事物。

主語：動詞の動作を行う人や事物。

重文　Compound sentences

重文とは、主節（単文になれる節）が2つ以上ある文のことです。

重文は2つ以上の主節で構成され、従属節はありません。主節は接続詞を使って結びつけられ、できた文は「重要度が同じ異なる考え」を伝えます。

参照ページ	
‹58-59	接続詞
‹66-67	節
‹68-69	文
複文	72-73›
セミコロン	100-101›
コロン	102-103›

主節を結びつける

重文は、重要度が同じ考えを2つ以上結びつけた便利な文です。重文は、文章の流れを改良するのに役立ちます。単文がいくつも続くと、読み心地が悪いからです。重文を作るには、主語と動詞を含む2つの主節を and、but、so などの等位接続詞で結びつけます。そのとき、等位接続詞の前にコンマを置いて2つの節を分けます。

〔右の下の文の訳〕アリーは水泳を好み、エイダンはロボットを作る。

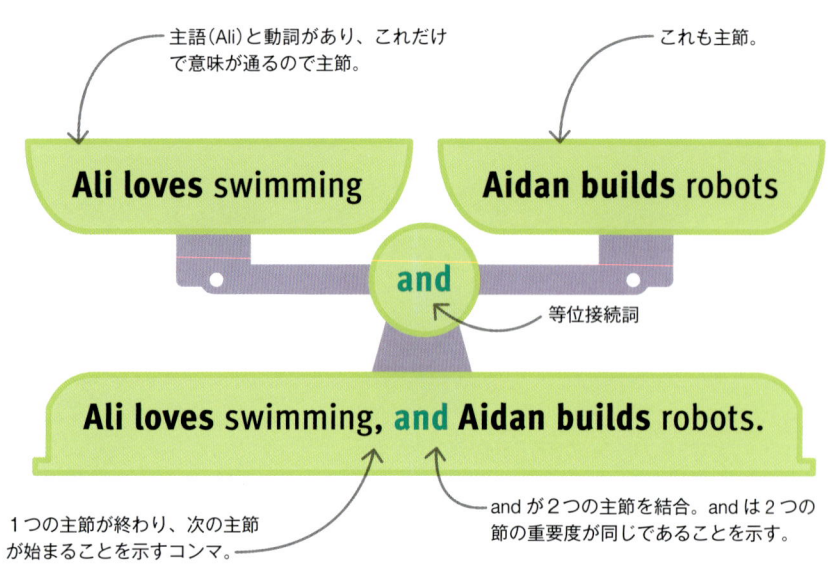

主語(Ali)と動詞があり、これだけで意味が通るので主節。

Ali loves swimming

これも主節。

Aidan builds robots

and ← 等位接続詞

Ali loves swimming, and Aidan builds robots.

1つの主節が終わり、次の主節が始まることを示すコンマ。

and が2つの主節を結合。and は2つの節の重要度が同じであることを示す。

接続詞を使う

主な等位接続詞は7つあり、使い方が異なります。and は、似ているものを結びつけるときや、あることが別のことに続くことを示します。but は、ある考えを別の考えと対照させるときに使いますが、so はあることの結果として別のことが起こることを示します。yet は nevertheless（それにもかかわらず）の意味で使い、or と nor は選択肢を結びつけ、for は重文では because の意味で使います。

2つ目の節が言いたいこと。「しかしめったに泳がない」

Ali loves swimming, yet she swims rarely.

Ali might go swimming, or she might see her friends.

「主語は～するかもしれないし、…するかもしれない」

Ali loves swimming, for she grew up near the sea.

2つ目の節が最初の節を説明。「というのも～だからだ」

2つの節は、重要度が同じ類似情報。

Ali loves swimming, and she loves hot weather.

or / yet / so / for / and / but / nor

2つ目の節は最初の節の結果。「だから～、それで～」

Ali loves swimming, so she swims often.

2つ目の節は最初の節と対照的な内容。「しかし～」

Ali loves swimming, but she hates running.

2つの節とも、主語がしなかった動作。「～も…もしなかった」

Ali did not go swimming, nor did she see her friends.

重文　71

複数の節を結びつける

3つ以上の主節（単文）を並べることもあります。同じような内容の陳述を並べる場合は、最初の2つの主節をコンマで区切り、3つ目の主節の前に接続詞を入れます。

〔右の文の訳〕アリーは水泳を好み、エイダンはロボットを作り、ソフィーは読書を楽しむ。

3つの節が並ぶときは、最初の2つの節をコンマで区切る。

Ali loves swimming, **Aidan builds** robots, **and Sophie enjoys** reading.

3つ目の節を2つ目の節につなぐときは、等位接続詞を使う。

セミコロンを使う

重文を作るもう1つの方法は、2つの主節をセミコロン（;）でつなぐことです。セミコロンは接続詞と同じ役割をし、接続詞に置き換えられます。2つの節の内容が密接な関係にあり、重要度が同じであることを示します。

〔右の文の訳〕エイダンはロボットを作り、オートバイの修理もする。

2つの主節は、内容は別々だが密接に関連する2つの情報。セミコロンでつなげることができる。

Aidan builds robots; **he** also **repairs** motorcycles.

上の2つの節を、接続詞でつなげることもできる。

Aidan builds robots, **and he** also **repairs** motorcycles.

コロンを使う

重文を作るために、コロンを使うこともできます。コロンは、2つの同じような内容の陳述をつなぐというより、1つ目の節を2つ目の節が説明するために使われます。セミコロンと違って、接続詞に置き換えることはできません。

〔右の文の訳〕エイダンは珍しい趣味を持っている。（つまり）彼はロボットを作るのだ。

Aidan has an unusual hobby: **he builds** robots.

2つ目の節は1つ目の節の説明なので、2つの主節がコロンでつながれている。

用語集

等位接続詞：重要度が同等の単語や語句や節をつなぐ単語。
主節：主語と動詞を含み、それだけで意味が完結している語群。
主語：動詞の動作を行う人や事物。
従属節：主語と動詞を含むが、意味を成すには主節が必要な語群。

- 2つの節をつなぐとき、コンマを使ってはいけません。主節（単文）をつなぐのは、接続詞、セミコロン、コロンだけです。
- 「主語が同じ2つの主節」を接続詞でつなぐときは、2つ目の節の主語を省いてもかまいません。また、文が短いときは、接続詞の前のコンマは不要です。例：Ali loves swimming but hates running.（＊訳注：but の前のコンマと hates の前の she が省略されている）

複文 Complex sentences

複文は、少なくとも1つの従属節を含む文です。

主節だけを含む重文とは違って、複文は1つの主節と1つ以上の従属節からできています。従属節がどんな意味になるかは、主節の内容によって決まります。

参照ページ	
‹ 58–59	接続詞
‹ 66–67	節
‹ 70–71	重文
修飾語句の扱い方	76–77 ›
セミコロン	100–101 ›
コロン	102–103 ›
関心を引く文を作る	184–185 ›

「言いたいこと」の順位付け

複文は、ある陳述が他の陳述より重要であることを示すときに役立ちます。2つ目の陳述は主語と動詞を持つ従属節に含まれますが、従属節は、主節がなければ意味が通りません。つまり、従属節は主節に情報を追加する節です。

Zoe put on her coat ← 主節
because it was cold.

「寒かったので」と、ゾーイがコートを着た理由を説明している従属節。これだけでは文にならない。

主節に従属節をつなぐ

従属節はふつう、which や that などの関係代名詞、dancing や shouting などの分詞、because や although などの従属接続詞で始まります。さらに where、when、while などの従属接続詞を使い分ければ、さまざまな情報を追加できます。（＊訳注：分詞で始まる節は日本の文法学習では「句」）

主節
Zoe had fun at the dance class
(ゾーイはダンスの授業で楽しんだ)

従属節
where she met a new friend.
which finished late.
while the music played.
although she was tired.
until it was time to go home.
dancing with her friends.

〔右の従属節の訳〕（上から）新しい友達に会った(そのダンスの授業)／遅く終わった(そのダンスの授業)／その曲がかかっている間(楽しんだ)／疲れていたが(楽しんだ)／帰宅時間になるまで(楽しんだ)／友人たちと踊って(楽しんだ)

🔍 確認コーナー：懸垂分詞(けんすい)はどれ？

節（句とみなしてもよい）が分詞で始まっているとき、分詞の意味上の主語が主節の主語と同じときは、省略できます。同じでないのに示されていないとき、その分詞を「懸垂分詞」といい、文法的には誤りとされます。分詞で始まる節[句]は、必ずその動作をする主語の隣に置くようにします。

〔右の最後の文の訳〕友達と話していたとき、ゾーイはその曲がうるさくて耳が聞こえなくなった。

Talking to a friend, the music deafened Zoe. ✗
— the music の動作になってしまうので懸垂分詞。

The music was **talking to a friend.** ✗
— 主語を移動すると意味が通らないことがわかる。

Zoe was **talking to a friend.** ✓
— 正しい(意味上の)主語はこれ。

Talking to a friend, Zoe was deafened by the music. ✓
— 正しい主語が節[句]の隣にくるようにする。

複文　**73**

節の順序

関係詞で始まる従属節は必ず、それが修飾する名詞や代名詞の後に続けます。しかし、従属接続詞や分詞で始まるときは、文の前半に置くこともできます。

▷ **文の後半に置くとき**
従属節を文の後半に置くときは、文が長くなったり、わかりにくくなったりしない限り、前にコンマをつける必要はありません。

> 従属接続詞によって主節と従属節が分かれているので、コンマは不要。

Rob hid in a corner because he hated dancing.
（ダンスが嫌いだったので、ロブは隅に隠れた）

▷ **文の前半に置くとき**
従属節を文の前半に置くときは、主節の前にコンマを付けて、従属節と主節を分けるようにします。

> 従属節が文の前半にあるので、2つの節を分けるためにコンマが必要。

Until the class was over, Rob hid in a corner.
（授業が終わるまで、ロブは隅に隠れた）

▷ **文中に置くとき**
主節の途中に従属節や句を割り込ませるときは、主節と区別するために、前後にコンマが必要です。

> 節「句」が主節に割り込んでいる。主節との区別を明確にするために前後にコンマが必要。

Rob, feeling bored, hid in a corner.
（ロブは、退屈に感じていて、隅に隠れた）

複数の従属節

主節が1つあれば、それに2つ以上の従属節をつなげることもできます。複文を組み立てる最も簡単な方法は、まず主節を書き、それに従属節を1つずつ加えてゆくことです。

Tim missed the class. ― 主節。「授業を休んだ」

複文にするために従属節を追加。「ダンスが大好きだったが」

Although he loved dancing, Tim missed the class. ― 主節

従属節 / 主節

Although he loved dancing, Tim missed the class, which was full.

2つ目の従属節を追加。「それは満員だった（＝定員に達していた）のだ」

用語集

主節：主語と動詞を含み、それだけで意味が完結している語群。

関係代名詞：前にある名詞や代名詞を修飾する関係詞節を導いて、文の一部を他の部分とつなぐ代名詞。

主語：動詞の動作を行う人や事物。

従属節：主語と動詞を含むが、意味を成すには主節が必要な語群。

従属接続詞：重要度の違う単語や語句や節をつなぐのに使う接続詞。

節の正しい用法
Using clauses correctly

文がいくつかの節を含むときは、正しい意味になるように、節を一定の順番に並べなければなりません。

参照ページ	
‹ 64–65	句
‹ 66–67	節
‹ 68–69	文
‹ 70–71	重文
‹ 72–73	複文

従属節は主節と結びついたときにだけ意味を持つ節ですが、主節はそれだけで完全に意味が通らなければなりません。節を文中の誤った位置に入れてしまうと、文の意味が変わってしまいます。

文を解体する

意味の通る複文にするには、一定の規則に従う必要があります。文を要素ごとに分解してみましょう。そうすれば、それぞれの節の主語がどれか、はっきりします。節は主語と動詞を含み、また、主節は完結した内容を表していなければなりません。

これだけで意味が通るので主節。

この太字の従属節は、ローレン（文の主語）が動揺した理由を説明。

Lauren was upset because she had lost her swimsuit, which was new.

この従属節は水着の説明なので、swimsuitの直後に置かれている。

（水着をなくしたので、ローレンはうろたえた。水着は新品だったのだ）

🔍 確認コーナー：位置が間違っている節の見つけ方は？

節が誰かや何かについて説明するときは、できる限りその人や物の近くに置くことが必要です。句や他の節が途中に割り込むと、文全体の意味が変わってしまうことがあります。そんなときは、文を書き換えて、混乱のもとになっている節を、その節が説明している人や物のすぐ隣に置かなければなりません。

主節 ↓　　　カフェの場所を表している副詞句。

Lauren went to the café **next to the beach** that was playing music. ✗

この節をここに置くと、カフェではなく浜辺が音楽を演奏していることになる。

Lauren went to the café **that was playing music**. ✓

副詞句を省けば、カフェが演奏しているようになる。

Lauren went to the café that was playing music **next to the beach**. ✓

副詞句を文の後ろに置けば、文全体の意味が通る。

（ローレンは浜辺の隣で音楽を演奏しているカフェに行った）

用語集

副詞句：in July last year（去年の7月に）のように副詞の働きをし、どのように、いつ、どこで、どれくらいの頻度で、などの問いの答えとなる語群。

主節：主語と動詞を含み、それだけで意味が完結している語群。

主語：動詞の動作を行う人や事物。

従属節：主語と動詞を含むが、意味を成すには主節が必要な語群。

節の正しい用法　75

分離された主語と動詞

従属節や句が主節に割り込んで、文の途中に置かれることがあります。文の主語が動詞と離れすぎると、文の意味がわかりにくくなります。そこで、従属節や句が長いときは、文の最初か最後の、最も適切な場所に置くようにします。

▷ **離れている**
長い従属節（ここでは句）によって動詞 felt が主語 Lauren と離れていて、わかりにくくなっています。

Lauren, after walking to the café, buying two scoops of ice cream, and eating them hungrily, **felt ill.**

▷ **組みかえる**
右は、主節の主語 Lauren が動詞の隣にくるように組みかえた文です。

After walking to the café, buying two scoops of ice cream, and eating them hungrily, **Lauren felt ill.**

（カフェまで歩いて行き、アイスクリームを2スクープ分買い、それをむさぼり食べた後、ローレンは気分が悪くなった）

断片的な文を避ける

断片的な文とは、主語や動詞など、文を完結するのに必要な要素を何も含まない、文の断片のことです。会話の中では、断片的な文でも意味が伝わります。しかし、文脈がなければそうした断片はまったく意味を持たなくなるので、文章を書くときにはめったに使われません。

▽ **断片を見分ける**
多くの断片は、主語や動詞を含まず、文脈の中でだけ意味を持ちます。たとえば、質問の答えは断片的な文です。質問がなければ意図が伝わらないからです。

What would you like? （何がほしい？）

Vanilla and fudge ice cream.

（ファッジをかけたバニラアイスクリーム）　← 断片的な文

▽ **文の形にする**
文脈がないときは、断片的な文に主語と動詞を加えて整える必要があります。文を書くときは、意味を明確にするためにも、文脈［前後関係］に頼らないようにすべきです。

主語 ↘
I would like vanilla and fudge ice cream.

（私はファッジをかけたバニラアイスクリームがほしい）
↖ 動詞

REAL WORLD

広告の断片的な語句

宣伝する商品自体が文脈（＝表現の背景）の役割をするので、広告コピーでは、前後関係を省いた断片的な語句がよく使われます。広告主の主な関心はそのブランドが人目を引くことなので、断片的な語句の最初か中間に、ブランド名が置かれるのがふつうです。広告の場合、「変な響きだからよけい人々の記憶に残る」ということがよくあります。

修飾語句の扱い方
Managing modifiers

修飾語句とは、他の単語、語句、節を説明する単語や語句や節のことです。

修飾語句を正しく使うと、生き生きとした魅力的な文になります。しかし、修飾語句を文中の間違った場所に置くと、文全体の意味が変わってしまいます。

参照ページ	
‹ 26–27	形容詞
‹ 40–41	副詞
‹ 46–47	分詞
‹ 64–65	句
‹ 66–67	節
‹ 74–75	節の正しい用法

副詞の位置の誤り

1語の修飾語として、副詞の only, almost, just, nearly がよく使われます。これらはふつう、修飾する語の直前に置きます。違う場所に置くと、言いたいことがあいまいになったり、別の人や事物を修飾したりすることになります。

「つい最近」マリアに話しかけてランチに誘った、の意味。

I **just** asked Maria to lunch.

I asked **just** Maria to lunch.

「マリアだけを」ランチに誘った、の意味。

パイを丸ごと食べたかったが、少しも食べなかった、の意味。「もう少しでパイを丸ごと食べるところだった」

I **almost** ate a whole pie.

「パイをほとんど丸ごと」食べた、の意味。

I ate **almost** a whole pie.

コメディアンのグルーチョ・マルクスは、修飾語の位置をわざと変えて笑わせました。One morning I shot an elephant in my pyjamas. How he got into my pyjamas I'll never know.（訳注：この語順だと、「私がパジャマを着て」ではなく「私のパジャマを着た象」の意味になる。pyjamas はアメリカ英語では pajamas）

形容詞の位置の誤り

副詞と同じく、形容詞も、できるだけ修飾する人や物の近くに置くべきです。名詞を数語で修飾する場合、形容詞を誤った場所に置いてしまう傾向があります。

ここに置くと、silver bracelet ではなく silver woman になる。

Jim found a **silver** woman's bracelet.

Jim found a woman's **silver** bracelet.

ここに置けば、「女性の銀製のブレスレット」の意味になる。

用語集

懸垂分詞：分詞で始まる節（句とみなしてもよい）が、意味上の主語がないまま文中に置かれたとき、その分詞を「ぶらぶらしている」分詞という。文法的には正用法ではない。(p.72)

主節：主語と動詞を含み、それだけで意味が完結している語群。

位置を間違えた修飾語句 (misplaced modifier)：修飾する人や物から離れた位置に置いたため、別の人や物を修飾しているかのように見えてしまう修飾語句のこと。

分詞：-ing (現在分詞) あるいは -ed や -en (過去分詞) で終わる動詞の形。

主語：動詞の動作を行う人や事物。

従属節：主語と動詞を含むが、意味を成すには主節が必要な語群。

前置詞句の位置の誤り

前置詞句を誤った場所に置いてしまうこともよくあります。修飾語句が句の場合でも、それが修飾する人や物の隣に置くようにしましょう。前置詞句を文中の別の場所に置いてしまうと、言いたい内容が正しく伝わらなくなるかもしれません。

Laura went for a walk with the dog in her new boots.

← この前置詞句は犬を修飾。「彼女の新しいブーツをはいている犬」

Laura went for a walk in her new boots with the dog.

← この前置詞句は主節を修飾。「ローラは新しいブーツをはいて犬と散歩に出た」

- 文章を書いたら、他人に見せる前に必ず読み返しましょう。書いている最中は、おかしい語順か、誤解を招く語順か、などを見落としがちです。
- 文中の修飾語句の位置が正しいかどうかを確かめる最良の方法は、それらを抜き出して下線を引くか、カッコでくくるか、マーカーで塗ってみることです。そうすれば、修飾するものとされるものがすぐにわかり、修飾語句を正しい位置に動かすことができます。

🔍 確認コーナー: あいまいな修飾語句はどれ？

修飾語句が 2 つの句や節の間にあると、どちらの句や節を修飾しているのか、わかりづらいものです。この種の修飾語句は、2 方向を同時ににらんでいるので、いわば「やぶにらみ」(squinting) の修飾語句です。混乱を避けるためには、修飾語句を動かしてあいまいさを避けるしかありません。

often が swim を修飾していると考えると、「頻繁に泳ぐ人はより丈夫になるだろう」の意味。（＊訳注：fitter は fit の比較級。アメリカ英語では stronger が一般的）

People who swim often will get fitter. ✗

often が will get fitter を修飾していると考えると、「人は一般に、泳げばたいていより丈夫になるだろう」の意味。

People who often swim will get fitter. ✓

often を移動したので、あいまいさがなくなり、「頻繁に泳ぐ人はより丈夫になるだろう」の意味になる。

People who swim will often get fitter. ✓

often を移動したので、あいまいさがなくなり、「人は一般に、泳げばたいていより丈夫になるだろう」の意味になる。

懸垂分詞

分詞で始まる従属節（句とみなしてもよい）は、よく混乱を招きます。この種の節は、主語（文全体の主語）のすぐ隣になければなりません。もしその節の置き場所を間違えると、別の名詞を説明することになってしまいます。同様に、意味上の主語が文中のどこにもないと、その文は意味が通りません。これらのミスを誘うのが懸垂分詞です。(p.72)

Driving past, the camel was asleep.

← この文だと、眠っているラクダが運転していることになる。driving の意味上の主語（＝運転している者）がない。

Driving past, he saw a sleeping camel.

← 分詞の driving が主語（文全体の主語）の he の説明になるように書き換えた文。「車で通り過ぎるとき、彼は眠っているラクダを見かけた」

誤用しやすい単語
Commonly misused words

よく起こる文法ミスがいろいろあります。

話すとき文法的に間違えるのはよくあることですが、書くときに同じように間違えると、文の意味に影響が出てきます。問題が起こるのは、2つの単語を混同した結果であることがほとんどです。

参照ページ	
‹ 26–27	形容詞
‹ 34–35	代名詞
‹ 40–41	副詞
‹ 48–49	助動詞
関係詞節	82–83 ›
イディオム、類似表現、比喩表現	84–85 ›
アポストロフィ	104–105 ›
紛らわしい単語	168–171 ›

that か which か？

関係詞節の限定[制限]用法(不可欠な情報を付け加える)には that を使い、継続[非制限]用法(補足的に、不可欠ではない情報を付け加える)には which を使いましょう。

The cats **that are black** are sleeping.
(黒い猫たちは眠っている)

The cats, **which are black**, are sleeping.
(猫たちは、それらは黒いのだが、眠っている)

may か might か？

助動詞 may は起こる可能性があることを表し、might は実現が不確実であることを表します。起こりそうもないことを表すときは might を使いましょう。

I **may** go for a swim later.
(私は後で泳ぎに行くかもしれない)

You **might** encounter a shark.
(あなたはサメに出くわすかもしれない)

can か may か？

can は人が何かをする能力を表し、may は許可を求めるのに使われます。この2つは交換できません。(＊訳注：口語では May I ～? の代わりに Can I ～? も使われる)

Can you cook?
(あなたは料理ができますか)

May I come?
(来ても[行っても]いいですか)

I か me か？

どちらの代名詞を使うかは、文から「私」以外の人を消せばすぐにわかります。なお、いつも「私」以外の人を先に置くことを忘れずに。

Isabella, Rosie and **I** went to a café.
— I went to a café は意味が通るので、正しい。

Rosie bought coffee for Isabella and **me**.
— Rosie bought coffee for me は意味が通るので、正しい。

who か whom か？

who は主語の he や she を表し、whom は目的語の him や her を表す、と考えましょう。he/she や him/her に置き換えてみれば判断できます。

Finn, **who** loved snow, went outside.
— 従属節を置き換えると he loved snow になる。

Finn found Greg, **whom** Finn had telephoned earlier.
— 従属節を置き換えると Finn had telephoned him になる。

誤用しやすい単語

whether か if か？

同じ「〜かどうか」でも、whether と if の正式な使い方は違います。whether は2つ以上の選択肢がある文で使い、if は選択肢がないときに使うのが原則です。

She couldn't decide whether to run or hide.
(彼女は走って逃げるか隠れるか、決められなかった)

She doesn't know if anything will happen.
(何かが起こるかどうか、彼女にはわからない)

its か it's か？

所有限定詞の its(それの)は何かの所有者であることを表し、短縮形(縮約形ともいう)の it's は it is を表します。

It's back!
(それは帰ってきた！)

its back
(それの背中)

could have か could of か？

話し言葉では、could have の短縮形 could've を could of と勘違いしてしまうことがよくあります。could of は誤りで、決して使われません。

You could have told me!
(私に話してくれればよかったのに！)

"literally" の使い方

literally は「実際には」「(誇張でなく)真の意味で」を表すので、実際に起こった様子を正確に描写するときにだけ使うべきです。例外として、事実描写ではなく、数量や程度を強調するときに使われることもあります。

I literally erupted with laughter!
(私は文字通り笑いで爆発した！)
(＊訳注：この例文は、右の絵のように実際に爆発したことを表す)

fewer か less か？

fewer は数えられる人や物(可算名詞)に使い、less は数えられない物(不可算名詞)に使います。(＊訳注：less は little の比較級)

I got fewer than ten birthday presents this year.
(私が今年もらった誕生日プレゼントは10個未満だった)

I have less work to do than he has.
(私がする仕事は彼ほど多くない)

bring か take か？

bring は、話し手または聞き手のいる場所に物を移動させるときに使い、take はそこから別の場所へ物を移動させるときに使います。

Shall I bring a book to read?
(読む本を持って来[行き]ましょうか)

You can take one of my books.
(私の本の1冊を持って行っていいですよ)

good か well か？

good は形容詞で名詞を修飾します。well はほとんどの場合、副詞として動詞や形容詞や他の副詞を修飾するのに使われますが、「健康な」の意味の形容詞としても使われます。good には「健康な」の意味はないので、その意味で使ってはいけません。

A good chef eats well, so stays well.

- good → 名詞 chef を修飾する形容詞。「優れた」
- eats well → 動詞 eats を修飾する副詞。「正しく」
- stays well → 「健康な」の意味の形容詞。

否定語 Negatives

否定語を使うと、肯定文が否定文に変わります。

何かが間違っていたり真実でなかったりすることを英語で表すには、肯定文を否定文に変えなければなりません。ふつうは、助動詞の後に not を加えます。なお、二重否定はできるだけ避けるべきです。（＊訳注：本書ではいわゆる be 動詞を「本動詞にもなれる助動詞」として扱っている（p.48））

参照ページ		
‹ 34–35	代名詞	
‹ 40–41	副詞	
‹ 42–43	単純時制	
‹ 44–45	完了時制と進行時制	
‹ 48–49	助動詞	
‹ 52–53	動詞の一致	
アポストロフィ		104–105 ›

REAL WORLD
「満足している」の？

イギリスのロックバンド、ローリング・ストーンズが 1965 年に歌った "I can't get no satisfaction" では、can't と no の二重否定が使われていました。しかし世界のファンは、「全然満足していない」（can't → can）の意味だとすぐにわかりました。

否定文を作る

否定文を作るには助動詞が必要です。文に助動詞がなければ、助動詞を足さなければなりません。次に、否定語 not を助動詞のすぐ後に置きます。これが助動詞の否定形です。（例：had not been to ～「～へ行ったことがなかった」）

助動詞	否定語	本動詞
had / is / will	not	been / going / go

Frank had not been to a German... believe he wouldn't try a curried...

短縮形［縮約形］

否定文では、助動詞と否定語 not が組み合わされた後、短縮形にして短くすることもできます。略した文字の代わりにアポストロフィを使います。よく使われる「助動詞の否定形」の短縮形は、haven't（have not）や can't（cannot）などで、発音も変わります。

助動詞	否定語	短縮形
would	not	wouldn't
do	not	don't
should	not	shouldn't
could	not	couldn't
will	not	won't

ほとんどの否定の短縮形は、2 語をつなげ、not の o を除いて作る。

例外もある。can＋not も cann't とはしない。

否定語　81

確認コーナー：二重否定にしていない？

二重否定とは、2つの否定語が1つの節（文）に現れることです。1つの否定的な考えを伝えるのに、つい否定語を2つ使ってしまうことがありますが（話し言葉なら理解してもらえる）、実際には「否定の否定」で肯定の意味になります。否定語を1つにする工夫をしましょう。

否定語が1つなので、意図した意味が伝わる。

Frank **didn't** want **no** more food. ✗

「否定の否定」なので、Frank did want more food. と同じ意味になる。（did want は wanted の強調）

didn't　**no**

✓ Frank **didn't** want more food.

didn't を除いたので、動詞 want を過去形にする。

Frank **wanted no** more food. ✓

否定語が1つなので、意図した意味が伝わる。

（フランクはそれ以上食べ物をほしくなかった）

用語集

助動詞：be や have のような「動詞を助ける」品詞で、本動詞と主語を結びつける。助動詞は否定文を作るのに必要な品詞。

節：1つの文法単位で、主語と動詞を含む。文は1つ以上の節で構成される。

- 最も一般的な否定語は not です。また、never と no は否定の度合いが最も強く、seldom、barely、hardly は否定の度合いがそれより弱く、「めったに［ほとんど］〜ない」の意味になります。

否定の代名詞

すでに否定形になっている不定代名詞（nobody、no one、nothing、none など）は、否定文にするのに not は不要です。

nobody は否定語なので、助動詞の後に not は不要。

Nobody could believe he **wouldn't** try a curried sausage.

nobody は単数の代名詞。動詞も単数にする。

（彼がカレーソーセージを食べようとしないなんて、誰にも信じられなかった）

restaurant before. **Nobody** could sausage. He **disliked** spicy food.

肯定文で表現する

文を肯定文にすれば、ほとんどの場合、より少ない単語で、より説得力のある記述にできます。否定的な内容を持つ単語を使って肯定文を作ってもよいでしょう。(*訳注：右の表の did not pay attention は「注目しなかった」、ignored は「無視した」)

これは「好きでない」という否定的な内容を持つ単語だが、肯定文になる。

He **disliked** spicy food.

否定文を作る	肯定文を作る
did not like	disliked
was not honest	was dishonest
did not pay attention	ignored
could not remember	forgot
did not start on time	started late
is not attractive	is unattractive

関係詞節 Relative clauses

関係詞節は、形容詞節になって名詞を修飾します。

関係詞節は who、whom、whose、that、which の関係代名詞を使って、文に情報を付け足します。関係詞節の限定[制限]用法は不可欠な詳細情報を加え、継続[非制限]用法は補足的な情報を加えます。

参照ページ	
‹ 34–35	代名詞
‹ 64–65	句
‹ 66–67	節
‹ 72–73	複文
‹ 74–75	節の正しい用法
‹ 76–77	修飾語句の扱い方
コンマ	96–99 ›

- 関係詞節が、修飾する名詞や代名詞(「先行詞」という)のすぐ隣にあることを確かめてください。隣にないと、別の人や物を修飾してしまうことになります。

- 関係詞節が、名詞や代名詞ではなく前の文を先行詞とすることもあります。Joe did not look sorry, which was normal. では、関係詞節が前の文全体の説明になっています。「ジョーは申し訳なさそうには見えなかったが、それはいつも通りだった」

継続用法の関係詞節

関係詞節には、継続的なものと限定的なものの2種類があります。非制限用法、制限用法ともいいます。継続用法は、名詞について情報を付け足します。付け足す情報は不可欠なものではなく、補足説明なので、他の部分[主節]とはコンマで区切ります。

継続用法ではコンマが必要。

The principal, who hated chaos, felt calm.

この関係詞節は校長についての情報を追加しているが、省いても文の意味を左右することはない。「無秩序を憎むその校長は冷静だった」

The principal, who hated chaos, felt
Joe, whom he had summoned. Joe

関係代名詞

関係詞節は常に、それが修飾する名詞や代名詞の後ろに置きます。関係詞節は関係代名詞で始まり、その関係代名詞は、関係詞節の主語または目的語として働きます。who は常に主語として働き、whom は目的語として働きます。who、whom、whose は人を説明するときに使い、which、that は事物を説明するときに使います。

関係詞節での目的語。つまり、「呼び出された人」。

whom he had summoned

関係詞節での主語。

関係詞節での主語。つまり、「無秩序を憎んだ人」。

who hated chaos

関係詞節での目的語。

関係詞節

確認コーナー：関係代名詞はいつ省略できる？

関係代名詞を省略しても、文の意味に影響しないことがあります。この省略は、関係代名詞が関係詞節での目的語（つまり、行為を受ける側）であるときにだけ生じます。

Joe had to clean up the mess **that** the toad had made. ✓ ← 限定用法の関係詞節

that the toad had made ← that は関係詞節での目的語。文の意味を変えることなく省略できる。（＊訳注：日本の学校文法では「目的格」）

← 主語

Joe had to clean up the mess **the toad had made**. ✓

that（関係代名詞で目的語）がなくても意味が通る。「ジョーはヒキガエルがメチャクチャにした後を片づけなければならなかった」

- whom は文法的には正しいのですが、日常英語ではほとんど who で代用します。

用語集

節：1つの文法単位で、主語と動詞を含む。文は1つ以上の節で構成される。

目的語：動詞の動作を受ける人や事物。

関係代名詞：前にある名詞や代名詞を修飾する関係詞節を導いて、文の一部を他の部分と関係づける代名詞。

主語：動詞の動作を行う人や事物。

which か that か？

歴史的には which と that は交換可能で、どちらの用法の関係詞節にも使えました。しかし現在では、限定用法には that を使い（下の項を参照）、継続用法には which を使うのが一般的です。この知識は、情報の性質を区別するのに役立ちます。

The principal felt calm, which was unusual.

これは校長に関する補足情報なので、継続用法。「それは珍しいことだった」

Joe held the toad that had escaped.

これは、どんなヒキガエルかを特定しているので、限定用法。「ジョーは前に逃げたヒキガエルを持っていた」

calm, **which** was unusual. He eyed held the toad **that** had escaped.

限定用法の関係詞節

限定[制限]用法の関係詞節は、説明される人や物が「どんな人か」「どんな物か」を特定[限定]するものなので、この節がないと文の意味が完結しません。なお、限定用法の関係詞節は、前の文とコンマで区切りません。

Joe held the toad that had escaped.

関係代名詞 that は関係詞節での主語の働き。「逃げた物」を指す。

限定用法の関係詞節。ジョーが持っているのは「逃げたそのヒキガエル」だと特定している。

イディオム、類似表現、比喩表現
Idioms, analogies and figures of speech

参照ページ	
描写する書き方	208–209
個人的な体験に基づく書き方	210–211
物語の書き方	212–213

ある種の工夫をすれば、話し言葉や書き言葉がもっとおもしろく、もっと説得力のあるものになります。

比喩表現は、ある点を強調したり、受け手が何かを視覚化したりするのを助けるなど、さまざまな効果を生み出します。類似表現は、物事を説明するのに有益な手段です。なお、イディオムは、よく知られている表現でなければ使っても意味がありません。

metaphor（隠喩）という単語は、「越えて運ぶ」という意味のギリシャ語 metapherin に由来します。

イディオム

イディオムとは、それを構成している単語とはまったく違うものを指す語句のことです。つまり、イディオムの意味は、単語の文字通りの意味とはほとんど（またはまったく）関係ありませんが、それが使われるのは、多くの人が知っているからです。地域が違えば、使われるイディオムも変わります。

テレビをよく見る人を表すイディオム。
（ソファのジャガイモ）→
（座ってテレビばかり見ている怠け者）

couch potato

ベッドに入ることを表すイディオム。
（袋[寝床]を打つ）→
（床につく、寝る）

hit the sack

down in the dumps

みじめな気持でいる人を表すイディオム。
（ゴミ溜めに落ちて）→
（落ち込んで）

類似表現

類似表現とは、未知の物事を既知の物事で例えて、「たとえば～のようなものだ」とわかりやすく説明する手法です。比喩そのものではありませんが、広い意味で隠喩や直喩のような働きをします。たとえば、「ケーキを焼く」ことを、「書くこと」の類似表現として使うこともできます。なぜなら、どちらも念入りな計画と具体的な材料が必要ですし、特定の受け手に合わせて作るものだからです。

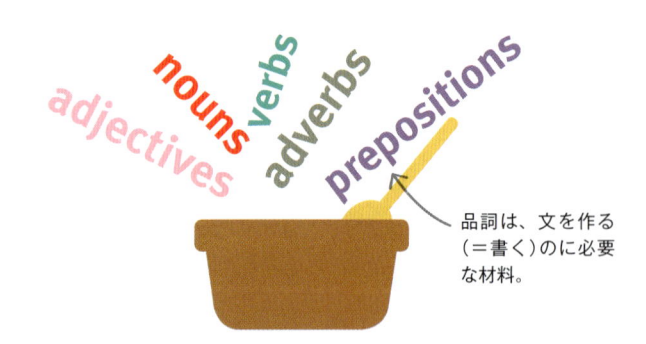

品詞は、文を作る（＝書く）のに必要な材料。

REAL WORLD
常套句[クリシェ]を避ける

常套句とは、使われすぎて手あかのついた表現や着想のことで、使っても読み手をうんざりさせるだけです。best-kept secret（秘中の秘、穴場）、expect the unexpected（不測の事態を予測）、the best just got better（最高の製品がさらに高品質に）などが、広告などでであいかわらず使われています。

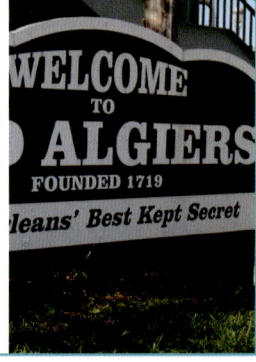

イディオム、類似表現、比喩表現

比喩表現[言葉のあや]

比喩表現は、書き手や話し手が説得したり、強調したり、感動させたり、心にイメージを抱かせたりするのに役立つ言語ツールです。単語や語句を特殊な文脈で使って、別の、もっと高い効果を生み出すのです。たとえば、starving は、実際に飢えて死にかけているというよりは、very hungry を表す比喩的な言い方です。

- 書くときは、既存の比喩をまねしないで、新しくておもしろい比喩を工夫して作ってみましょう。

頭韻法(alliteration)
複数の単語の最初に、同じ文字か音を使って効果を生むこと。

Catherine **c**arefully **c**ombined **c**old **c**offee **c**ake and **k**iwi fruit.

直喩(simile)
2つの事物を対照するために like や as を使うこと。

She is **as** plump **as** a peach, but she moves **like** a ballerina.
(桃のようにぽっちゃりした / バレリーナのように)

隠喩(metaphor)
ある物を別の物として描いて2つを対照させること。

Her cheeks **are** sun-blushed apples.
(太陽のように赤らんだリンゴだ)

婉曲表現(euphemism)
感情を害さないように、穏やかな単語や語句を使うこと。

She has **ample** proportions (she is overweight).
(ふくよかなプロポーション)←(太りすぎ)

語呂合わせ(pun)
言葉遊び。ユーモアのために複数の意味を持つ単語を使うこと。

She gave me her measurements as **a round figure**.
(おおざっぱに[小太りの体形として]スリーサイズを~)

誇張法(hyperbole)
おおげさに誇張して言うこと。

She said she could **eat a rhinoceros**.
(サイ1頭だって食べられる)

擬人法(personification)
事物や動物に人間性を与えること。

The food **called** to her.
(その食べ物が彼女を呼んだ)

矛盾語法(oxymoron)
互いに矛盾する2語を一緒に使うこと。

The pie looked **terribly tasty**.
(ひどくうまそう)

擬声語(onomatopoeia)
ある物が出す音をまねた言葉を使うこと。(*訳注：擬態語を含む)

She **burped** noisily.
(音を立ててげっぷをした)

首句反復(anaphora)
強調のために、連続した節のはじめに同じ単語や語句を使うこと。

She ate the pie; **she ate** the cake; **she ate** the kiwi fruit.

皮肉(irony)
ユーモアや強調などのために、言いたいことと反対のことを言うこと。

I admired her **charming** table manners (her manners were poor).
(上等な)←(行儀が悪い)

控えめな表現(understatement)
実際よりたいしたものでないように見せかけること。

She said she had enjoyed her **light lunch**.
(ささやかな昼食)

口語表現と俗語
Colloquialisms and slang

口語表現と俗語は、くだけた話し言葉の一種です。

口語表現は、ふだんのくだけた話し言葉で使われる単語や語句を指します。俗語はさらに略式で、中には特定のグループのメンバーにしかわからない隠語もあります。俗語には禁句とみなされるものも含まれています。

参照ページ	
‹ 12–13	話し言葉と書き言葉
‹ 14–15	世界の英語
‹ 84–85	イディオム、類似表現、比喩表現
ジャンル、目的、受け手	190–191 ›
新聞記事	198–199 ›
話し言葉	222–223 ›
スピーチ原稿の書き方	226–227 ›

口語表現

英語を話す人たちは、英語を母語とする人ならまず知っている、多くのくだけた単語や語句(地域によって異なる)を使います。これらが口語表現です。口語表現は気軽な会話の重要部分ですが、正式な会話や文章に使うべきではありません。辞書では、ほとんどの口語表現を informal または略語の colloq. で表示しています。(＊訳注：下の money では、アメリカ英語では readies や lolly は使わず、greenbacks や bones が使われる)

頻繁に使われるうちに一般化した俗語もあります。cool が fashionable(おしゃれな)や great(すごい)を意味するのは、その一例です。

man を表す単語: fella, dude, fellow, chap, guy, geezer, gent, bloke

money を表す単語: dosh, loot, dough, readies, bread, moola, lolly

短縮形

正式と略式[口語表現]の両方の意味を持っている単語があります。たとえば kid は「子ヤギ」ですが、略式では「子供」を表します。口語表現では、短くして言いやすくすることもよくあります。つまり、複合語になったり短縮形になったりします。また、ROFL(rolling on the floor laughing、抱腹絶倒)のような略語になって、携帯メールや e メールで使われるものもあります。

短い形	正式な形
'cos	because
ain't	is not
gonna	going to
wanna	want to
BRB	be right back
BTW	by the way
DND	do not disturb
LOL	laugh out loud
TTYL	talk to you later

REAL WORLD

押韻俗語(rhyming slang)

押韻俗語は「コクニー押韻俗語」(19世紀ロンドンのイーストエンドが起源)ともいいます。これは、ふつうの語を、それと脚韻を踏むまったく別の語句に置き換えて隠語にするものです。その後、後半部分が落ち、残った表現(押韻俗語)は元の単語とほとんど(またはまったく)似ても似つかないものになります。例：phone → dog and bone → dog (＊訳注：コクニー(cockney)「ロンドンっ子、ロンドンなまり」)

口語表現と俗語

俗語

俗語は、くだけた会話やフィクション作品の中でだけ使われます。ありきたりの話し言葉を使って言いたくないときに、その代用として使うものですが、中には、どんな文脈で使っても禁句とみなされるものもあります。俗語は、辞書では slang と表示されています。さまざまな俗語を、さまざまな集団（特にティーンエージャー）が使っていますが、地域によって異なり、時とともにめまぐるしく変わります。

俗語	意味（辞書で確かめてください）
awesome	incredible, very good
bummed	depressed
chick	girl, woman
chillin'	being calm and relaxed
epic fail	a failure of huge proportions
feral〈英俗語〉	unpleasant
gross	repulsive
hardcore	intense
hater	an angry or jealous person
hissy fit	tantrum
hot	attractive
lame	unfashionable, of poor quality
my bad	it was my mistake
noob	someone unfashionable, a newcomer
sick	very good
sweet	excellent, very good
tool	someone stupid

Sick! That was hardcore.
（サイコー！　強烈だったぜ）

意味の変化

新しい俗語がひっきりなしに生まれ、既存の俗語も、世代が変われば意味も変わります。たとえば、俗語の busted は「壊れた、動かない」の意味で使われていました。その後、何か悪事を働いていて見つかったときに起こること、つまり「逮捕された」を表すようになりました。最近では、「魅力のない」人を指すこともあります。右の2例は、2語が合体して新しい俗語が生まれた例です。

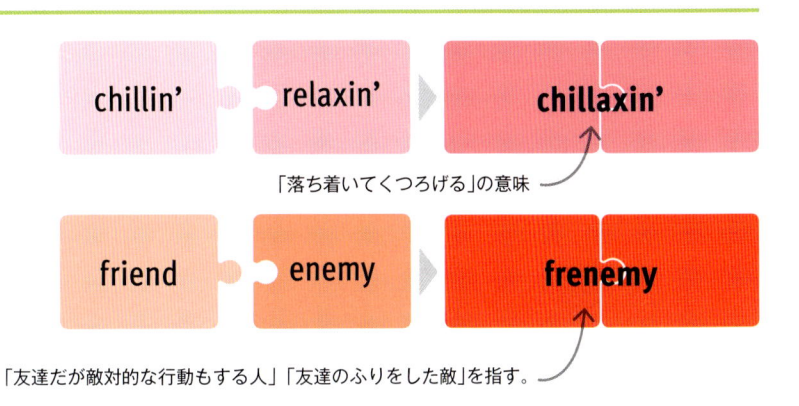

chillin' + relaxin' ▶ chillaxin'
「落ち着いてくつろげる」の意味

friend + enemy ▶ frenemy
「友達だが敵対的な行動もする人」「友達のふりをした敵」を指す。

専門用語 (jargon)

特定の専門的職業で使われる「専門用語」も、俗語の一種といえます。専門外の人にはわかりにくいものですが、同じ専門内の人であれば、特に説明しなくても物事を簡潔に示すことができます。（＊訳注：jargon は「業界用語」「隠語」「符丁」とも訳せる）

Call for backup! We have an S/V and the perp is on the run.

- backup: ほかの警官からの支援[応援]
- S/V: suspect vehicle（容疑者の車）
- perp: perpetrator（罪を犯した者、犯人）
- on the run: 逮捕から逃れようとしている→「逃走中で」

（応援を頼む！　容疑者の車を確保。容疑者は逃走中）

直接話法と間接話法
Direct and indirect speech

「せりふ」の伝え方には、2つの方法があります。

ある人の発言を、引用符でくくってそのまま文中で再生する場合を「直接話法」といいます。一方、ある人の発言を、そのままでなく引用符も使わずに伝える場合を「間接話法」といいます。

参照ページ	
‹ 22–23	名詞
‹ 34–35	代名詞
‹ 36–37	数と性別
‹ 38–39	動詞
‹ 40–41	副詞
‹ 42–43	単純時制
引用符	108–109 ›
物語の書き方	212–213 ›

直接話法

直接話法では、誰かが声に出して言ったせりふを引用符でくくって示します。直接話法は話された通りに書かれ、それに、誰のせりふかを伝える簡単な節が過去時制で添えられます。

What are your symptoms?
（どんな症状ですか？）

"What are your symptoms?" the doctor asked.

↑ 医者のせりふをそのまま示している直接話法。引用府でくくられている。

↑ ふつうは直接話法とそれに添えられる節をコンマで分けるが、疑問符や感嘆符が使われることもある。

↑ 誰のせりふかを示す簡単な節。

間接話法

間接話法は、誰かが言ったことの説明または報告です。間接話法では、引用符は必要ありません。誰かが過去に言ったことの伝言なら、ふつう過去時制に直して書きます。現在時制が使われるのは、現在の習慣的な動作や現在の状態を伝言するときです。

👍
- 直接話法を間接話法に転換するときは、注意が必要です。どの代名詞がどの人を示しているのか、文脈や語順から明白でなければなりません。
- 対話を書くときは、話し手が変わるごとに改行するようにします。

▷ **伝達者の立場から言い直す**
右はピーターのせりふそのままではなく、彼が言ったことの言い換えなので、間接話法。kept は keep の過去形。

Peter explained that **his** thumb kept twitching.
（ピーターは、自分の親指がずっとけいれんしていると説明した）
↑ この文の話し手はピーターではないので、3人称になっている。

▷ **現在時制で伝える**
この間接話法は「変わらない事実」の報告なので、現在時制が使われている。

He told the doctor that **he spends** all his time playing computer games.
（彼は医者に、自分はいつもコンピュータゲームをして時間を過ごしていると言った）
（*訳注：computer games は、アメリカ英語では video games がふつう）

↑ この現在形は、彼が過去も現在も未来もいつもコンピュータゲームに時間を費やすことを意味している。

直接話法と間接話法

確認コーナー：代名詞が指すのは誰？

2つの話法をうまく使うと、文章がずっとおもしろくなります。直接話法を間接話法に転換するときは、誰が話しているのか（主語）、誰に話しているのか（目的語）をよく見きわめて、名詞とそれを指す代名詞が一致するように転換することが大切です。

〔右の最初の文の訳〕医者は「私は、あなたは腱鞘炎ではないかと思いますよ」と言った。（gamer's thumb「ゲームのしすぎによる親指の腱の炎症」）

The doctor said, "**I fear** that **you have** gamer's thumb."
- 医者が患者に話しかけている。文脈から you はピーターだとわかる。
- 直接話法では、たいてい話し手が明示される。
- 直接話法が間接話法に転換されているが、これでは医者が病人になってしまう。

The doctor said **he fears** that **he has** gamer's thumb. ✗
- 一応 he としたが、ほとんどの場合、文脈から男か女かがわかる。
- 現在時制のままになっているが、間接話法では過去時制にすべき。（＊訳注：主節の過去形にそろえる、ということ）

The doctor said **he** feared that **Peter** had gamer's thumb. ✓
- こうすれば誰が誰に話しているかが明白になる。また、間接話法では過去時制になっている。

時と場所

直接話法を間接話法に転換するときは、時と場所を、伝える人の視点で言い直さなければなりません。つまり、副詞や副詞句を新しい状況に合わせて変える必要があります。たとえば、直接話法の Go to the hospital today!（今日入院しなさい！）というせりふを1週間後に使うときは、He was told to go to the hospital that day.（彼はその日に入院するように言われた）などとなります。（＊訳注：go to the hospital は「病院に行く」の意味でも使うが、入院を暗示することが多い）

直接話法	間接話法
now	then
here	there
this (morning)	that (morning)
next (week)	the following (week)
today	that day
tomorrow	the next day / the following day
yesterday	the previous day / the day before

動詞に変化をつける

せりふを伝える最も一般的な動詞は said と told と asked です。間接話法でいろいろな伝達動詞を使えば、文章はずっとおもしろくなります。直接話法では、それを誰が言ったのかを示す簡単な節（主語＋動詞）で、そうした伝達動詞を使うことができます。

- 間接話法ではよく said と asked と told を使いますが、それらの動詞の後ろを直接話法と勘違いしないこと。直接話法は必ず引用符でくくられています。

▷ **具体的に描写する直接話法**
sobbed は、読み手にピーターへの同情を促す動詞です。said にこの効果はありません。

"I feel like a freak!" **sobbed** Peter.
（「ぼくは(ゲーム)中毒みたいだ！」と、ピーターは泣きじゃくって言った）

▷ **関心を引きつける間接話法**
間接話法に感情を加えるには、promised や begged のような、平凡でない動詞を使うとよいでしょう。

The doctor **promised** that Peter's symptoms were curable. Peter **begged** him to help.
（医者はピーターの症状は治ると請け合った。ピーターは彼に、助けてほしいと懇願した）

2

句読法

句読法って何？ What is punctuation?

句読法とは、内容理解を助けるために文章中で使われる符号の使い方のことです。

言いたい内容を明確に伝えるためには，単語だけでは不十分です。単語と単語の関係、文の中断、さらに感情を表現するためには、句読法の符号［句読点］の助けが必要です。

> 主な句読点は、数学の表記［記数法］にも使われています。

句読点

句読法ではふつう、12 の符号が使われます。正確に注意深く使えば、言いたいことを明瞭に伝えることができます。また、句読法によって、読み手が文書を読む速度を巧みにコントロールすることができます。

終止符
(full stop 〈米〉period)
文の終わりに付ける。

例
The dog slept. （その犬は眠った）

省略記号
(ellipsis)
文の継続または省略を表す。

例
Everything seemed calm, but then... （万事静かに思えたが、そのとき…）

コンマ
(comma)
文中の要素をつないだり、区切ったりする。

例
Hearing a cat, he jumped up.
（猫の声を聞き、彼（＝犬）は跳び上がった）

セミコロン
(semi-colon 〈米〉semicolon)
2つの主節［単文になれる節］をつないだり、項目を列挙したりする。

例
He ran after the cat; it ran up a tree. （彼は猫を追いかけ、猫は木にかけ登った）

コロン
(colon)
文の内容を補足する。

例
He was interested in one thing: chasing the cat.
（彼はある1つのことに興味があった。猫を追いかけることだ）

アポストロフィ
(apostrophe)
所有または文字の省略を表す。

例
The dog's owner couldn't see the cat.
（犬の飼い主にはその猫は見えなかった）

句読法って何？

なぜ句読法が必要か？

句読法がなければ文章を書くのがもっと簡単になる、と思うかもしれません。しかし、書き手には伝えたいことがあって、その意味を読み手に正確に理解してほしいと望んでいます。句読法を使えば右のことが可能になります。

句読法が与える効果

yes	句読点がなく、ただ単語を作っているだけの文字列です。読み手はどのように読むこともできます。
Yes.	これは平叙文で、文の終わりに終止符があります。事実を述べている文なので、穏やかに読むように読み手に伝えています。
Yes?	これは疑問文で、文の終わりに疑問符があります。したがって、語尾を少し上げて、尋ねるように読むように読み手に伝えています。
Yes!	これは感嘆文で、文の終わりに感嘆符があります。したがって、感情を込めて読むように読み手に伝えています。
y-e-s	文字がハイフンで分けられています。したがって、それぞれの文字をゆっくり注意深く読むように読み手に伝えています。

ハイフン
(hyphen)
単語またはその一部をつないだり、区切ったりする。

例
The single-minded dog barked at the cat.
（そのいちずな犬は猫に向かって吠えた）

引用符
(inverted commas〈米〉quotation marks)
直接話法や引用をくくる。

例
"Come on, Fido," his owner called.
（「来なさい、フィド」と飼い主は呼んだ）

疑問符
(question mark)
直接疑問文の最後に付ける。

例
What are you doing?
（何をしているんだ？）

感嘆符
(exclamation mark〈米〉exclamation point)
感嘆文の最後に付ける。

例
Come here, now!
（さあ、ここに来るんだ！）

カッコ
(brackets〈米〉parentheses)
文中の追加情報を囲む。

例
The dog (tail between his legs) followed his owner.
（犬は(しっぽを足にはさんで)飼い主に従った）

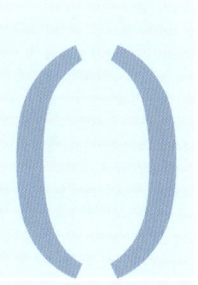

ダッシュ
(dash)
文中の追加情報であることを示す。

例
The cat – pleased with itself – leapt out of the tree.
（その猫は、得意顔で、木から跳び出した）（＊訳注：〈米〉leaped）

終止符と省略記号
Full stops and ellipses

終止符は文が終わったことを表し、省略記号は逆に、文が終わっていないことを表します。

参照ページ	
‹ 54–55	態と法
‹ 68–69	文
感嘆符	112–113 ›
大文字	158–159 ›
略語	172–173 ›

終止符はピリオドともいい、完結した文の最後に付けます。また、単語が略語化されていることも示します。省略記号は、文から一部が省略されていることを示します。（＊訳注：アメリカ英語では、終止符は period という）

- 略語の終止符が文の最後にくるときは、追加の終止符は不要です。例：The undersea experiment commenced at 4.00 p.m.（4.00 p.m.. としない。なお、アメリカ英語では 4:00 と表記する）

平叙文を終える

終止符は平叙文（肯定文・否定文）の最後に使われます。終止符の前にはスペースを空けませんが、後ろは少し空けるようにします。その後に、次の文のはじめの大文字が続きます。

The undersea experiment ended.
（海中実験は終了した）
← 終止符は文の終わりを示す。

The undersea experiment ended. said, "Swim to the surface.

命令文

命令・指示や丁寧な依頼などを表す命令文は、終止符で終えます。怒りや驚きのような強い感情を表す命令文の場合は、感嘆符を使うべきです。

Swim to the surface.
（海面に出なさい）
← 要求の終了を示す終止符。

Get out of the water!
（水から出るんだ！）
← 緊急事態を表す感嘆符。

REAL WORLD
インターネットと e メールアドレス

現在、終止符はウェブサイトや e メールのアドレスに使われています。ドット（dot）といい、アドレスの各部分を区切る役割をします。ふつうの文章とは違い、アドレスを声に出して読むときは、終止符を「ドット」と発音します。下の例は w-w-w-dot-d-k-dot-com と読みます。

DK　www.dk.com

終止符と省略記号

- 文章中で略語を使うときは、終止符を使うか使わないかを決めて、一貫させなければなりません。
- NASA や NATO などほとんどの頭字語(acronym)は、終止符を使わないで表記します。

電報では、文の終わりを示すのに、終止符の代わりに単語の stop が使われます。句読点よりも代金が安くあがるからです。

略語 (abbreviation)

略語の最後に終止符があるときは、そこの文字が脱落したことを表します。たとえば、Dr. は Doctor を表します。略語の中には、決して終止符を付けないものもあります。計量単位の m(メートル)やアメリカの州の名前(Hi「ハワイ州」)などです。このように、句読点なしの略語も許容されています。

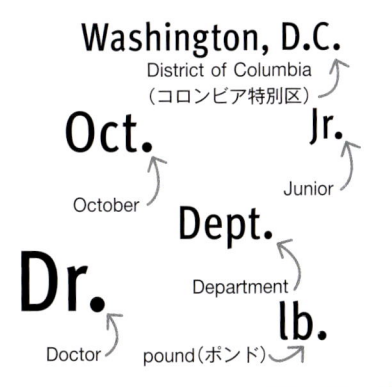

Washington, D.C. — District of Columbia (コロンビア特別区)
Oct. — October
Jr. — Junior
Dept. — Department
Dr. — Doctor
lb. — pound(ポンド)

用語集

略語：単語を短くした形で、略した文字に代わりに1つ以上の終止符を使うことが多い。

頭字語：一連の単語の頭文字から作られる略語で、文字を別々にではなく、つづり通りに発音する。

命令文：指示を与える文。

平叙文：事実または1つの情報を伝える文(肯定文と否定文)。

Leading scientist Dr. Fisher Wait, I forgot to tell you…"

(海中実験は終了した。第一線の科学者フィッシャー博士は言った、「泳いで海面に出なさい。待て、言い忘れたことがある…」)

省略記号

ピリオドが3つ並んだものを省略記号といいます。省略記号は、話し手が口ごもったり、話を急にさえぎられたりして、文が終わらないままになっていることを示します。省略記号は、引用文中での「中略」も表します。

I thought… — 話を急にやめたことを表す。終止符を追加する必要はない。

Could I…? — 疑問符や感嘆符は省略記号の後に置く。

The report said that "…Dr. Fisher…is correct.…The island is near…".

- 引用文の最初の語句を省略したことを表す。省略したのは、たとえば Today we heard that(今日聞いたのですが)など。
- 「中略」したことを表す。「前後を少し離すように」と勧めている指導書もある。
- 完結した文の後に省略記号が入るときは、前文の句読点の後に置く。
- 最後に文全体の終止符を付ける。(＊訳注：アメリカ英語では付けない)

コンマ Commas

コンマは文中の要素を区切るために使われます。

コンマは単語や語句や節を区切って、情報を明確にします。コンマは、文が正確に理解されるように、情報を整理し、グループ化するのに使われます。

参照ページ	
‹ 62-63	間投詞
‹ 64-65	句
‹ 66-67	節
‹ 82-83	関係詞節
コンマの他の用法	98-99 ›
カッコとダッシュ	114-115 ›

前置き[導入部]

節や句や単語で文を始めて、状況を設定したり、その後で主動作がどう展開するかを導いたりすることがあります。コンマは、読み手に一息つかせ、中心となる情報に期待をもたせるために、前置きの後に置かれます。前置きは、However(しかし)のような単語、Three years ago(3年前)のような句、If this happens(もしこれが起きたら)のような節です。

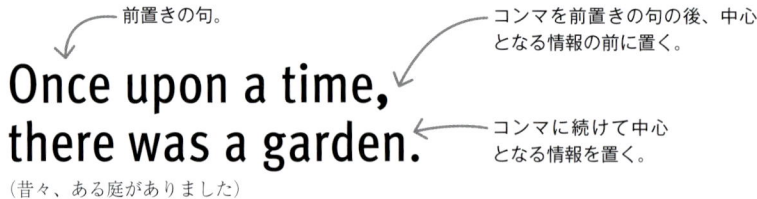

— 前置きの句。
Once upon a time, there was a garden.
(昔々、ある庭がありました)
— コンマを前置きの句の後、中心となる情報の前に置く。
— コンマに続けて中心となる情報を置く。

— 前置きの節。
When Lisa visited the garden, she saw a flower.
— 前置きの節の後にコンマを置く。
— コンマに続けて中心となる情報を置く。
(リサがその庭を訪れたとき、彼女は花を見ました)

対で使うコンマ

文の理解に不可欠ではない(付け足しの)句を、文の途中に割り込ませるときは、対のカッコのように、句の両側にコンマを置きます。コンマがなければ、その情報は不可欠な内容とみなされます。この付け足しは、文の最初や最後に置かれることもあります。その場合は、コンマを両脇に置けないので、1つだけ使います。

A flower, like a sock, can be stripy.
(花は、靴下のように、しま模様のこともある)
割り込んでいる部分をコンマではさんで、付け足しであることを表している。

A flower like a sock can be stripy.
(靴下のような花はしま模様のこともある)
コンマがないので、情報は主文の一部になり、意味が変わる。

A flower can be stripy, like a sock.
(花はしま模様のこともある、靴下のように)
付け足しの前にコンマを置いている。

Like a sock, a flower can be stripy.
(靴下のように、花はしま模様のこともある)
文の最初の付け足しの後にコンマを置いている。

コンマ

- 引用に前置きがなければ、コンマは不要です。例：The guide says that this is "the best garden in France". (this is, "〜" としない。文末は、アメリカ英語では France.")
- 最初の引用部分が感嘆符や疑問符で終わるときは、コンマは不要です。例："Stop!" Tom cried. "The bridge is dangerous." ("Stop!", や "Stop!," としない)

用語集
副詞：ある動作が起こる様子を描写する単語。
節：1つの文法単位で、主語と動詞を含む。
接続詞：句や文を結びつける単語。
直接話法：話された言葉をそのまま表した文。
間投詞：単独で使って感情を表す単語や語句。
句：動詞を含まない語群。

直接話法

直接話法の文では、前置き部分［伝達部］とせりふ［非伝達部］の間にコンマを入れます。前置きは、文の最初、途中、最後のどこにも置けます。途中に置くときは、両側にコンマを付けて、引用を2つに分けます。

前置きの後、引用符の前にコンマを置く。

Grandma asked, "Can we find more of these flowers?"

（祖母は「この花がもっと見つかるかしら」と尋ねた）

前置きの前の引用符の前にコンマを置く。　　前置きの後の引用符の前にコンマを置く。

"The flowers," Lisa said, "are always in bloom in May."

（「その花は」とリサは言った、「いつも5月に咲きます」）

呼びかけ

誰かの名前を直接呼ぶときは、必ずコンマを使います。コンマを置く場所は、名前が文のどこにあるかによります。コンマはほぼ、前置きの場合と同じように使います。つまり、名前が文の途中にあるときは名前の両側に、文が名前で始まるときは名前の後に、文が名前で終わるときは名前の前にコンマを置きます。

- 文から前置きや付け足し部分を除いても、その文は意味が通ります。
- 間投詞（stop、help ほか）にコンマを付けると、呼びかけと同じ働きをします。例：Stop, he'll get angry with you.（やめな、彼に怒られるよ）

Let's eat Grandma.

コンマがないので、おばあちゃんは今にも食べられるところ。

（おばあちゃんを食べようよ）

Let's eat, Grandma.

名前が文の最後にあるときは、名前の前にコンマを置く。

（食べましょう、おばあちゃん）

コンマの他の用法
Other uses of commas

コンマは、複数の主節をつなぎ、単語の省略を表し、さらに、項目を並べるために使われます。

コンマと接続詞を使って文をつなげば、文章に適切なテンポと変化をつけることができます。コンマはまた、繰り返しを避けたり、単語や句をリスト化したりするときにも使われます。

参照ページ	
‹ 26–27	形容詞
‹ 58–59	接続詞
‹ 70–71	重文
‹ 72–73	複文
‹ 96–97	コンマ
セミコロン	100–101 ›
数、日付、時	118–119 ›

節を結びつけるコンマ

コンマと接続詞が一緒になって、2つ以上の主節（単文になれる節）を結びつけ、1つの文を作ります。最後の主節の前のコンマに、接続詞のand、or、but、nor、for、yet、soなどを続けます。2つの節が短く、密接に関連しているときはコンマを省きます。

最初の主節。
コンマが、最初の2つの主節を区切っている。
2つ目の主節。

Walkers turn left, joggers turn right, but cyclists go straight (on).

3つ目の主節。
（歩行者は左折し、ジョギングする人は右折するが、自転車に乗った人は直進すること）
接続詞 but の前にコンマが置かれている。

最初の主節。
2つ目の主節。

Sit here and enjoy the view.

（ここに座って景色を楽しみなさい）
接続詞 and が、短く密接に関連した2つの主節をつないでいる。コンマは不要。

REAL WORLD
タテハチョウ（comma butterfly）

comma という名詞は、両方の羽の裏側にコンマに似た小さな白いマークがあるチョウも指します。

- 関連する2つの文を接続詞なしで並べるときは、セミコロン（;）を使います（p.100）。
- コンマで節をつなげるときは、最後の節に必ず接続詞（and、or、but、nor、for、yet、so）を使うようにします。
- コンマの使いすぎは避けましょう。文を細切れにすると、読みにくくなってしまいます。

省略を表すコンマ

文を長ったらしくしたり、つまらなくしたりする繰り返しを避けるときは、コンマを使って、単語を省略していることを表します。

導入句の後にコンマが置かれている。

In the first month of the year, the flower was orange; in the second, red; and in the third, yellow.

（1年の最初の月［1月］には、その花はオレンジ色だった。2月には赤で、3月には黄色だった）

これらのコンマは month を省略していることを表す。

コンマの他の用法　99

リストを作るコンマ

コンマは単語や語句を並べるときに使います。コンマの位置が正しいかどうかを調べるよい方法は、and や or に置き換えてみることです。置き換えて文の意味が通らなければ、コンマを加えてはいけません。

> コンマは、最も誤用しやすい句読点の1つです。

それぞれの興味が、コンマで区切られて並んでいる。

リストの最後の単語の前は、コンマの代わりに and を使う。(→下の訳注を参照)

My interests are walking, flowers, birds and gardening.
(私の興味は、散歩、花、鳥、そして園芸です)

My interests are walking flowers, birds and gardening.

ここにコンマがないと、興味は「歩いている花、花を歩かせること」になってしまう。

主節の区切りではなく項目の区切りなので、接続詞の前にコンマは不要。
(＊訳注：アメリカ英語では and の前にもコンマを入れる)

形容詞に付けるコンマ

名詞の前に形容詞を並べる場合、2つの方法があります。それぞれの形容詞が1つの名詞を修飾しているときは、コンマで区切らなければなりません。しかし、1つの形容詞が次の名詞句を修飾しているときは、コンマは不要です。コンマを使うべきかどうかの確かめ方も、2つあります。まず、形容詞の間に and が使えればコンマが使えます。もう1つは、形容詞を入れ換えてみることです。意味が変わらなければ、形容詞をコンマで区切ってかまいません。

I saw a yellow, flying saucer.

このコンマは、それぞれの形容詞が別々に名詞 (saucer) を修飾していることを表す。

(私は黄色い、飛んでいる円盤を見た)

I saw a blue flying saucer.

(私は青い空飛ぶ円盤を見た)

コンマがないので、blue は flying saucer を修飾している。

用語集

形容詞：名詞の様子を描写する単語。
接続詞：句や文を結びつける単語。
主節：主語と動詞を含み、それだけで意味が完結している語群。
名詞：人、場所、事物を指す単語。
動詞：動作や状態を表す単語。

- 文中に and が2つあるときは、and の前にコンマを入れて、意味をはっきりさせることがあります。これをシリアルコンマ (serial comma) といいます。例：coffee, and bread and butter (コーヒーとバター付きパン) (＊訳注：コンマがないと「コーヒーとパンとバター」ともとれる)

セミコロン Semi-colons

セミコロン（;）は、内容的に関連性の強い文や語句を結びつけます。

セミコロンは、主節（単文になれる節）同士の強い関連性を示すときや、複数の項目を並べるときに使います。ある種の副詞の前に置いて、接続詞の働きをすることもあります。
（＊訳注：アメリカ英語では semicolons）

参照ページ	
‹ 58–59	接続詞
‹ 66–67	節
‹ 94–95	終止符と省略記号
‹ 96–97	コンマ
コロン	102–103 ›

- 主節と従属節をセミコロンでつなぐことはできません。〈コンマ＋接続詞〉を使います。例：Sam had two red T-shirts, which were new.（＊訳注：which 以下が従属節。＝ ～, and they were new.）
- セミコロンは、2つの主節を接続詞なしで結びつけるときに使います。

主節を結びつける

2つの主節を結びつけるセミコロンは、どちらの節も比重が同じで、関連性も強いことを示します。2つの節は別々にしても単文として成り立ちますし、〈コンマ＋接続詞〉で置き換えることもできます。

May was warm; it was pleasant.

この節は、5月が心地よかったと述べていて、前の節と密接に関連している。
（5月は暖かく、心地よかった）

May was warm; it was pleasant
cities were rainy: London; Paris,

確認コーナー：いつセミコロンを使うの？

コロンとセミコロンの使い分けはやっかいです。どちらも密接に関連する2つの主節を結びつける働きをしますが、コロンの方が結びつきが強く、2つ目の節が直接的な説明になったり、最初の節の直接的な結果になったりします。

The weather was dreadful.　　It rained every day.

The weather was dreadful: it rained every day. ✓
（ひどい天候だった。（というのも）毎日雨が降ったから）
2つ目の節は「ひどかった天候」の内容を説明しているので、コロンが使われている。

It was freezing.　　He was grateful for his coat.

2つ目の節は「凍えるように寒かった」ことの説明でも直接の結果でもないので、セミコロンでつなぐ。

It was freezing; he was grateful for his coat. ✓
（凍えるように寒かった。（それで）彼はコートに感謝した）

セミコロン

ジェームズ・ジョイス、ジョージ・オーエル、カート・ボネガットなどの多くの作家は、セミコロンを無意味であるとみなし、使うのを拒否しました。

用語集

節：文法単位の1つで、主語と動詞を含む。文は1つ以上の節から成る。

主節：それだけで意味が完結している節。（単文になれる節）

従属節：追加情報を与えるが、意味を成すには主節が必要な節。

REAL WORLD

ベン・ジョンソンの『英文法』

イギリスの劇作家ベン・ジョンソン(1572〜1637)は、英語のセミコロンの使用規則を最初に定めた人物として評価されています。1640年に出版された本 *English Grammar* で、彼は終止符、コンマ、セミコロン、コロンを体系的に論じました。それ以前は、これらの記号の使い方に基準はありませんでした。

副詞の前

副詞(however、therefore、consequently、nevertheless など)が接続詞として働いて節と節を結びつけるときは、その前にセミコロンを置きます。

however はここでは接続詞として働くので、前にセミコロンを置く。

June was hot; however, some cities were rainy.
（6月は暑かった。しかし、雨が多く降った都市もあった）

June was hot; however, some cities were rainy: London; Paris, Texas; and Boston, England.

リスト

文中で項目がリスト化されていて、いくつか(またはすべて)の項目がコンマでつながっているときは、項目の区分を明確にするためにセミコロンを使います。そうすれば、文がずっとわかりやすくなります。

2つのセミコロンをコンマにすると、Texas や England を都市名と誤解するかもしれない。

Some cities were rainy: London; Paris, Texas; and Boston, England.

コンマで都市名と地域名を分けている。

地域名を入れて、どこの Paris かを明確にする。「(フランスではなく)テキサス州のパリス」

地域名を入れて、どこの Boston かを明確にする。「(アメリカではなく)イングランドのボストン」

コロン　Colons

コロン（：）は文を部分に分けるだけでなく、その部分同士が密接に関連していることを示します。

コロンは、主節と他の節・句・単語を結びつけます。コロンは説明を加えたり、強調したりするほか、リストや引用の導入部分として使えます。

参照ページ	
‹ 70-71	重文
‹ 96-97	コンマ
‹ 100-101	セミコロン
引用符	108-109 ›
箇条書き	116-117 ›

説明

コロンは、主節に続くものが主節の説明であることを示します。コロンに続く部分は、主節であったり、1つの単語だけだったりします。

この主節（単文）は、彼女の秘密が何かを説明している。

They know her secret: she is obsessed with socks.
（彼らは彼女の秘密を知っている。彼女は靴下のことで頭がいっぱいなのだ）

強調

コロンを使えば、そこで読み手に一息つかせて、文中で示した1つのポイントを強調することができます。

この1語は、「彼女がこれだけに関心を持っている」ことを強調している。

She thinks about one thing: socks.
（彼女は1つのことだけ考えている。（それは）靴下のことだ）

リスト

コロンは、リストの導入としても使えます。コロンの前にくる部分は完結した文でなければなりませんが、後に続く部分は、単なる単語リストであってもかまいません。

（＊訳注：アメリカ英語では「縞模様の」は striped、「水玉模様の」は spotted が一般的）

Her socks have the following patterns: stripy, spotty and swirly.

リストの導入部分。コロンを使う。　　　リストの各項目をコロンの後に続ける。

（彼女の靴下には次の模様がある。縞模様、水玉模様、そして渦巻き模様）

コロンは、数学で比率や縮尺を表すときにも使われます。たとえば、3：1 は「3対1」の比率を意味します。

（＊訳注：アメリカ英語では時刻にも使う。3:45「3時45分」）

用語集	
節	：文法単位の1つで、主語と動詞を含む。文は1つ以上の節から成る。
主節	：それだけで意味が完結している節。（単文になれる節）
従属節	：追加情報を与えるが、意味を成すには主節が必要な節。

REAL WORLD

顔文字（emoticon）

デジタルの世界では、句読点、特にコロンは、図像によるくだけた感情表現であるemoticon（エモティコン［顔文字］、emotionとiconの合成語）を作るのによく使われます。最もよく使われるのはコロン、セミコロン、カッコですが、ほかのほとんどの句読点も利用されます。

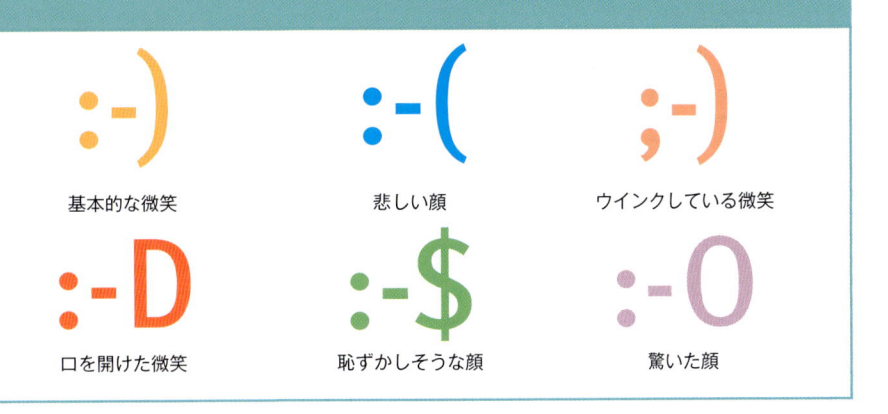

:-) 基本的な微笑
:-(悲しい顔
;-) ウインクしている微笑
:-D 口を開けた微笑
:-$ 恥ずかしそうな顔
:-O 驚いた顔

引用

コロンは、引用文を導くときによく使われます。特に文書の引用で、書き手の言葉をそのまま繰り返すときに使われます。

コロンの後に引用文が続く。

She was quoted in the newspaper: "I love socks!"

（彼女（の言葉）が新聞で引用された。「私は靴下が大好き！」）

タイトル

文学作品や映画や音楽のタイトルに、コロンが使われていることがあります。タイトルの後にサブタイトル［副題］を付けるときは、コロンで2つを分けます。

メインタイトル［本題］
サブタイトルはコロンの後。

Socks: The Sure-footed Life of a Collector

（靴下：あるコレクターの、地に足の付いた［確かな］生活）

聖書の出典表示

聖書の出典を表示するときは、章と節をコロンで分けます。

聖書の本。「コリント書」
章と節をコロンで分ける。

1 Corinthians 13:12 ← 節
　　　　　　　　　　　　章

（「コリント人への第一の手紙」13章12節）

- コロンの後に動詞が続くことはありません。
- ダッシュはコロンの代わりに使えますが、コロンの方が「間」が長く、後に何が続くのか、期待感をもたせます。
- 文中のコロンの後は、スペースを1字分空けます。
- コロンの後にくる最初の単語は、元々大文字でない限り、小文字にします。（＊訳注：アメリカ英語では「主節のはじめでなければ小文字にする」）

アポストロフィ
Apostrophes

アポストロフィは、所有（～の）および省略を表します。

アポストロフィは、名詞を所有格にしたり、短縮形で省略された文字の代用をするときに使います。また、名詞の特殊な複数形を作るときにも使います。

参照ページ	
‹ 32–33	限定詞
‹ 48–49	助動詞
‹ 80–81	否定語
その他の紛らわしい単語	170–171 ›

文字の省略

アポストロフィは、単語や語句から文字を削って短くするとき、その削られた文字の代用をします。よく使われる短縮形［縮約形］は、約100あります。短縮形を作るのは be（連結動詞・助動詞）や have や will などの助動詞だけです。短縮形にすると、発音も変わります。

元の形	短縮した形	元の形	短縮した形
it is	it's	he had; he would	he'd
she is	she's	I will	I'll
who is	who's	you will	you'll
I am	I'm	who will	who'll
you are	you're	is not	isn't
we are	we're	has not	hasn't
they are	they're	cannot	can't
I have	I've	could not	couldn't
we have	we've	will not	won't
would have	would've	did not	didn't

Rafael wasn't happy that the his name with two f's on

REAL WORLD
アポストロフィの誤り

商店の看板で、複数形を〈～'s〉としているのをよく見かけますが、「 ' 」は不要です。この誤用を「八百屋の（greengrocer's）アポストロフィ」ともいいます。

複数形

複数形を作るときにアポストロフィを使うこともあります。略語や1文字を複数形にするときなど、s を付けるだけでは混乱する場合です。このようにして複数形を作る単語は少ししかありません。ほとんどの普通名詞の複数形は、s を付けるだけです。

with two f's

アポストロフィがないと、「f という文字」についての句であることが不明瞭。

アポストロフィ　**105**

- スペースなどの都合で、アポストロフィを使って単語を短くすることもあります。例：because → 'cause / government → gov't
- アポストロフィを使わずに名詞の「所有」を表す方法もあります。of を使って所有者と所有物を入れ替えるのです。例：the Netherlands's tulips（オランダのチューリップ）→ the tulips of the Netherlands

アポストロフィが非英語圏の人の姓に使われていることがよくあります。たとえば、O'Neill、N'Dor、D'Agostino などです。

所有格の表し方

アポストロフィはその名詞が何かを所有している（所有者である）ことを表します。これには、2つの形があります。1つは〈~'s〉で、単数名詞の所有を表します。もう1つは〈~s'〉で、これは s で終わる複数名詞の所有を表します。どちらも「~の」の意味です。

play**'s** new director
- 単数名詞の所有格を表す形。〈~'s〉とする。
- new director は単数名詞 play の所有物。

grape**s'** seeds（ブドウの種）
- s で終わる複数名詞の所有格は、アポストロフィだけを付ける。
- seeds は複数形 grapes の所有物。

women**'s** story（女性たちの物語）
people**'s** faces（人々の顔）
- s 以外の文字（たとえば e や i や n）で終わる複数名詞のときは、〈~'s〉とすればよい。

play's new director had spelt Socrates' revised script.

（ラファエルは、芝居の新しい演出家が、ソクラテスの改訂台本に彼の名前を ff とつづったので不満だった）

s で終わる単語

s で終わる固有名詞の所有格は、発音通りにつづります。Socrates は所有を表す 's を付けても発音しないので 's を付ける必要はありませんが、Jess's の s は発音するので付けるようにします。（＊訳注：アメリカ英語ではどんな場合でも所有の 's を付け、発音するのが一般的）

イギリス英語では Socrates' とつづり、アメリカ英語では Socrates's とつづる。

Socrate**s'** revised script

Jess の所有格は、Jess' ではなく Jess's とする。

Jes**s's** disbelief
（ジェスが抱いている疑念[不信感]）

用語集

助動詞：動詞を「助ける」品詞で、他の単語と結びついて短縮形になる。

短縮形：単語や語句を短くした形。中間の文字を省略し、アポストロフィで代用する。縮約形ともいう。

ハイフン Hyphens

ハイフンは、単語と単語、あるいは単語内の部分を結合したり分離したりするために使われます。

1語として扱うために、2語を結びつけて示すべき場合があります。逆に、単語の2つの部分が別々であることを強調したい場合もあります。ハイフンは、この2つの目的で使われます。

参照ページ	
‹ 26–27　形容詞	
‹ 56–57　句動詞	
数、日付、時	118–119 ›
アルファベット順	128–129 ›
音節	134–135 ›
語根	140–141 ›
接頭辞と接尾辞	142–143 ›

明確さ

ハイフンは、語句の意味が紛らわしくなりそうなときに必要なものです。2つ以上の単語をハイフンで結べば、他の単語を修飾する複合修飾語になります。

big-hair society
「巨大髪型の、愛好会」。その society が big hair に関心があることを表す。

big hair society
「巨大な、髪型愛好会」。hair society が big であることを表す。

The celebrated big-hair society for a get-together about their

動詞の名詞化

句動詞を名詞にするときは、ハイフンを入れます。句動詞自体にはハイフンを入れることはありません。たとえば、Let's get together and talk about it. の中の句動詞 get together にはハイフンは入りませんが、これが名詞になると、for a get-together とハイフンが必要です。

- **a break-in** (侵入)
- **a hang-up** (ひけめ、支障)
- **a write-up** ((批評)記事)
- **a get-together** (会合)
- **an eye-opener** (目を見張るような経験)
- **a put-down** (けなす言葉)

- extraordinarily hairy experience（異常な身の毛もよだつ体験）のように -ly で終わる副詞を含む複合修飾語句は、決してハイフンで結びません。
- 修飾語として使う century（～世紀の）は、twentieth-century issues（20世紀の問題）のように、修飾される名詞の前にハイフン付きで使います。
- ハイフンは、行末で、長い単語の音節を区切るために使われます。

ハイフン　107

接頭辞

接頭辞が付くときハイフンが必要になることがあります。同じようにつづる単語との混乱を避けるためです。また、母音で終わる接頭辞が母音で始まる語根と結びつくとき(co-owner など)も、2つの母音が続くのを避けるためにハイフンを入れます。接頭辞 self- はいつもハイフンを使います。なお、大文字で始まる単語や年代の前に接頭辞を付けるときもハイフンが必要です。

re-formed ← このハイフンは、愛好会が「再結成された」ことを指す。ハイフンがないと、reformed という単語は「改良された」。

co-owner ← coowner では読みにくいので、2つの o を分けるのにハイフンが必要。「共同所有者」

self-service ← 接頭辞 self- は、後ろに常にハイフンを付ける。「セルフサービスの」

pre-Roman ← 大文字の前にある接頭辞にはハイフンを付ける。「ローマ帝国以前の」

post-1500 ← 年代の前にある接頭辞にはハイフンを付ける。「1500年以降の」

用語集

複合修飾語：2語以上が結びついて名詞を説明するのに使われる言葉。

句動詞：後ろに副詞や前置詞を伴って、1つの単位として働く動詞。

接頭辞：単語のはじめに付けられる文字群で、単語の元々の意味を変える。

語根：接頭辞や接尾辞が添えられる単語。

接尾辞：単語の終わりに付けられる文字群で、単語の元々の意味を変える。

数字を書き表す

ハイフンは、分数、あるいは 21 から 99 までの数字を書き表すときに必要です。

twenty-four　**three-quarters**
(24(の))　(4分の3(の))

re-formed after twenty-four years
beard- and hair-loss issues.

(世に知られた巨大髪型愛好会は24年後、(今度は)抜けひげ・抜け毛問題に関する集いを目的に再結成された)

吊るしハイフン (suspended hyphen)

単語の末尾にハイフンだけが付いていることがあります。これを吊るしハイフンといいます。2つ以上の複合修飾語が or や and で結ばれて1つの名詞を説明するときに使われます。繰り返しを避けるために、最初の単語の後半が省略されてハイフンに置き換わるのです。

beard- and hair-loss issues

後ろに and が続くこの吊るしハイフンは、元々は、beard-loss and hair-loss issues だったことを示す。

複合修飾語

2つ以上の単語が結合して別の単語を修飾するときは、しばしばハイフンを入れて、1つの修飾語句であることを表します。複合修飾語は、名詞の前ではたいていハイフンを入れますが、後ろに名詞がないときは、不明確にならない限り、ハイフンを入れません。

hair-loss issues ← 名詞

名詞の前ではハイフンを入れる。　名詞の後ではハイフンを入れない。

issues of hair loss

引用符 Inverted commas

引用符は、間接話法や引用文などで使う符号です。

quotation marks とも speech marks とも呼ばれる引用符は、いつも対で使います。話された言葉や引用文であることを表すほか、特殊な単語であることを示します。
（＊訳注：アメリカ英語では quotation marks または quotes）

参照ページ	
◁ 88–89	直接話法と間接話法
◁ 96–97	コンマ
◁ 102–103	コロン
イタリック体	122–123 ▷
文章を読んで説明する	192–193 ▷
情報を伝える書き方	196–197 ▷
分析したり論評したりする書き方	206–207 ▷
物語の書き方	212–213 ▷

直接話法

直接話法(誰かのせりふをそのまま表す表現形式)は引用符でくくります。せりふ(被伝達部)は、文のはじめ、途中、最後のどこに置くこともできます。途中に話し手を示す部分(伝達部)が割り込んで、せりふが2つに分かれることもあります。
（＊訳注：たとえば、"Come with me," she said to us, "and help me."）

用語集

直接話法：話された言葉をそのまま表す表現形式。

イタリック体：文字の形の1つで、手書き文字のように、ななめに印刷される字体。

引用文：他の書き手の言葉をそのまま表す表現形式。

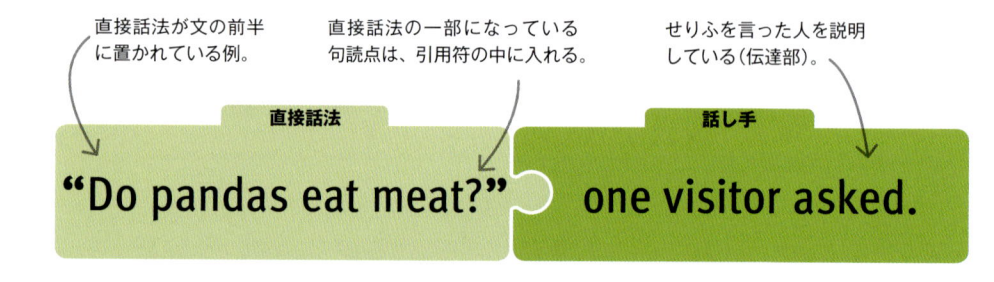

直接話法が文の前半に置かれている例。

直接話法の一部になっている句読点は、引用符の中に入れる。

せりふを言った人を説明している(伝達部)。

直接話法 "Do pandas eat meat?" **話し手** one visitor asked.

せりふを言う人を説明している。

直接話法の前にコンマを付ける。

直接話法が文の後半に置かれている例。

話し手 One visitor asked, **直接話法** "Do pandas eat meat?"

Do pandas eat meat?
（パンダは肉を食べますか）

特殊な単語

特定の単語や語句を文中で際立たせたいときも、引用符が使えます。ここでいう特殊な語句とは、他の書き手が使った語句、あまり一般的でない語句、書き手がそうは思っていない語句などです。

The zookeeper said that the panda show was "thrilling", but three pandas were asleep.
（動物園の飼育係は、そのパンダショーは「スリリング」だと言ったが、3頭のパンダは眠っていた）

「飼育係の言葉とは違って、ショーは思ったほどスリリングでなかった」と言いたいために、引用符を付けている。（＊訳注：アメリカ英語では、コンマは"thrilling,"と内側に入れる）

引用符 109

確認コーナー：
句読点の位置は大丈夫？

直接話法で書くときは、伝達部と被伝達部をコンマで区切ります。句読点を引用符の内外に2つ使うことはなく、〈" 〜 ?," …〉〈" 〜 .".〉〈" 〜 ?".〉などとはしません。なお、他の文書から引用して再録する場合は、句読点や大文字・小文字を原文のままにします。

〔右の例文の訳〕（2行目）飼育係は続けて言いました、「パンダはとても機敏です」。（4行目）赤ちゃんパンダは「片手に収まる」と思いますか。

The zookeeper continued "Pandas are very agile." ✗

直接話法[せりふ部分]を引用符でくくる。

The zookeeper continued, "Pandas are very agile." ✓

導入部。　直接話法の前にコンマを付ける。　終止符をせりふの一部にする。文全体の終止符を兼ねる。

Can you believe the panda cub "can fit on your hand?" ✗

引用符を使って目立たせている。

Can you believe the panda cub "can fit on your hand"? ✓

引用符内は疑問文ではないので、疑問符は外に出す。

シングル引用符

引用符の中でさらに引用符を使いたいときは、シングルの引用符を使います。つまり、直接話法や引用文の中で特に目立たせたい語句があるときに、このシングル引用符を使います。

👍
・スペースを節約するために、ダブル引用符の代わりにシングル引用符を使うこともあります。この場合は逆に、引用符内の引用符をダブルにします。（＊訳注：これはイギリス英語式。アメリカの新聞で、見出しにこのスタイルを採用することもある）

話し手　　　　　　　　直接話法にダブルの引用符を使っている。　直接話法

The zookeeper said, "I wouldn't call pandas 'cuddly'."

（飼育係は言った、「私はパンダを『抱きしめたいほどかわいい』とは思いません」）

飼育係が誰かの言葉を引用している。
（＊訳注：アメリカ英語では、〈〜 'cuddly.'"〉と表記する）

REAL WORLD
エアクォーツ（air quotes）

これは、話しているときに両手（人差し指と中指）を使って作る引用符のことです。指先を2回折り曲げます。文章の中で使うのと同様に、一般的でない言葉を強調したり、他人の言葉を皮肉ったり、からかったりするときに使います。

短い作品のタイトル

引用符は、エッセイや記事や歌のタイトルのような短い作品を表すときに使います。書籍や映画のような長いタイトルの場合は、イタリック体で表記します。

記事のタイトルは引用符でくくる。

The article "Panda Facts" was an eye-opener.

（「パンダの真相」という記事は目からウロコだった）

疑問符 Question marks

疑問符は、尋ねる文がそこで終わるという合図です。

ふつう、文の終わりを示すのは終止符ですが、文が何かの表明(肯定文や否定文)ではなく質問のときは、疑問符で文を終えます。

参照ページ	
‹ 34–35	代名詞
‹ 68–69	文
‹ 88–89	直接話法と間接話法
‹ 108–109	引用符
感嘆符	112–113 ›
イタリック体	122–123 ›

直接疑問文 (direct question)

尋ねたり返事を期待したりする文のことで、疑問符が必要です。直接疑問文では、主語(名詞か代名詞)の前に助動詞がきます。これは〈主語+動詞〉となる平叙文とは語順が対照的です。直接疑問文には、when、who、where、why、how などの疑問詞で始まるものもたくさんあります。

疑問詞は質問が始まる合図。　助動詞　主語

When did you last see your cat?

文の最後に疑問符を付ける。

(あなたの猫を最後に見たのはいつですか)

埋め込み疑問文 (embedded question)

導入語句に続けて文中に置く疑問文のことです。埋め込み疑問文の語順は、平叙文と同じく、〈主語+動詞〉になります。この疑問文を使うと、直接疑問文より丁寧に響きます。全体が疑問文なら、最後に疑問符を付けます。

この語句は、埋め込み疑問文を導入するときよく使われる。　文全体が疑問文なので、最後に疑問符を付ける。

文の後半に置かれた埋め込み疑問文。

Do you know where the cat is?

動詞は主語 cat の後に置く。

(その猫がどこにいるか、知っていますか)

間接疑問文 (indirect question)

間接疑問文は、直接何かを尋ねるのではなく、尋ねられた内容を間接的に表現するものです。いつも終止符で終わります。この疑問文も質問のせりふをそのまま繰り返すのではなく、ふつう返事も求めません。
(*訳注:日本の英語教育では、埋め込み疑問文も間接疑問文として教えている。なお、下の文を直接話法で表すと、He said to me, "Do you know where the cat is?" となる)

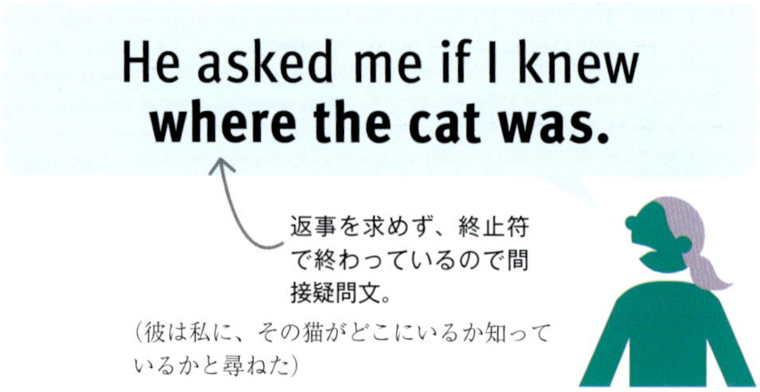

He asked me if I knew where the cat was.

返事を求めず、終止符で終わっているので間接疑問文。

(彼は私に、その猫がどこにいるか知っているかと尋ねた)

疑問符

- 1語だけの疑問文もあります。例：Who? / What? / Where? / When? / Why? / How? などです。
- ふつう、疑問符を別の句読点と並べて使うことはありません。1つの例外は、略語の後の終止符に続く場合です。例：Shall we meet at 3:00 p.m.?
- 作品名のタイトルがイタリック体で、それに疑問符が付いているときは、疑問符もイタリック体にします。

スペイン語では、疑問文の最後に「？」を付けるだけでなく、最初にも逆さの疑問符（¿）を付けます。これを inverted question mark といいます。

付加疑問文（tag question）

平叙文の末尾に付け加える疑問文です。「〜ですね」と相手に同意を求めるときや、「〜ですよね」と確認を求めるときに使います。付加疑問文は、平叙文の最後にコンマを付けてつなげます。

これだけでも文の意味は成り立つ。

You don't think I'm responsible, do you?

疑問文だが、前の文がなければ意味をなさない。
（あなたは私に責任があるとは思っていませんよね）

修辞疑問文（rhetorical question）

言いたいことを強調するためにだけ使う疑問文です。たいていは、感情的な反語（時には誇張）になります。答えが明らかな疑問か、答えられない疑問（例：Who knows? → Nobody knows.）のどちらかで、返事を求めているわけではありません。修辞疑問文には疑問符を付けます。

（私は猫泥棒に見えるのだろうか〔→いや、そんなはずはない〕）

Do I look like a cat thief?

話し手は自分が猫泥棒に見えないと思っているので、返事は期待していない。

REAL WORLD
「何かお困りですか」（Can I help you?）

旅行案内所の場所を記号で示すとき、疑問符が使われることがあります。この表示は多くの場所で見られますが、特に、話し言葉（Can I help you? など）をそのまま表示することのない国（たとえば日本）で、旅行者の役に立っています。

用語集

略語：単語を短くした形で、略した文字に代わりに1つ以上の終止符を使うことが多い。

イタリック体：文字の形の1つで、手書き文字のように、ななめに印刷される字体。

句：動詞を含まない語群。

疑問文：情報を求める文。

平叙文：事実または1つの情報を伝える文（肯定文と否定文）。

主語：動詞の動作を行う人や事物。

感嘆符 Exclamation marks

感嘆符は、感嘆文の最後に付ける符号です。

書き手の強い感情を表す文が感嘆文で、その文の最後に付けるのが感嘆符です。この符号は、強調するときにも使います。
（＊訳注：アメリカ英語では exclamation points）

参照ページ	
⟨ 54–55	態と法
⟨ 62–63	間投詞
⟨ 68–69	文
⟨ 110–111	疑問符
カッコとダッシュ	114–115 ⟩

強い感情を表す

感嘆符は、驚き、興奮、怒りなどの強い感情を表すときや、声を張り上げたことを示すために使います。

This is so unexpected!
（こんなこと、まったく予想外だ！）
驚き・意外さ

I love cheese!
（チーズ大好き！）

I'm allergic to cheese!
（ぼく、チーズアレルギーなんだ！）
恐れ・不安

Stop nibbling on the cheese!
（チーズをかじるの、やめなよ！）
興奮・熱狂
怒り・立腹

- 正式な文書では、感嘆符の使用を控えめにしましょう。使っても、文書がよくなることはめったにありません。
- 感嘆符が必要かどうか、迷うことがあります。「たいていは終止符を使う方が好ましい」と覚えておくとよいでしょう。

用語集
感嘆文： 驚きのような強い感情を表したり、声を張り上げていることを示したりする文。

間投詞： 単独で使って感情を表す単語や語句。

疑問文： 情報を求める文。

REAL WORLD

漫画（comic）

感嘆符は漫画本の特徴の 1 つです。ほとんどすべての文に付いている漫画さえあるほどです。絵の一部として、登場人物の頭のわきに「！」だけを描いて驚きを表したり、間投詞に付けて Pow!（バン！）、Zap!（バシッ！）などの音を表したりします。1950 年代には、感嘆符は bang（バン）と呼ばれました。これは、感嘆符が銃の発射音を表す「吹き出し」（speech bubble）の中に頻繁に出てきたからでしょう。

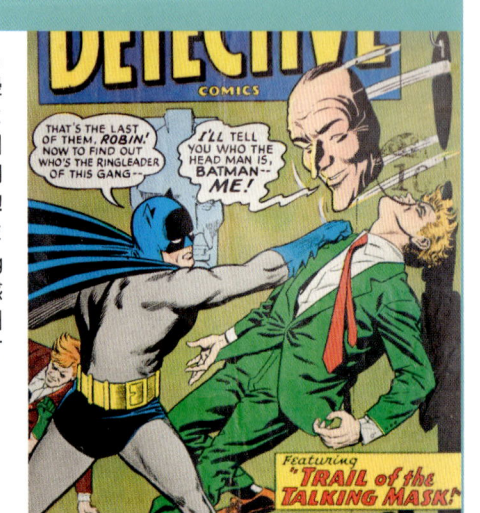

感嘆符

感嘆文

ほとんどどんな種類の文も、感嘆文に変えることができます。最も一般的な感嘆文は、感情を表す平叙文（肯定文・否定文）、命令文、そして間投詞に感嘆符を付けたものです。

感嘆符が名称に使われることはめったにありませんが、カナダの町 Saint-Louis-du-Ha! Ha!（セントルイス・デュア！ア！）は、これが正式名で、感嘆符が2つ使われています。

平叙文
終止符で終わる平叙文でも、感情を伝えるときは、終止符を感嘆符に変えることができます。「台所にネズミがいる！」

There's a mouse in the kitchen!

命令文
命令文で感嘆符が使われることもあります。丁寧な要望ではなく、直接的な命令・指示の場合に特に使われます。「静かにしろ、急に動くな！」

Be quiet and don't move suddenly!

間投詞
間投詞（不意の叫びや驚きの叫びを表す単語）も、よく使われる感嘆文になります。間投詞はほとんどの場合、文ではなく1つの単語です。「助けて！」

Help!

強調する

カッコやダッシュではさんだ中断部分に感嘆符を使って、その内容を強調することもよくあります。なお、「!?」や「?!」のように疑問符と一緒に使わないのが正式です。

- 感嘆符は、いくつも並べるより、1つだけの方が強い印象を与えます。2つ以上並べるのは避けるようにしましょう。

カッコで中断し、話し手がどれほど感謝しているかを強調。

Our hero (thankfully!) arrived just in time.
（われわれのヒーローが（ありがたいことに！）ちょうど間に合って到着した）

確認コーナー：感嘆符の使い方は？

what や how で始まる文は、疑問文になるときも、ならないときもあります。どの符号を使うかは、その文の意味と形式（語順など）をよく考えて決めます。

What a nightmare this is? ✗	What is a nightmare! ✗
What a nightmare this is! ✓	What is a nightmare? ✓

何かを尋ねているのではないので、感嘆文。「！」を使う。「これはなんという悪夢［夢魔］だ！」

何かを尋ねているので、疑問文。「？」を使う。「悪夢とは何ですか？」

句読法

カッコとダッシュ
Brackets and dashes

カッコとダッシュは、文中での「強い中断」を表すものです。

カッコ（parentheses〈複数形〉ともいう）とダッシュは、文章の流れを中断して追加情報を挿入するときに使います。カッコはいつも対で使い、ダッシュは単独または対で使います。
（訳注：アメリカ英語では、丸カッコは parentheses という。日本語では「パーレン」ともいう）

参照ページ	
‹88–89	直接話法と間接話法
‹96–97	コンマ
‹106–107	ハイフン
数、日付、時	118–119›
略語	172–173›

- 複数を表す s を囲むときにもカッコが使えます。「1つまたは2つ以上」の意味です。例：boy(s)「少年(たち)」

中断のためのカッコ

文に情報を追加するとき、カッコを使います。これを挿入すると、文の自然な流れは妨げられますが、除いても文の意味は変わりません。カッコ内には、ほかの文と同じように、句読点（たとえば終止符）を使った完全な文を入れることもできます。

(which was late)
← 追加情報。除いても文全体の意味には影響しない。「それは遅れていたが」

The driver bought a new watch. (His old one had stopped working.)

単に情報を追加している文。「古い時計は動かなくなっていた」

文の挿入なので、カッコ内に終止符がある。

（訳注：「貨物列車」はアメリカ英語では freight train）

The goods train (which was late [with] lychees (exotic fruit)". Afte

角カッコ (square brackets)

角カッコは、引用符内の語句を言い換えたり、情報を追加したりします。角カッコ内の情報は、元の引用符内にあったものではありません。（＊訳注：アメリカ英語ではこの角カッコを brackets という）

"laden [with] lychees"

引用の一部。

ここでは、laden の代わりに with でもよく、laden with としてもよいことを表す。「ライチを積んだ」

説明のためのカッコ

別の語句を使ってわかりやすく説明したり、定義を示したりするときもカッコを使います。

lychees (exotic fruit)

カッコ内の情報は、ライチとは何かを説明したもの。「外国産の[珍しい]果物」

カッコとダッシュ　115

- 角カッコは、引用文中でイタリック体のラテン語 sic を使って、「原文のまま」の意味を表すのに使われます。たとえば、"... Mr. Cwpat [*sic*] ..."など。（訳注：[*sic*] を付けたのは、この珍しい名前が誤植でないことを示すため）
- ダッシュを入力できないキーボードを使うときは、2 つのハイフンで代用してかまいません。なお、ハイフンの代わりにダッシュを使うのはやめましょう。

ダッシュはハイフンより長い線です。昔のタイプライターでは、ハイフンを 2 つ並べて打って、ダッシュの代わりにしていました。

中断のためのダッシュ

ダッシュは、カッコと同じく、文中で情報を追加するとき、それをはさみ込むのに使います。カッコはいつも対で使いますが、ダッシュが文の前半と後半を区切るときは、1 つだけ使います。（＊訳注：アメリカ英語ではもっと長い全角のダッシュを使い、前後を空けない）

– by all accounts –
（みんなの話では）

→ ダッシュ内の語句がなくても、文全体の意味は通る。除くことが可能。

It was a long wait – the longest I'd ever had.

→ ダッシュの前後を少し空ける。

→ この部分は、待った時間の長さについて、情報を追加している。「長く待った―今まででいちばん長く」

was – by all accounts – "laden 5–6 hours, it finally arrived.

範囲を示すダッシュ

ダッシュは、日付や参照ページなどで、「〜から…まで」と数の幅を表すときに使います。表記するときは、最初と最後の数字だけを書き、ダッシュの前後を空けません。ダッシュはほかに、月や曜日の範囲や、走行［進行、移動］方向を示すのに使います。（＊訳注：アメリカ英語では、m の長さのダッシュ（em dash）ではなく n の長さの短いダッシュ（en dash）を使う）

5–6 hours

「5〜6 時間」の意味。数字の前に from を使うときは、from 5 to 6 hours と表記する。

Monday–Friday

「月曜日から金曜日まで」の意味で、火曜日、水曜日、木曜日を含む。

the Trys–Qysto route

路線の出発地と到着地を表す。

箇条書き Bullet points

箇条書きにすれば、読み手を文章のキーポイントに注目させることができます。

箇条書きはリスト作りに使われます。箇条書きした項目リストは、重要な情報を短い語句や文に要約する方法として、技術文書やウェブサイトやプレゼンテーションで使われます。(*訳注：この項はある作戦遂行グループの事前打合せを想定したもの。全体がユーモア仕立てになっている)

参照ページ	
‹ 98-99	コンマの他の用法
‹ 100-101	セミコロン
‹ 102-103	コロン
レイアウトと表示機能	194-195 ›
情報を伝える書き方	196-197 ›
説明したり助言したりする書き方	204-205 ›
プレゼンテーションの技術	228-229 ›

キーポイント

項目リストは、文書中からキーポイントを取り出し、それをリストにして目立たせるのに役立ちます。こうすれば、読み手は、本質的な情報をすばやくたどれるようになります。箇条書きは、完全な文、語句、単語のどれで書いてもかまいません。

> We'll need to be fully prepared for the <u>mission briefing</u>. We'll have to make sure the <u>jet pack</u> is <u>tuned</u> up. We should also get the sewing kit out to <u>finish off</u> the <u>penguin costumes</u> we started last week. Finally, we'll need to dismantle the <u>kite</u> and <u>pack</u> it <u>up</u> as <u>kit</u>.

この走り書きには細目がいろいろ書かれている。

最重要情報だけを取り出す。

〔右上の文章の訳〕われわれは作戦内容をきちんと打ち合わせておく必要がある。噴射式飛行装置を確実に整備しなければならない。また、裁縫セットを取り出して、先週始めたペンギン衣装を仕上げるべきだ。最後に、凧を分解し、セットにして荷造りする必要がある。

SLIDE 1

Before the mission briefing, we'll need to complete several tasks:
- tune up the jet pack
- finish the penguin costumes
- pack up the kite kit.

箇条書きの書き方

箇条書きにする項目は、同じ書き方で、長さをそろえると効果的です。たとえば、1つ目を動詞で始めたら、残りもそうします。こうすれば、わかりやすく、バランスのよいリストになります。

(the following activities「次の諸活動」、go undercover「秘密捜査を開始する」、impersonate「〜になりすます」、follow「〜を追跡[尾行]する」)

各項目とも、ほぼ同じ長さ。

SLIDE 2

On the mission, we'll have to do the following activities:
- go undercover
- impersonate penguins
- follow people
- jump out of helicopters.

すべて動詞で始まっている。

箇条書き

- 箇条書きは控えめに使うこと。項目を少なくする方が強い印象を与えます。
- 数字を使って並べることもできます。ふつうは、「・」で並べるときと同じように、各行を少し下げます。

REAL WORLD

プレゼンテーション

プレゼンテーションをするとき、話し手はよく、箇条書きにした視覚資料を利用します。短い時間枠で大勢の聴衆に話しかけるときは、メッセージをわかりやすく効果的に伝えなければなりません。箇条書きはこの目的にぴったりです。

最も一般的な箇条書きは「・」を使う形式ですが、ほかに「*」「－」「◇」など、いろいろな句読点も使われます。

箇条書きするときの句読法

箇条書きにした情報は、導入文より下げて並べます。そして、導入文の最後にコロン（：）を付けます。文の形で並べるかどうかによって、句読法が変わります。

箇条書きする情報は字下げして並べる。

導入する文の後にコロンを付ける。

SLIDE 4

Remember to bring these items:
- a water pistol
- a unicycle
- a pogo stick
- roller skates.

語句なので、小文字で書く。

リストの最後に終止符を付ける。（右の訳注を参照）

最後以外は、句読点は不要。

◁ **小文字で始める箇条書き**
完全な文で並べるとき以外は、小文字で書き始めてかまいません。（*訳注：イギリス式では全体の最後に終止符を付けるが、アメリカ式では付けないのが一般的。前ページも同じ。remember to bring〜「〜を忘れずに持って行く」、pogo stick「ホッピング」）

SLIDE 5

The director asked these questions:
- Do I need winter clothes?
- Will there be pirates?
- Can I bring my pig?
- Will we receive any gadgets?

◁ **完全な文の箇条書き**
この場合は、各項目を大文字で書き始め、各文の最後に終止符か疑問符か感嘆符を付けます。
(director「（この作戦の）指揮官・責任者」、pirate「海賊」、pig「ブタ」、gadget「小道具」)

完全な文なので、大文字で始まり、疑問符で終わっている。

数、日付、時
Numbers, dates and time

文書では、数は、数字と単語の両方で表せます。

数は、数学の計算のときだけでなく、文書でも使います。特に、日付や時を書くときや、小数や100以上の数を書くときに役立ちます。

参照ページ	
‹ 94-95	終止符と省略記号
‹ 96-99	コンマ
‹ 102-103	コロン
‹ 106-107	ハイフン
‹ 114-115	カッコとダッシュ
略語	172-173 ›

アラビア数字（1, 2, 3 …）の方がローマ数字（i, ii, iii …）より正確に表せます。ゼロ（0）があるからです。

- 文献のページ表記で、参考ページが何ページにもわたっているときは、最初と最後のページ数を書き、間にダッシュを入れます。例：14-17（15ページと16ページも含む）
- 略式で書くときは、年号は〈アポストロフィ＋最後の2数字〉と簡略化できます。例：the summer of '97（1997年の夏）

数を単語で書く
科学著作物や数学著作物のように、文章中に数字がたくさん出てくる場合を除いて、1けたの数（や2けたの数）は単語で書くべきです。

eight spaceships

↑ 8を表す数は単語で書く。

用語集
アラビア数字：1, 2, 3 のような、ふだん使う数字。
ローマ数字：i, v, x のような、アルファベット文字で表される数字。

（〜に乗って飛行中に）
Flying on-board **eight** spaceships, discovered **325** comets on **10 Apri**l

アラビア数字
ふだん使う数字をアラビア数字といいます。アラブ人がヨーロッパやインドにもたらしたからです。0, 1, 2, 3, 4, 5, 6, 7, 8, 9 の10文字を使って、いろいろな数を表します。

325 comets

↑ 100以上の数にはアラビア数字を使う。

日付
数字は日付の年や日を表すのに使われます。4けたを超える年号の場合は、コンマを入れます（例：in 10,000 BCE「紀元前1万年に」）。また、月を最初に書くときは、日と年の間にコンマを入れます。日付が文中にくるときは、年の後にもコンマを入れます。

日付の形式	例（＊訳注：アメリカ英語では2つ目が一般的）
日ー月ー年	The discovery on 10 April 2099 was exciting.
月ー日ー年	The discovery on April 10, 2099, was exciting.
年ー月ー日	The discovery on 2099 April 10 was exciting.

数、日付、時　119

確認コーナー：単語を使う？数字を使う？

文が数で始まるときは（たとえ大きな数でも）、その数を単語で書くようにします。または、数で始まらないように文を書き換えます。

325 comets were discovered. ✗
← 文が数字で始まらないようにする。

Three hundred and twenty-five comets were discovered. ✓
← 文頭なので単語で書く。けた数がもっと多いときは、この形にしない方がよい。

The aliens discovered 325 comets. ✓
← 書き換えた文。この方がよい形。

ローマ数字

ローマ数字は i (1)、v (5)、x (10)、l (50)、c (100)、d (500)、m (1,000) などのアルファベット文字で数を表すものです。10 を超える数は、これらの文字を組み合わせて作ります。脚本では、幕や場を示すために大文字と小文字が使われます（例：Act IV, scene i「第4幕第1場」）。大文字は King Henry VIII（ヘンリー八世）のように君主の名にも使われ、小文字は文献のページ表記（例：xiv-xvii「p.14-17」）にも使われます。

ローマ数字	数
I, i	1
II, ii	2
III, iii	3
IV, iv	4
V, v	5
VI, vi	6
VII, vii	7
VIII, viii	8
IX, ix	9
X, x	10

ローマ数字	数
XX, xx	20
L, l	50
C, c	100
CD, cd	400
CDX, cdx	410
D, d	500
CM, cm	900
M, m	1,000
MCMXC	1,990
MMXIII	2,013

← 小さい数字が大きい数字の前にあるときは、引き算をする。ix なら x(10) − i(1) = 9

（異星人たち）
the aliens from planet Squark IV
2099, between 1.30 and 11 p.m.

時

数字で時刻も表せます。「時」と「分」の間に終止符を付けますが、終止符の代わりにコロン（：）を使うこともあります。15 分や 30 分を表すときや o'clock を付けるときは単語で書きます。（*訳注：アメリカ英語では、Between 1:30 and 11:00 p.m. と表記する）

Between **1.30** and **11 p.m.**
↑数字で表した時刻　　→ラテン語の post meridiem の略語で、「午後」のこと。

Between **half past one** and **eleven o'clock.**
←単語で表した時刻。「1 時半」

- 1000 以上の数は、3 けたごとにコンマを付けて表します（例：20,000、300,000）。ただし、メールなどのアドレスの場合は別ですが。
- 「〜時」を o'clock を使って表すときは、eleven o'clock のように単語を使うようにします。

その他の句読法
Other punctuation

使用頻度がそれほど多くない句読点として、「/」「@」「&」「*」などもあります。(それぞれの名称は各項目を参照)

「/」はウェブサイトのアドレスで使われるほか、選択肢、測定単位(50km/h「時速50キロ」)を表すときなどに使います。「@」「&」「*」「#」はふつう、at、and などの略語として使います。

参照ページ		
86–87	口語表現と俗語	
118–119	数、日付、時	
略語		172–173
ウェブ用の書き方		214–215

アットマークは元々、arroba(アローバ)と呼ばれるスペインの重量単位でした。

/ インターネットアドレスで使うスラッシュ[斜線] (slash)

スラッシュはネットアドレスに使われます。右上から引く斜線を特に forward slash といい(逆は back slash)、サイト名とその下位区分のページをつなげます。

企業のサイトのアドレス ↘   news というページにリンクする[つながる]。

www.styleskunks.com/news

/ 選択肢を表すスラッシュ

スラッシュは and/or や he/she など、選択肢を表すときにも使われます。書式の決まっている技術文書や、スペースが限られた新聞記事などで見受けます。ふつうの文書では、he or she のように略さないで書くのがよいでしょう。

「靴と帽子」または「その一方」を探したことを表す。

She looked for shoes and/or hats.
(彼女は靴と[靴か]帽子を探した)

@ アットマーク[単価記号] ("at" sign ⟨米⟩at sign)

アットマークはeメールアドレスに使われ、個人ユーザー名とホストドメイン名を区切ります。

ユーザー名 ↘   ホストドメイン名 ↙

questions@styleskunks.com

& アンパサンド (ampersand)

アンパサンドは and を表し、企業名・組織名によく使われます。また、学術論文の文献を記載するときに使われます。

Squirrels and Swirls とも書ける。

She loved the fashion label Squirrels & Swirls.
(彼女は Squirrels & Swirls というファッションブランドが大好きだった)

その他の句読法

アスタリスク[星印] (asterisk)

アスタリスクはページの下に追加情報があることを示します。この追加情報を「脚注」といいます。また、新聞記事で、引用文中に侮辱的すぎてそのまま載せられない単語があるときも使います。つまり、1文字の代用(=伏字(ふせじ))として1つのアスタリスクを使うのです。衝撃度は減りますが、慣れている読者なら何の単語かはわかるはずです。(＊訳注：日本語では×印や○印を使うことがある)

- 単語の省略には、アスタリスクは使えません。代わりに「…」(ellipsis：省略記号)を使います。
- そのページに2つ以上の脚注を載せたいときは、1つ目には「*」を付け、2つ目には「**」を付けます。ただし、4つ以上並べると見づらくなるので、代わりに数字を使うのがよいでしょう。
- 2行にまたがってしまうような長いインターネットアドレスを記載する場合は、スラッシュの後で改行します。例：.com/ の後など

"My Chihuahua looks amazeb***s in these clothes!"

このアスタリスクは all の代用。amazeballs でも汚い言葉だとはみなされないだろうが。
(＊訳注：amazeballs は amazing の若者言葉。それほど一般的ではない)

(私のチワワはこれらの服を着るとすばらしく見えるんだ！)

ナンバー記号 (hash 〈米〉pound sign)

電話機のプッシュボタンにあるナンバー記号は、pound sign、number sign ともいい、くだけた文章で number の代わりに使えます。ふつうは、この記号ではなく number と書く方が好まれます。

It was the #1 fashion website in the world.

「ナンバーワン」の意味。

(それは世界でナンバーワンのファッションサイトだった)

REAL WORLD

ツイッター (Twitter)

ネットワークサービスのツイッターでは、独特の句読法を採用しています。たとえば、「@」をユーザー名の前に付けて、その人に送信・返信ができるようにします。また、単語に「#」を付ければ((ハッシュ)タグ)、ほかのユーザーが、その単語に関わる他のツイート[つぶやき]を検索しやすくなります。

- スラッシュが略語に使われることがあります。たとえば、住所に c/o を使うと「〜気付、〜様方」の意味になります。miles/hour は「時速〜マイル」のことです。
- 正式な文書では、and の代わりに「&」を使ったり、at の代わりに「@」を使ったりすべきではありません。

イタリック体 Italics

イタリック体とは、手書き文字のように、ななめに印刷される字体のことです。

単語や語句を周囲の語句と区別したいとき、文字をイタリック体にします。タイトル[題名]や外国語であることを示したり、強調したりするときに使われます。

参照ページ	
‹ 108–109	引用符
‹ 112–113	感嘆符
‹ 114–115	カッコとダッシュ
‹ 120–121	その他の句読法
大文字	158–159 ›
略語	172–173 ›

外国語

まだ英語とは認められていない外国語は、イタリック体にすべきです。これらの単語や語句の後には、その訳語がカッコや引用符で示されることもあります。生物の属や種の学名はラテン語なので、いつもイタリック体にします。属の名は大文字で始め、種の名は小文字にします。

外国語なのでイタリック体。 / 訳語がカッコに入っている。「おばあちゃん」

oma (grandma)

属の名は大文字で始める。 / 種の名は小文字にする。

Bombus terrestris (bumblebee)

学名なのでイタリック体。 / 一般的な呼び名がカッコに入っている。「マルハナバチ」

My *oma* (grandma) loves her
I think *Big Beach Splash!*, a film

- その外国語をイタリック体にすべきかどうかがわからないときは、辞書を見てください。英語の辞書に載っていなければイタリック体にします。
- 固有名詞は、外国語でもイタリック体にしません。例：Londres (London を表すフランス語)

句読点

タイトルや語句がイタリック体で、句読点がその一部のときは、句読点もイタリック体にします。

映画のタイトルの一部なので、感嘆符もイタリック体にする。(splash「水しぶき」)

Big Beach Splash!,

コンマはタイトルの一部ではないので、イタリック体にしない。

(＊訳注：上の例文(My *oma*...)の her *Surfing is Simple* book は、アメリカ英語では the book *Surfing is Simple* と表すのが一般的)

イタリック体 — 123

タイトル

イタリック体は、書籍、定期刊行物、映画、楽曲など、長い作品のタイトルに使われます。一編の詩や短編小説など、短い作品の場合は、引用符に入れて書きます。船の名もイタリック体にします。

Big Beach Splash! ← 映画のタイトル

Surfing is Simple ← 本のタイトル［書名］

イタリック体にするもの	イタリック体にしないもの
• 書籍、新聞、定期刊行物、雑誌、長編詩、戯曲、詩集、短編集などのタイトル	• Bible や Koran のような聖典の名称 • 本の中の章、新聞や雑誌の記事、作品集の中の一編の作品の名称……引用符ではさむ
• 映画、ラジオ番組、テレビ番組のタイトル	• ラジオ番組やテレビ番組の「一話」……引用符ではさむ
• 特定の船、潜水艦、航空機、宇宙船、人工衛星の名称	• 船名の前に置く略語：RMS *Titanic*（Royal Mail Ship「郵便船」） • 乗り物のブランド名：Rolls-Royce（ロールスロイス）、Boeing 747（ボーイング） • 列車の名称
• 音楽アルバムやオペラなど長編楽曲集の名称	• 歌や短い楽曲の名称……引用符ではさむ
• 絵画や彫刻の作品名	• 建物や記念碑の名称：the Empire State Building（エンパイヤ・ステート・ビル）、the Statue of Liberty（自由の女神）

Surfing is Simple book, but about surfing, is *much* better.

強調

ある単語そのものを強調したいときや、2つのものの対比を強調したいとき、イタリック体が使えます。また、イタリック体になっている単語や語句は、話すとき強く発音します。

The film is *much* better.
（その映画のほうがずっとよい）

この much は、サーフィンの本よりもサーフィンの映画の方が「ずっと」よいと思う、と強調。

イタリック体と呼ばれているのは、1501 年にイタリアで初めて使われたからです。

• 手書きのときや、イタリック体が使えない入力機器の場合は、代わりに下線を引きます。

3

スペリング

なぜつづり方を学ぶの？
Why learn to spell?

スペリング[つづり方]は、読み書きのどちらにも大切です。

規則は文字をつづるのに役立ちますが、例外も多く、つづるのがやっかいなこともあります。しかし、書き手が意味をはっきり伝えるためには、つづり方をきちんと学ぶことは十分努力に値することです。

文字

英語のアルファベットには 26 文字あり、小文字(lower-case (letters))や大文字(capital letters)で書かれます。これらの文字は特定の音で発音されますが、2 通り以上の発音になる文字もあります。c と h のように、2 文字が結びついて個々の文字の音とは違う 1 つの音になることもあります。たとえば、change における ch です。また、小文字と大文字をどんなときに使うかを理解すれば、スペリング力を高めるのに役立ち、書くもの全体の質が高まります。

alphabet という語は、ギリシャ語のアルファベットの最初の 2 文字、*alpha* と *beta* に由来します。

これらの小文字はアルファベット全体を表し、アルファベット順に並んでいる。

キーボードのはじめの 6 文字にちなんで名づけられた「QWERTY キーボード」では、よく使われる文字が接近しないように、この順に大文字が配列された(1882 年)。その結果、昔のタイプライターで文字の打ち損じを避けることができた。

なぜつづり方を学ぶの？

意味

多くの英単語はラテン語やギリシャ語に由来します。これらの語根(root)を知って意味を理解しておけば、文字をつづるのに役立ちます。たとえば、mar は「海」を表すラテン語で、marine や maritime という英単語に使われています。よく目にするギリシャ語の例は「10」を意味する dec で、decade や decathlon (十種競技) という英単語に使われています。古英語の byldan に由来する build のようにすぐにわかる語根もあり、building や builder や rebuild を含む関連語の元になっています。

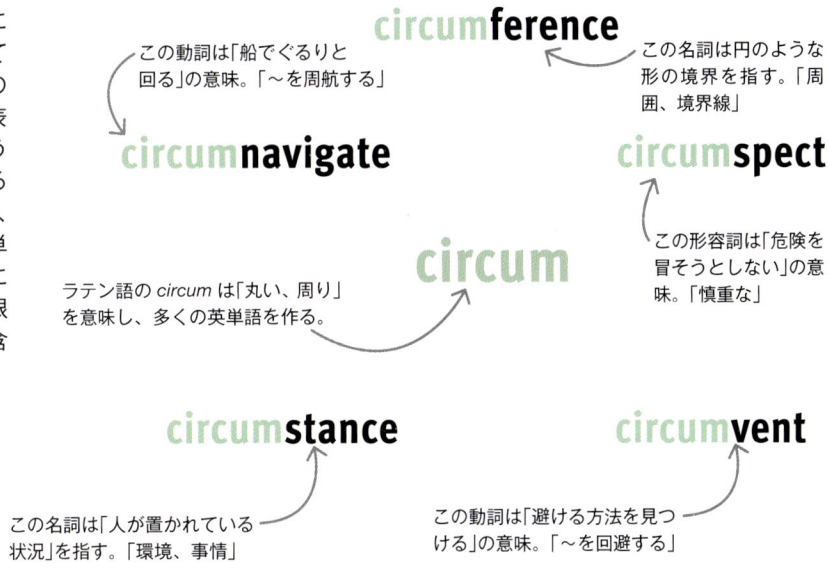

circumference ← この名詞は円のような形の境界を指す。「周囲、境界線」

circumnavigate ← この動詞は「船でぐるりと回る」の意味。「〜を周航する」

circumspect ← この形容詞は「危険を冒そうとしない」の意味。「慎重な」

circum ← ラテン語の circum は「丸い、周り」を意味し、多くの英単語を作る。

circumstance ← この名詞は「人が置かれている状況」を指す。「環境、事情」

circumvent ← この動詞は「避ける方法を見つける」の意味。「〜を回避する」

単語のはじめと終わり

単語に別の要素が加わって、新しい単語になるものもあります。この追加分を接頭辞 (単語のはじめ)、接尾辞 (単語の終わり) と呼び、単語の意味を変化させます。たとえば、social に「反」を表す接頭辞を加えると、antisocial (反社会的な) という反対の意味の単語ができます。ところが、同じ語根に -lit という接尾辞を加えると socialite という単語になり、社交的な活動を楽しむ人 (社交界の名士) を示すようになります。

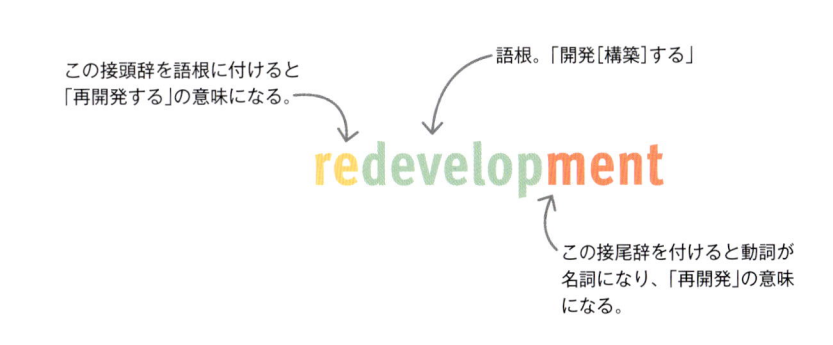

redevelopment

- この接頭辞を語根に付けると「再開発する」の意味になる。
- 語根。「開発[構築]する」
- この接尾辞を付けると動詞が名詞になり、「再開発」の意味になる。

正しい単語を選ぶ

スペリングミスによって、期待しているのと違う意味になってしまう場合があります。これは特に、つづりが違うのに発音が同じ単語 (異形同音語) の場合に当てはまり、思いがけない、時にはとんでもない結果になってしまいます。

〔スペリングを修正した文の訳〕モーさんはイチイ木の下でレモンムースを食べ、それから泳ぎに行った。水の流れが彼を捕らえ、彼は悲鳴を上げた。突如として、そこは恐ろしい場所になった。これでもし死ななければ、彼は壮大な物語[体験談]を手にすることになるのだが。

「ヘラジカ」。デザートの一種を指す mousse (ムース) に。

「雌羊」。樹木の種を指す yew (イチイ) に。

「スグリ」。流れる水の集まりを指す current (流れ) に。

Mo ate a lemon **moose** under the **ewe** tree, then went for a swim. The **currant** caught him, and he let out a **whale**. Suddenly it was a scary **plaice**. If he didn't **dye**, he'd have an epic **tail**.

「クジラ」。甲高い鳴き声を指す wail (泣き叫ぶ声) に。

「アカガレイ」。特定の地点や位置を指す place (場所) に。

「染まる」。生命の終わりを示す die (死ぬ) に。

「尾」。話の一種を指す tale (物語) に。

アルファベット順
Alphabetical order

アルファベット順は、単語をグループ化する簡単な方法です。

クラスの生徒の短い一覧表から本の長い索引まで、アルファベット順にすれば情報が保管しやすくなり、見つけるのも簡単になります。

参照ページ	
‹ 126–127	なぜつづり方を学ぶの？
大文字	158–159 ›
略語	172–173 ›
計画立案と情報収集	186–187 ›

- cave と caveman のように長い単語が短い単語を含んでいる場合、辞書では短い単語(cave)が常に先にきます。
- 列(rows)はふつうアルファベット順で表示するので、アルファベットは劇場の座席や図書館の本の置き場所を示すのに有効です。

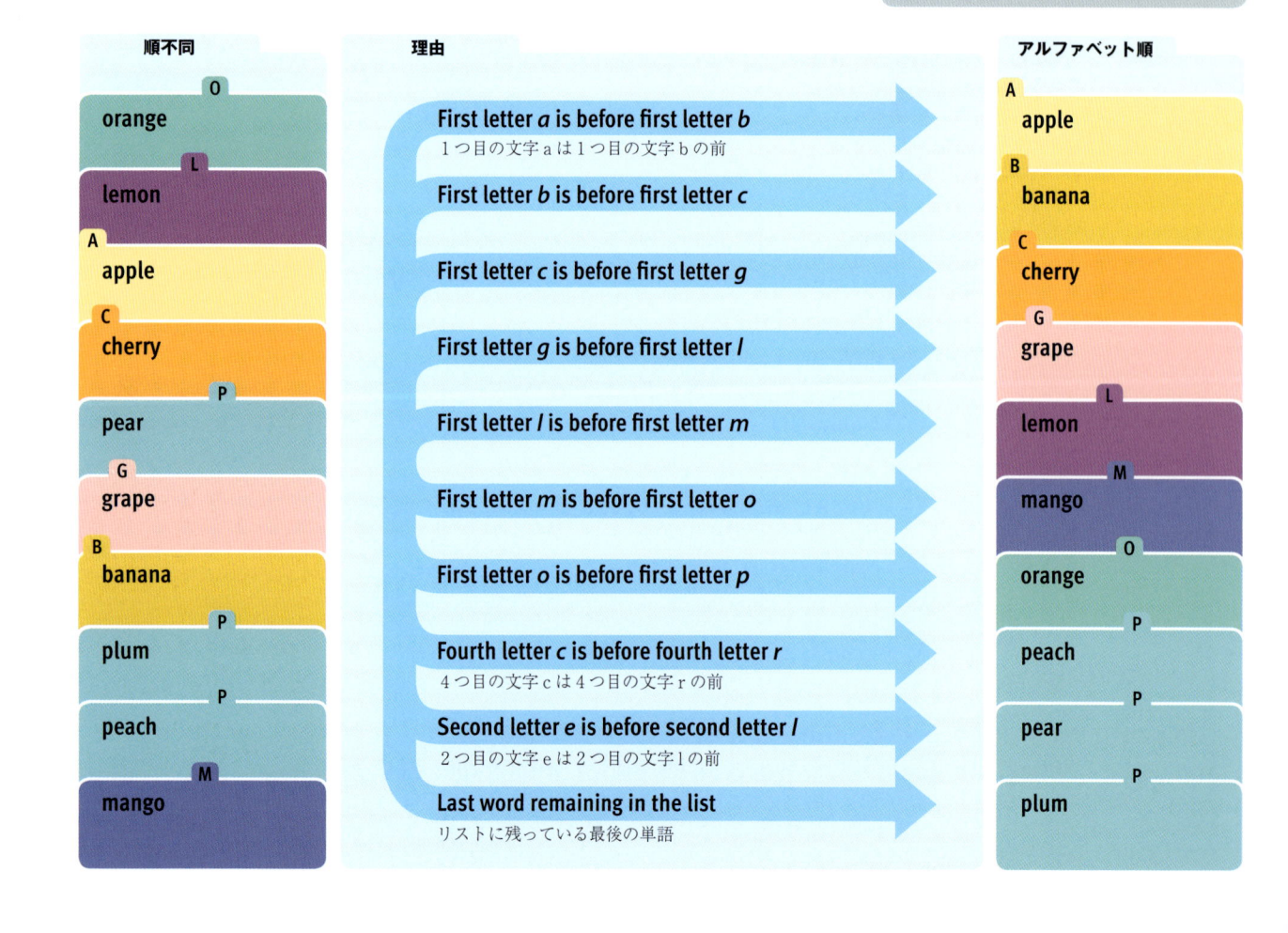

リストを整理する

アルファベット順とは、単語の頭文字(initial letter)がアルファベットのどこにあるかに基づいて単語を並べたものです。この方式を使えば、単語を最初の文字や2つ目の文字などで分類できます。たとえば、buy という単語も biscuit という単語も b で始まっていますが、2つ目の文字は違い、biscuit の i は buy の u より前にあります。そこで、アルファベット順では biscuit は buy の前にきます。

順不同
O orange
L lemon
A apple
C cherry
P pear
G grape
B banana
P plum
P peach
M mango

理由
- First letter *a* is before first letter *b*
  1つ目の文字 a は 1つ目の文字 b の前
- First letter *b* is before first letter *c*
- First letter *c* is before first letter *g*
- First letter *g* is before first letter *l*
- First letter *l* is before first letter *m*
- First letter *m* is before first letter *o*
- First letter *o* is before first letter *p*
- Fourth letter *c* is before fourth letter *r*
  4つ目の文字 c は 4つ目の文字 r の前
- Second letter *e* is before second letter *l*
  2つ目の文字 e は 2つ目の文字 l の前
- Last word remaining in the list
  リストに残っている最後の単語

アルファベット順
A apple
B banana
C cherry
G grape
L lemon
M mango
O orange
P peach
P pear
P plum

アルファベット順

129

特殊な場合

頭文字によって単語を並べても、うまくいかない場合があります。たとえば、略語や大文字や数詞は特別な方法で扱わなければなりません。ただし、どんな場合でも、一貫していることが大切です。

英語のアルファベットは、ローマ人が使ったラテン語のアルファベットに基づいています。

king cobra
kingfisher
king penguin

大文字で始まる単語は、小文字の単語とまったく同様に扱う。

Hague, The
Hamburg
High Wycombe

Sacramento
St. (Saint) Helier
Salzburg

略語は、省略しないつづりに従って並べる。

2語以上でできている言葉は、スペースなしで書かれたものとして扱う。上の例では、5つ目の文字を見て並べている。

blueberry
Coconut Island
date

the のような冠詞を含む語句は、the を無視して分類する。（The Hague：〔地名〕ハーグ）

人名は姓で並べ、名はコンマの後に置く。

Dahl, Roald
Meyer, Stephenie
Twain, Mark

Π (Pi)
101 Dalmations
Toy Story

記号や数字はリストの最初にまとめる。〔Π：（ギリシャ文字の）パイ、円周率〕

辞書

辞書は、単語をアルファベット順に並べてそれぞれの定義をまとめたものです。単語をこの方法で並べているのは、単語を探したり、つづりや定義を調べたりするのを容易にするためです。

hand**writing**
writing done by hand, not typed or printed

hang
to support something from above

handwriting のはじめの3文字は han だが、4つ目の d は hang の g の文字より前。

5つ目に a があるので、hang という4文字の単語の後。

hang**ar**
a very large building where aircraft are stored

ハイフンを無視し、5つ目の文字 g を見て並べる。

hang**-g**lider
a huge kite that a person can hang from

3つ目の文字 p は hang-glider の3つ目の文字 n より後。

happ**en**
to take place

happ**y**
pleased and content

5つ目の文字 y は happen の5つ目の文字 e の後。

REAL WORLD
索引 (index)

索引は書籍や百科事典などに出てくる重要事項のリストのことで、アルファベット順に並んでいます。各キーワードのうしろのページ番号（1ページまたは数ページ）は、そのキーワードが本のどこに出ているかを示しています。索引を使えば、具体的な情報を短時間で簡単に見つけることができます。

母音 Vowel sounds

英語のアルファベットには5つの母音字 A、E、I、O、U が含まれています。

それぞれの母音字は短音または長音で発音されます。それぞれの母音字が出す音は、1つまたは2つ以上の文字で表記されます。

参照ページ		
‹ 120–121	その他の句読法	
‹ 126–127	なぜつづり方を学ぶの？	
‹ 128–129	アルファベット順	
子音		132–133 ›
音節		134–135 ›
黙字		160–161 ›
不規則な単語つづり		164–165 ›

A、E、I、O、U の発音：短母音

母音字が、短く瞬間的に発音される場合です。たとえば、rat という単語には短母音の"a"が含まれ、この音を表す文字は a です。tread には短母音の"e"が含まれ、この音を表す文字は ea です。y の文字が母音字の代用になることもあります。たとえば、gym という単語は短母音の"i"を含み、それを表す文字は y です。

主にボツワナ共和国で話されるター語(the Taa language)には、なんと112種類の音があります。

a ▷ 短音の "a" [ア]
(＊訳注：カタカナ表記は参考。発音記号では [æ])
この音を表す文字は a だけ。

cat

e ▷ 短音の "e" [エ]
(発音記号では [e])
この音は a、ai、e、ea、eo、ie の文字で表される。

many　said　reptile
head　leopard　friend

i ▷ 短音の "i" [イ]
(発音記号では [i])
この音は e、i、o、u、y の文字で表される。

pretty　insect　women
busy　rhythm

o ▷ 短音の "o" [オ]
(発音記号では [ɔ]、米音では [ɑː])
この音は a、o の文字で表される。

salt　octopus

u ▷ 短音の "u" [ア]
(発音記号では [ʌ])
この音は o、ou、u の文字で表される。

dove　young　buffalo

母音　131

A、E、I、O、U の発音：長母音

母音字が、アルファベット読みで長く発音される場合です。たとえば、alien という単語のはじめは長母音の "a"（エィ）で、この音を表す文字は a です。monkey には第 2 音節に長母音の "e"（イー）が含まれ、この音を ey という文字が表しています。（*訳注：長母音はいわゆる二重母音も含む）

> • y の文字は、yellow のように 2 文字以上から成る音節（yel）の最初の文字のときは子音です。それ以外は母音になります。trendy という単語では、y は長母音の "e" のように響きます。

a
▷長音の "a" [エィ]
この音は a、ai、aigh、ay、a-e、ei、eigh、ey の文字で表される。

apron　snail　straight　ray
snake　reindeer　sleigh　they

e
▷長音の "e" [イー]
この音は e、ea、ee、ei、ey、e-e、ie、y の文字で表される。

he　beaver　cheetah　ceiling
donkey　these　thief　smelly

i
▷長音の "i" [アィ]
この音は i、eigh、I、ie、igh、i-e、y、ye、y-e の文字で表される。

bison　height　I　pie　night
pike　fly　eye　type

o
▷長音の "o" [オゥ]
この音は o、oa、oe、ol、ou、ough、ow、o-e の文字で表される。

cobra　goat　toe　folk
soul　dough　crow　antelope

u
▷長音の "u" [ウー、ユー]
この音は u、ew、ue、u-e の文字で表される。

unicorn　chew
barbecue　use

2 文字の母音

英語には、上に述べた母音字の 10 通りの発音のほかにも、2 文字で 1 つの母音の発音をするものがあります。たとえば、oo は単語によって 2 種類の発音になります。hook では短母音 [ウ] になり、loot では長母音 [ウー] になります。

2 文字の母音	例
aw [オー]	awful, author
oi [オィ]	toil, annoy
ow [アゥ]	house, cow
oo（短音）[ウ]	look, put
oo（長音）[ウー]	moot, suit

子音 Consonant sounds

英語には、アルファベット全体から 5 つの母音字を除いた 21 個の子音字があります。

ほとんどの子音字は 1 通りの発音ですが、複数の発音をするものもあります。母音と同じく、子音も数通りの文字で表記されます。

参照ページ	
‹ 120-121	その他の句読法
‹ 126-127	なぜつづり方を学ぶの？
‹ 128-129	アフファベット順
‹ 130-131	母音
音節	134-135 ›
黙字	160-161 ›

単音の子音

単音の子音は、その子音字で表されます。たとえば、"f" という子音は fan という単語の発音に含まれ、f という文字で表します。ただし、"f" という子音は、phase という単語の発音にも含まれ、ph という文字で表します。c や q や x という子音字は、それでしか表せない発音は持っていませんが、ほかの子音字と組み合わさって 2 字で 1 音を表したり、2 つ以上の子音をつなげて発音したりするときによく使われます。

b ▽ "b" の音
この子音は b、bb の文字で表される。

bat　　rabbit

d ▽ "d" の音
この子音は d、dd、ed の文字で表される。

dog　puddle　rained

f ▽ "f" の音
この子音は f、ff、gh、ph の文字で表される。

flamingo　　puff
laugh　　　dolphin

g ▽ "g" の音
この子音は g、gh、gg、gu の文字で表される。

girl　　　ghost
haggle　　guinea

h ▽ "h" の音
この子音は h、wh の文字で表される。

hen　　　who

j ▽ "j" の音
この子音は ge、gg、gi、gy、j、dge の文字で表される。

gerbil　suggest　giraffe
gymnast　jaguar　badger

k ▽ "k" の音
この子音は c、cc、ch、ck、k、que の文字で表される。

cat　raccoon　chameleon
duck　kitten　mosque

l ▽ "l" の音
この子音は l、ll の文字で表される。

lion　　　bull

m ▽ "m" の音
この子音は m、mb、mm、mn の文字で表される。

mouse　　　lamb
hummingbird　column

n ▽ "n" の音
この子音は gn、kn、n、nn の文字で表される。

gnome　knot　newt　sunny

p ▽ "p" の音
この子音は p、pp の文字で表される。

pig　　　puppy

r ▽ "r" の音
この子音は r、rh、rr、wr の文字で表される。

rat　　rhinoceros
parrot　　　wren

s ▽ "s" の音
この子音は c、s、sc、ss、st の文字で表される。

cell　　salamander
science　hiss　whistle

子音　**133**

t ▽ "t" の音
この子音は bt、t、th、tt、ed の文字で表される。

doubt　tiger　thyme　cattle　jumped

v ▷ "v" の音
この子音は f、v の文字で表される。

of　dove

w ▷ "w" の音
この子音は w、wh、u の文字で表される。

walrus　whale　penguin

y ▷ "y" の音
この子音は i、y の文字で表される。

onion　yak

z ▽ "z" の音
この子音は s、ss、x、z、zz の文字で表される。

please　scissors　xylophone　zebra　buzz

2文字で1子音

2文字で1つの子音になることがあります。たとえば、shining という単語は "sh" という単音の子音で始まり、sh という2文字で表します。この子音は action のようなほかの単語にも現れ、この場合は ti という文字で表します。

単音子音	表記文字	例
ch	ch, t, tch	chicken, nature, hatch
ng	n（kの前）, ng	monkey, hatchling
sh	ce, ch, ci, sh, ss, ti	ocean, chef, special, sheep, mission, motion
th（無声音）	th	sloth
th（有声音）	th	feather
zh	ge, s	beige, vision

REAL WORLD
NATO フォネティックコード

これは、単語を文字でつづるときの聞き間違いを避けるために使われます。Aと言う代わりに Alpha と言うなど、単語をアルファベットの代わりにするのです。この通話表は、軍隊の無線放送局や航空業界で使われています。（＊訳注：英語では NATO phonetic alphabet という）

A	Alpha	N	November
B	Bravo	O	Oscar
C	Charlie	P	Papa
D	Delta	Q	Quebec
E	Echo	R	Romeo
F	Foxtrot	S	Sierra
G	Golf	T	Tango
H	Hotel	U	Uniform
I	India	V	Victor
J	Juliet	W	Whiskey
K	Kilo	X	X-ray
L	Lima	Y	Yankee
M	Mike	Z	Zulu

子音の連続

2つ以上の子音がつながる場合もあり、単語の最初か最後によく現れます。2文字で1子音を表す場合と違って、各文字が表す音を別々に、ただし決して切り離さずに発音します。たとえば、bright は br という2つの子音字で始まっていますが、個々の子音字(b と r)の音がはっきり聞き取れます。

子音連続	例	子音連続	例
bl	block	pl	plum
br	bread	pr	pretzel
cl	clam	pt	adapt
cr	cracker	sc	scallop
ct	perfect	sch	school
dr	drink	scr	scrape
fl	floor	sk	skeleton
fr	fruit	sk	whisk
ft	sift	sl	slither
gl	glaze	sm	smoke
gr	grapefruit	sn	snack
lb	bulb	sp	spaghetti
ld	mild	sp	crisp
lf	self	sph	sphere
lk	milk	spl	splatter
lm	elm	spr	sprinkle
ln	kiln	squ	squid
lp	pulp	st	steak
lt	malt	st	toast
mp	chomp	str	strawberry
nd	grind	sw	sweet
nk	drink	tr	trout
nt	mint	tw	twin

音節 Syllables

単語を音節ごとに分割すれば、発音したり正しくつづったりするときに役立ちます。

どんな英単語も 1 つ以上の音節でできています。単語を音節ごとに理解すれば、複雑な単語も単純化され、記憶しやすくなります。

参照ページ	
‹ 120–121	その他の句読法
‹ 130–131	母音
‹ 132–133	子音
語根	140–141 ›
接頭辞と接尾辞	142–143 ›

音節ごとに発音する

単語の発音を正確につかむ 1 つの方法は、音節に分けて、それぞれの部分を声に出して言ってみることです。たとえば、melody という単語は me、lo、dy という 3 つの音節に分けることができます。cook や shop のような 1 音節語は、分けて発音してはいけません。単語の分割方法には、はっきりした決まりがあります。

▷ **長母音＋子音字**
第 1 音節の母音が長母音（二重母音を含む）で、子音字が 2 つの母音字の間にあるとき、その単語はふつう子音字の前で区切ります。

sa の部分は長母音 [エィ]。

sa-ving

子音字 v が 2 つの母音字 a と i の間にある。

▷ **2 文字以上で 1 音、1 文字だけの音節**
2 つ以上の文字で 1 音になるときは、分けることはできません。単独の長母音はそれだけで 1 音節になれます。

ph は 1 音で "f"。　o は長母音 [オゥ]。

phys-i-o-ther-a-py

th も 2 文字で 1 音。

▷ **短母音＋子音字**
第 1 音節の母音が短母音で、子音字が 2 つの母音の間にあるとき、その単語はふつう子音字の後で区切ります。

mod の部分は短母音。

mod-est

子音字 d が 2 つの母音字 o と e の間にある。

▷ **接頭辞と接尾辞**
接頭辞は語根から分離されます。また、単語が -le という接尾辞で終わり、その前に子音字があるときは、その子音字の前で区切ります。

接頭辞 re は語根 handle から分離。

re-han-dle

接尾辞 -le の前に子音字 d がある。

▷ **同じ子音字、異なる母音**
同じ子音字が 2 つ並んでいるときや、2 つの異なる母音が並んでいるときは、その間で区切ります。また、ほとんどの接尾辞は語根から分離されます。

同じ子音字の間で区切る。　di の i と ate の a は異なる母音。

im-me-di-ate-ly

接尾辞 -ly は語根 immediate から分離。

REAL WORLD

俳句

俳句は伝統的な日本の詩形式で、ふつう 17 音から成ります。俳句は縦に書かれますが（写真参照、「あかあかと日は難面（つれなく）も秋の風」）、英語ではよく、1 行目と 3 行目が 5 音節、2 行目が 7 音節というように、3 行で横書きします。

A Haiku by Basho
Written in Kanazawa in 1689

用語集

子音字：アルファベットのうち母音字以外の文字。

接頭辞：単語の最初に付いて、元の単語の意味を変える文字群。

接尾辞：単語の最後に付いて、元の単語の意味を変える文字群。

母音字：a、e、i、o、u の 5 文字。

単語の強勢（アクセント）

2音節以上から成る単語を発音するときは、必ず1つの音節を他の音節より強く発音します。強勢を置く音節は、一般に次の通りです。

規則 1
多くの英単語では、最初の音節に強勢がある。

→ **dam**-age

規則 2
接頭辞や接尾辞を含む単語はふつう、語根に強勢がある。

→ in-ter-**rup**-tion

規則 3
de-、re-、in-、po-、pro-、a- で始まる単語はふつう、その部分に強勢はない。

→ pro-**gres**-sive

規則 4
最後の音節に長母音があるときは、その音節に強勢があることが多い。

→ sus-**tain**

規則 5
途中に同じ子音字が並んでいるときは、その直前に強勢がある。

→ **mid**-dle

規則 6
接尾辞が -tion、-ity、-ic、ical、-ian、-ial、-ious のときは、ふつう直前の音節に強勢がある。

→ im-i-**ta**-tion

規則 7
接尾辞が -ate のときは、ふつうその2つ前の音節に強勢がある。

→ o-**rig**-i-nate

規則 8
1〜7の規則にあてはまらない3音節以上の単語は、ふつう最初の2音節のどちらかに強勢がある。

→ **sym**-pho-ny

弱強五歩格 (Iambic pentameter)

文学作品の中で、音節は文に軽快なリズムを与えたり、1つの単語の特定の部分を強調したりするためによく利用されます。「弱強五歩格」と呼ばれる詩形式では、各行が10音節から成り、弱音節と強音節が交互に5回現れます。各行のリズムは、「ドッ**クン**・ドッ**クン**」という心臓の鼓動に似ています。

英語の文字のうち1音節を超えるのは w だけです。"duh-bull-you" と3音節で発音します。

▶ シェークスピア調の音節
英国の劇作家シェークスピア(1564-1616)はじめ多くの人々が、上で述べた技法を使ってきました。右の有名な1行は、彼の悲劇『マクベス』からの引用です。

（おれの目の前に見えているこれは短剣か）

Is **this** - a **dag** - ger **I** - see **be** - fore **me**

対の1つ目の音節には強勢がなく、鼓動リズムの弱い方の「**ドッ**」にあたる。

対の2つ目の音節には強勢があり、鼓動リズムの強い方の「**クン**」にあたる。

形態素 Morphemes

形態素とは、単語の「意味を持つ最小単位」のことです。

すべての単語は少なくとも1つの形態素からできています。形態素を理解すれば、正しいつづりを書くのに役立ちます。ある単語に含まれる形態素が、ほかの似た単語にも適用できるからです。

参照ページ	
‹20–21	品詞
‹22–23	名詞
‹24–25	複数形
‹26–27	形容詞
‹38–39	動詞
‹40–41	副詞
‹104–105	アポストロフィ
語根	140–141›
接頭辞と接尾辞	142–143›

自由形態素 (free morphemes)、拘束形態素 (bound morphemes)

形態素には、自由形態素と拘束形態素の2種類があります。自由形態素は単独で単語になり、より長い単語の語根にもなれます。拘束形態素は、単語の一部（ふつうは接頭辞や接尾辞）として、自由形態素と結びついて使われます。たとえば、cats という単語では、cat という名詞が自由形態素で、-s という接尾辞が拘束形態素です。

fortunate
この自由形態素は幸運や成功を指す形容詞。

fortunately
この接尾辞は拘束形態素で、自由形態素 fortunate を副詞に変える。

unfortunately
この接頭辞は拘束形態素で、副詞 fortunately を反対の意味に変える。

情報を追加する

拘束形態素は、単語の本来の意味を変えることなく、自由形態素に新情報を加えることができます。たとえば、自由形態素の fast に拘束形態素の -est を加えると fastest になり、「最も速い」という、より限定された意味になります。

規則1
自由形態素に -s を加えると、複数形になる。

cup / cup**s**

The cup**s** are very large.

規則2
所有を示すときは、自由形態素に〈アポストロフィ＋s〉を加える。「泳ぎ手の」

swimmer / swimmer**'s**

The swimmer**'s** goggles were too small.

規則3
自由形態素に -ier を加えると、比較級になる。「より空腹な」（y は i に変わる）

hungry / hung**rier**

He was hung**rier** than his friends.

規則4
自由形態素に -est を加えると、最上級になる。「最も長い」

long / long**est**

It was the long**est** day ever.

用語集

形容詞：名詞を説明する単語。
副詞：形容詞や動詞や他の副詞を修飾する単語。
名詞：人や場所やものを指し示す単語。
接頭辞：単語の最初に付いて、元の単語の意味を変える文字群。
接尾辞：単語の最後に付いて、元の単語の意味を変える文字群。
動詞：動作を表す単語。

形態素

別の働き

品詞や意味を変える拘束形態素もあります。たとえば、自由形態素で形容詞の kind に拘束形態素の -ness を付けると、kindness という名詞になります。また、単語の意味も変わります。たとえば、helpful に un- を付けると、unhelpful という反対の意味を表す単語になります。

> 👍 形態素を理解すれば、知らない単語の意味がわかるようになります。demagnetise という単語で考えてみましょう。自由形態素は名詞の magnet（磁石）ですが、接尾辞 -ise が付くと動詞「磁気を帯びる」に変わります。これにさらに接頭辞 de- を加えると、「磁気を除く」という反対の意味になります。（＊訳注：アメリカ英語では -ze とつづる）

規則1
接尾辞 -ness は、形容詞を名詞に変える。「輝いている」→「輝き」

bright / bright**ness**

↓

It is very bright in this room.

↓

This room's bright**ness** is overwhelming.

規則2
接尾辞 -ion は、動詞を名詞に変える。「活動[演技]する」→「活動、演技、戦闘」

act / act**ion**

↓

She wanted to act in the play.

↓

The play contained many act**ion** scenes.

規則3
接尾辞 -ful は、名詞を形容詞に変える。「悪意」→「悪意のある」

spite / spite**ful**

↓

The annoyed boy ignored his sister out of spite.

↓

The spite**ful** boy became very annoyed.

〔上の2文の訳〕その苛立った少年は、腹いせに姉[妹]を無視した。／その悪意のある少年は非常に苛立った。

（＊訳注：言語学では、形態素に関する論がいくつかあり、それぞれに長所と短所がある。たとえば、規則動詞 walk の過去形は語尾に -ed を付けて作り、この -ed は拘束形態素だが、不規則動詞 come の過去形 came や go の過去形 went をどう説明するかは一定していない）

規則4
接頭辞 un- は、意味を反対にする。「役立つ」→「役立たない」

helpful / **un**helpful

↓

The helpful boy carried the bags.

↓

The **un**helpful boy did not carry the bags.

〔上の2文の訳〕その役に立つ少年は、それらのバッグを運んだ。／その役に立たない少年はそれらのバッグを運ばなかった。

変則的な英語を理解する
Understanding English irregularities

英語という言語は、多くの言語によって形成されてきました。

英語の土台はラテン語とギリシャ語ですが、他の外国語も取り込みながら発展し続けています。英語に変則的なつづりがいろいろあることは、多くの影響を受けたことからも納得できるでしょう。

参照ページ	
‹ 86–87	口語表現と俗語
語根	140–141 ›
文字の硬い音と軟らかい音	144–145 ›
不規則な単語つづり	164–165 ›

ラテン語の影響

ラテン語には2000年を超える歴史があり、起源はローマ帝国です。英語は歴史上のさまざまな時代にラテン語を借用してきました。ローマ帝国(紀元前27年～紀元476年)の時代に、ローマとの接触によって新しい語彙が導入されました。中世(5世紀～15世紀)には、ラテン語は教会の言語であり、英語に多大な影響を与えました。事実、初めて印刷された書物は経典でした。それ以後の数世紀間には、すでにあるラテン語を組み合わせて新しい事物を表す単語が作られました。

cominitiāre ← このラテン語は「始まる、始める」を意味し、英単語 commence の起源。

superbus ← このラテン語は「優れた」を意味し、英単語 superb の起源。

verbatim ← このラテン語は「逐語的な[に]」を意味し、今も使われている。

ギリシャ語の影響

古代ギリシャの文学作品や神話は、英語に多大な影響を与えてきました。英語の中のほとんどのギリシャ語風の言葉は、近現代の事物を命名するために、ギリシャ語の語根を組み合わせて作られたものです(たとえば、dinosaur)。したがって、ギリシャ語が起源の単語はふつう、医学や科学における専門用語です。

skeleton ← このギリシャ語は「干上がった」を意味し、英単語 skeleton(骨格、骸骨)と同じ。

pharmakon ← このギリシャ語は、投薬することを指し、英単語 pharmacy(薬学、薬局)の起源。

deinos and saurus ← ギリシャ語では、deinos は「恐ろしい」、saurus は「トカゲ」。これが結びついて英単語 dinosaur(恐竜)の起源となった。

REAL WORLD
中世英国の土地台帳

この書物(the Domesday Book)はラテン語で書かれ、紀元1085年から1086年にかけてまとめられました。英国の最も初期の公的記録で、ウィリアム1世の命により、11世紀後期のイングランドの土地や財産を記録するために作成されたものです。ラテン語は、政府の文書として、またキリスト教会によって使われ、ビクトリア朝時代(1837-1901)まで重要文書用に使われました。

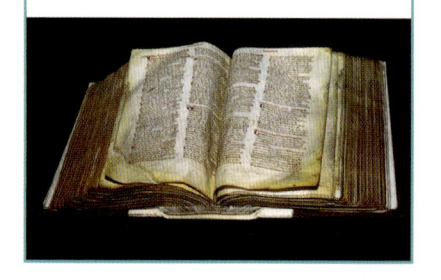

変則的な英語を理解する

古英語の影響

私たちとってなじみ深く感じられる英語は、アングロサクソン人が紀元15世紀頃にヨーロッパ大陸からイングランドにやってきたときに使われ始めたものです。この時期に入った英語は、今は古英語といい、ドイツ語と血縁関係にあります。古英語に由来する現代の英単語は、ふつう1音節か2音節で、食べ物・動物・体の部分・家族関係のような日常的な事物を表します。古英語の単語はふつう、同じものを指す現代英語とつづりが違っていますが、発音はたいてい同じです。

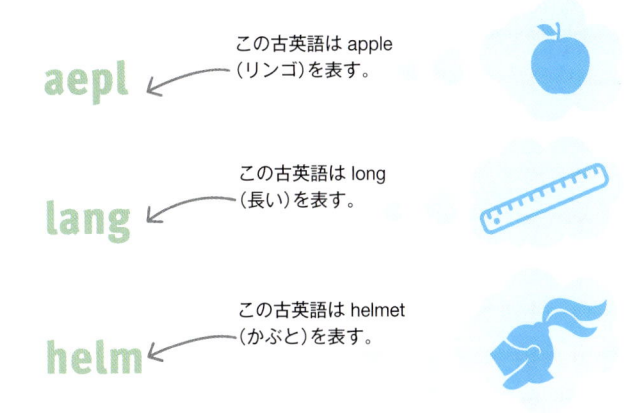

aepl ← この古英語は apple（リンゴ）を表す。

lang ← この古英語は long（長い）を表す。

helm ← この古英語は helmet（かぶと）を表す。

フランス語の影響

ラテン語を土台としたフランス語も、英語に多大な影響を与えてきました。というのも、1066年のノルマン征服（the Norman Conquest）後の約300年間、イングランドの最高権力者たちはノルマン語と呼ばれるフランス語の一形態を話したからです。このため、行政、法律、財産、戦争行為に関する多くの英単語はフランス語起源です。（＊訳注：ノルマン征服とは、フランス北西部ノルマンディーの王がイングランドを征服し、ウィリアム1世（征服王と呼ばれ、現在のイギリス王室の開祖）になった史実を指す）

parler ← このフランス語は「話す」を意味し、英単語 parliament（国会、議会）の起源。

recrue ← このフランス語は未熟な兵士を指し、英単語 recruit（新兵）の起源。

saudier ← この古フランス語は兵役に対して代価を受け取る人を指し、英単語 soldier（兵士）の起源。

その他の影響

英語の歴史に影響を与えてきた言語は、ほかにもいろいろあります。たとえば、bangle（腕輪）や shampoo（シャンプー）という英単語はヒンドゥー語に由来し、alligator（アリゲータ、アメリカワニ）や canoe（カヌー）という英単語はスペイン語に由来します。

起源となる言語	例
フランス語	ballet, cuisine
ドイツ語	hamburger, kindergarten
イタリア語	fresco, graffiti
スペイン語	anchovy, bonanza
オランダ語	cookie, tulip
アラビア語	algebra, giraffe
サンスクリット語	guru, karma
ヒンドゥー語	bandanna, cheetah
ペルシャ語	balcony, lilac
ロシア語	gulag, mammoth
チェコ語	pistol, robot
ノルウェー語	fjord, ski
ドラビダ語（インド半島）	mango, peacock
アフリカの諸言語	jumbo, zombie
ネイティブアメリカン語	chocolate, igloo
中国語	ketchup, tea
日本語	origami, tsunami

古英語の面影を今に伝えるものとして最も有名なのは『ベオウルフ』（*Beowulf*）です。この英雄叙事詩は、紀元8世紀から11世紀にかけてのある時期に書かれたもので、写本が1冊だけ残されています。作者が誰であるかは、現在もわかっていません。

語根 Roots

語根は単語の一部で、接頭辞や接尾辞がなくても意味を持つものです。

参照ページ	
‹ 136–137	形態素
‹ 138–139	変則的な英語を理解する
接頭辞と接尾辞	142–143 ›

語根は現在使われている英単語そのものや英単語の一部で、たいていはラテン語やギリシャ語に由来します。語根がうまく見極められるようになれば、語彙をつづったり増やしたりするのに役立ちます。

それだけで単語になれる語根

英語には、それだけで単語になれる語根がいろいろあり、多くはギリシャ語やラテン語に由来します。これらの単語はすでに最小形なので、細分化することはできません。しかし、接頭辞や接尾辞を加えれば長い単語になります。たとえば、build という単語は、building、builder、rebuild という単語になります。新しくできた単語はそれぞれ意味が異なりますが、どれも元の語根 build の関連語です。

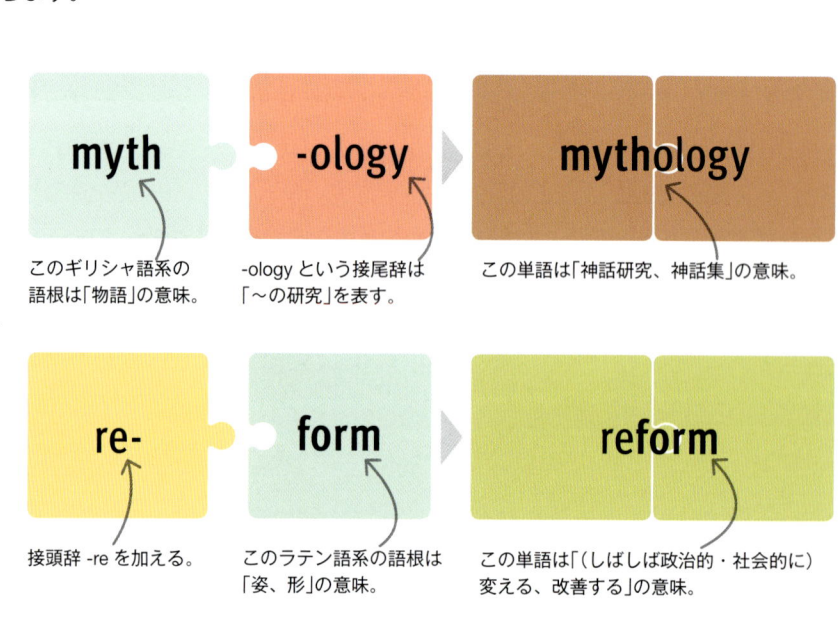

myth + **-ology** ▶ **mythology**

このギリシャ語系の語根は「物語」の意味。
-ology という接尾辞は「～の研究」を表す。
この単語は「神話研究、神話集」の意味。

re- + **form** ▶ **reform**

接頭辞 -re を加える。
このラテン語系の語根は「姿、形」の意味。
この単語は「(しばしば政治的・社会的に)変える、改善する」の意味。

単語の一部として使われる語根

語根には、それだけでは単語にならないものもあります。しかし、接尾辞を加えたり、接頭辞と接尾辞を加えたりすれば、ラテン語系・ギリシャ語系の語根から見覚えのある英単語が作れます。たとえば、ラテン語の aud は「聞こえる」の意味ですが、audio、audience、audition、auditorium といった、誰でも知っている英単語の語根になっています。これらの単語は意味が異なりますが、どれも元の語根 aud の関連語です。

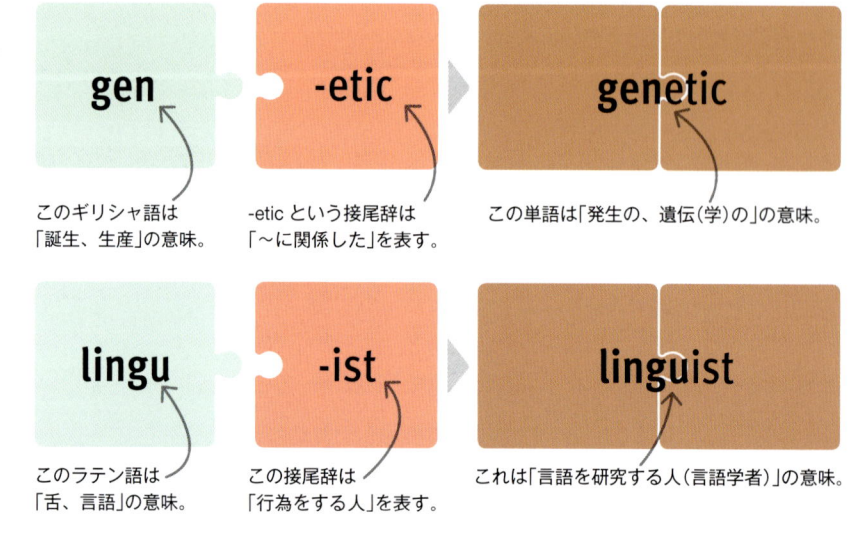

gen + **-etic** ▶ **genetic**

このギリシャ語は「誕生、生産」の意味。
-etic という接尾辞は「～に関係した」を表す。
この単語は「発生の、遺伝(学)の」の意味。

lingu + **-ist** ▶ **linguist**

このラテン語は「舌、言語」の意味。
この接尾辞は「行為をする人」を表す。
これは「言語を研究する人(言語学者)」の意味。

語根

ラテン語系の語根

英語で使われているラテン語系の語根は約 1000 あります。その単語の多くは、1066 年のノルマン征服後に、ラテン語を起源とするフランス語を通じて入ってきました。

語根	主な意味	例
aqua, aque	水	**aqua**rium, **aqua**tic, **aque**duct
bi	2	**bi**annual, **bi**cycle, **bi**nary
cent	100	**cent**ipede, **cent**ury, per **cent**
circum	丸い、周り	**circum**ference, **circum**navigate, **circum**stance
form	姿、形	con**form**, **form**ation, trans**form**
jud	（法的）判断	ad**jud**icate, **jud**ge, **jud**icial
liber, liver	自由な	**liber**ation, **liber**ty, de**liver**
liter	文字	**liter**al, **liter**ate, **liter**ature
mater, matr	母	**mater**nity, **matr**iarch, **matr**only
min	小さい	**min**iature, **min**imum, **min**ority
pater, patr	父	**pater**nal, **patr**iotic, **patr**on
quad	4	**quad**rant, **quad**ratic, **quad**rilateral
terr	土地、大地	extra**terr**estrial, **terr**ain, **terr**itorial
tri	3	**tri**angle, **tri**cycle, **tri**nity
uni	1	**uni**corn, **uni**form, **uni**versal

たとえば employee（非雇用者）、employer（雇用者）、employment（雇用）は、同じ語根 employ（雇用する）を共有しています。このような単語のグループを「ワードファミリー」と呼んでいます。

＊例の単語の意味を辞書で確かめましょう。

ギリシャ語系の語根

ギリシャ語系の語根は数百あり、特に科学に関連しています。たとえば、ギリシャ語の scope は「観察する」の意味で、microscope（顕微鏡）や telescope（望遠鏡）のような多くの英単語を作ります。

語根	主な意味	例
aero	空気	**aero**bics, **aero**sol, **aero**space
bibl, biblio	本	**Bibl**e, **biblio**graphy, **biblio**phile
bio	生命	anti**bio**tic, **bio**graphy, **bio**logy
cycl, cyclo	円	bi**cycl**e, **cycl**ical, **cyclo**ne
dec	10	**dec**ade, **dec**agon, **dec**athlon
dem, demo	人々	epi**dem**ic, **demo**cracy, **demo**graphy
mega	大きい	**mega**lomania, **mega**phone, **mega**ton
pan	すべて	**pan**demic, **pan**orama, **pan**theism
path	感情	**path**ology, sym**path**y, tele**path**y
phobia	恐怖	agora**phobia**, arachno**phobia**, claustro**phobia**
phos, photo	光	**phos**phorus, **photo**graph, **photo**synthesis
poly	多い	**poly**gon, **poly**math, **poly**technic
psych	精神、魂	**psych**iatry, **psych**ic, **psych**ology
tele	遠く離れた	**tele**kinetic, **tele**phone, **tele**vision
therm	熱	exo**therm**ic, **therm**al, **therm**ometer

- ある語根がラテン語系かギリシャ語系かを知る簡単な方法はありません。見極める最良の方法は、くわしい辞書でその単語を調べることです。見出し語の部分に語根の起源が書いてあるでしょう。

用語集

接頭辞：単語の最初に付いて、元の単語の意味を変える文字群。

接尾辞：単語の最後に付いて、元の単語の意味を変える文字群。

接頭辞と接尾辞 Prefixes and suffixes

接頭辞と接尾辞を合わせて接辞（affixes）といいます。

接頭辞は単語の最初、接尾辞は単語の最後に付け加えられます。これらは単語の意味や品詞を変えたり、単語の一部に使われる語根と結びついて、新しい単語を作ったりします。

参照ページ	
⟨ 106–107	ハイフン
⟨ 136–137	形態素
⟨ 140–141	語根
-e、-y で終わる単語	146–147 ⟩
-tion、-sion、-ssion で終わる単語	148–149 ⟩
-able、-ible で終わる単語	150–151 ⟩
-le、-el、-al、-ol で終わる単語	152–153 ⟩
子音字が1つの単語、重なる単語	154–155 ⟩

接頭辞

接頭辞は、語根の前に付いて語根の意味を変えたり新しい単語を作ったりします。たとえば、do という語根に un-(不、無) という接頭辞が付くと、undo (~をゆるめる、元の状態に戻す) という反対の意味になります。crat (ギリシャ語で「支配、支持」) という語根に demo-(ギリシャ語で「民衆」) を付けると、democrat (民主主義者) になります。crat という語根にほかの接頭辞を付ければ、aristocrat (貴族)、autocrat (独裁者)、bureaucrat (官僚) といった英単語にもなります。

- ほとんどの接頭辞は、語根との間にハイフンを入れません。しかし、ex-(「前の」の意味のとき)や self- は、常に後ろにハイフンを付けます。

接頭辞	主な意味	例
a-, an-	～でない	atypical, anonymous
ab-	～から離れて	abnormal
ad-	～の方へ	advance
al-	すべての	almost
all-	すべての	all-knowing
ante-	前の	anteroom
anti-	反する	antisocial
be-	作る	befriend
co-, col-, com-, con-	共に	co-operate, collaborate, community, confidence
de-	反対の	detach
de-	下がって	decline
dis-	～でない	disembark
em-, en-	もたらす	embattle, enamour
ex-	～から（外へ）	export
ex-	前の、元の	ex-husband
extra-	超えて	extraordinary
fore-	前の	forearm
im-, in-	中に、内に	import, income
im-, in-, ir-	～でない	immature, incredible, irrational
inter-	間に	international
intra-	内部の	intramural

接頭辞	主な意味	例
intro-	中に、内に	introduction
mid-	中間の、真ん中の	midway
mis-	間違って	misconception
non-	～でない	nonsense
out-	他より優れて	outstanding
out-	分かれた	outhouse
over-	多すぎる	overdo
para-	超えた、そばに	paranormal
per-	～を通して	perform
post-	後の、次の	postwar
pre-	前の、早く	premature
pro-	前へ、支持して	proactive
re-	再び	reapply
retro-	戻って	retrospective
se-	～から離れて	segregate
self-	自身の	self-confidence
sub-	下の、副～	submarine
super-, sur-	越えて、超～	supernatural, survive
sus-	下の、副～	suspect
trans-	横切って	transmit
ultra-	超えて	ultrasound
un-	～でない	uncover
under-	下に、不十分な	undermine

接尾辞

接尾辞は、語根の後に付いて語根の意味や品詞を変えます。たとえば、account（会計）という単語の後に -ant（行為をする人）という接尾辞を付けると、accountant（会計士[係]）という新しい意味の単語になります。また、exist（存在する）という動詞に -ence（「〜の状態」の意味）を付けると、existence（存在）という名詞になります。

REAL WORLD
テクノ接頭辞 （techno-prefixes）

技術の急速な変化によって、新しい接頭辞も生まれました。たとえば、e-（electronic「電子の」の意味）は、e-mail や e-commerce（電子商取引）のような単語を作るために作られました。また、情報技術を指す cyber- は、cyberspace（コンピュータが生み出す仮想空間）や cybercafé（インターネットカフェ）という単語に使われています。

接尾辞	主な意味	例
-able, -ible	〜できる	sustain**able**, sens**ible**
-acy	状態または性質	conspir**acy**
-age	〜という行為（の結果）	advant**age**
-age	集合	assembl**age**
-al	〜という行為	deni**al**
-al, -ial	〜の特徴を持つ	season**al**, controvers**ial**
-ance, -ence	〜という状態	defi**ance**, compet**ence**
-ant, -ent	行為をする人	account**ant**, stud**ent**
-ate	〜になる	infl**ate**
-cian	〜の専門	techni**cian**
-cy	〜という状態	accura**cy**
-dom	存在する場所・状態	free**dom**
-ed	過去形	stopp**ed**
-en	〜でできた	gold**en**
-en	〜になる	bright**en**
-ent	〜という状態の	differ**ent**
-er, -or	行為をする人	drumm**er**, investig**ator**
-er	比較級	short**er**
-ery	〜という作用	robb**ery**
-ery	〜の場所	bak**ery**
-esque	〜を連想させる	pictur**esque**
-est	最上級	short**est**
-ette	小さい	maison**ette**
-ful	〜に満ちた	cheer**ful**
-hood	〜という状態	child**hood**
-ia, -y	〜という状態	amnes**ia**, monarch**y**

接尾辞	主な意味	例
-ic, -tic, -ical	〜の特徴を持つ	histor**ic**, poet**ic**, rad**ical**
-ice	状態または性質	just**ice**
-ify	作る、〜にする	magn**ify**
-ing	現在分詞	hopp**ing**
-ish	〜の性質を備えた	child**ish**
-ism	〜への信念	modern**ism**
-ist	〜する人	art**ist**
-ite	〜に関わる人	social**ite**
-ity, -ty	〜という性質	real**ity**, socie**ty**
-ive, -ative, -itive	〜する傾向がある	pass**ive**, superl**ative**, sens**itive**
-less	〜のない	use**less**
-like	似ている	child**like**
-ling	小さい	half**ling**
-ly	副詞	friend**ly**
-ment	〜という状況・行為	entertain**ment**
-ness	〜という状態	happi**ness**
-ous, -eous, -ious	〜の性質を持つ	ridicul**ous**, nause**ous**, cur**ious**
-s, -es	複数形	otter**s**, fox**es**
-ship	〜という状態	friend**ship**
-sion, -ssion, -tion	〜という状態	intru**sion**, permi**ssion**, classifica**tion**
-some	〜する傾向がある	cumber**some**
-ward	〜の方向に	back**ward**
-y	〜を特徴とした	storm**y**

文字の硬い音と軟らかい音
Hard and soft letter sounds

cやgの文字には、硬い音と軟らかい音があります。

cやgにどんな文字が続くかによって、その単語が硬い音を持っているか軟らかい音を持っているかが決まります。この音は、語頭だけでなく単語のどの部分でも生じます。

参照ページ	
⟨ 130–131	母音
⟨ 132–133	子音
黙字	160–161 ⟩
不規則な単語つづり	164–165 ⟩

硬いcと軟らかいc

cがe、i、y以外の文字の前にあると、硬い音（＊訳注：辞書の発音記号では [k]）になります。cがe、i、yの前にあるときは、軟らかい音([s])になります。

- eやiの前にあるcが硬く発音される単語もあります。このときは、硬い"c"音にするためにhという文字が加えられます。chemist（化学者、薬局）やchiropractic（カイロプラクティック）などです。

▷ 硬い"c"音 [k]
英語には硬い"c"音を含む単語がたくさんあります。cartonのような単語では、cがaの前にあるので硬い"c"音になります。単語の意味は、辞書で確かめてください。

cartoon　　**cow**　　**crack**
recall　　**uncle**　　**porcupine**

▷ 軟らかい"c"音 [s]
右の単語はすべて軟らかい"c"音を含んでいます。cerealという単語では、cがeの前にあるので軟らかい"c"音になります。

cereal　　**circus**　　**cyan**
decent　　**pencil**　　**fancy**

両方の"c"音を含む単語

まれに、1語の中に硬い"c"音と軟らかい"c"音が含まれていることがあります。この場合も、同じ規則に従って発音します。

circulate（軟らかい"c"音／硬い"c"音）　　**bicycle**（軟らかい"c"音／硬い"c"音）

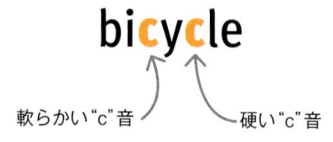

軟らかい"c"音や"g"音を持つ単語の大半はラテン語起源です。

clearance（硬い"c"音／軟らかい"c"音）　　**vacancy**（硬い"c"音／軟らかい"c"音）

文字の硬い音と軟らかい音

硬い g と軟らかい g

g が e、i、y 以外の文字の前にあると、硬い音（＊訳注：発音記号では [g]）になります。g が e、i、y の前にあるときは、軟らかい音（[dʒ]）になります。

> 👍 e や i の前にある g が硬く発音される単語もあります。このときは、硬い "g" 音にするために u という文字が加えられます。guess や guide などです。

▷ 硬い "g" 音 [g]

英語では硬い "g" 音が一般的です。glue という単語では、g が l の前にあるので硬い "g" 音になります。

galaxy　　green　　gullible
igloo　　lagoon　　fragrant

▷ 軟らかい "g" 音 [dʒ]

右の単語はすべて軟らかい "g" 音を含んでいます。gene という単語では、g が e の前にあるので軟らかい "g" 音になります。

gene　　ginger　　gymnast
angel　　legible　　allergy

両方の "g" の音を含む単語

1 語の中に硬い "g" 音と軟らかい "g" 音が含まれていることもあります。このような単語は少ししかありません。

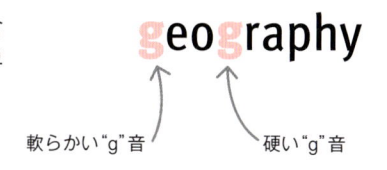

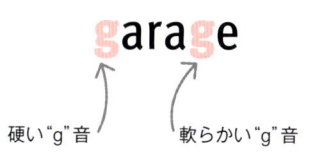

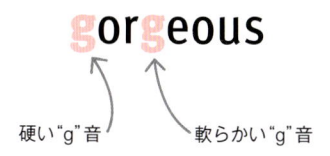

geography
　↑軟らかい "g" 音　↑硬い "g" 音

gorgeous
　↑硬い "g" 音　↑軟らかい "g" 音

garage
　↑硬い "g" 音　↑軟らかい "g" 音

gigantic
　↑軟らかい "g" 音　↑硬い "g" 音

硬い g の例外

g が e、i、y の前にあっても硬い音になる単語が少しあります。これらは規則の例外なので、覚えておかなければなりません。もしはっきりしないときは、辞書で正しいつづりと発音を調べましょう。

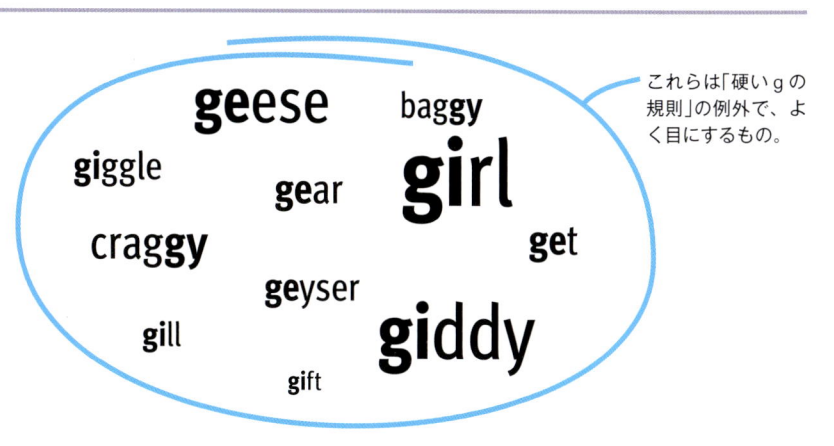

geese　baggy　giggle　gear　girl　craggy　geyser　get　gill　giddy　gift

これらは「硬い g の規則」の例外で、よく目にするもの。

-e、-y で終わる単語
Words ending in -e or -y

-e か -y で終わる単語は、接尾辞が付くとつづりが変わることがよくあります。

単語の最後の -e はふつう発音しません。接尾辞が付くと、-e が脱落することもあります。最後の -y は、接尾辞が付くと i に変わることがあります。

参照ページ	
‹ 130-131	母音
‹ 132-133	子音
‹ 140-141	語根
‹ 142-143	接頭辞と接尾辞
黙字	160-161 ›

-e で終わる単語

発音しない -e は、「前の音節にある母音字の発音を変える」という重要な機能を持っています。たとえば、plan と plane の違いは、発音しない -e があるかどうかだけですが、その有無が発音に反映します。発音しない -e で終わる単語に接尾辞を付けるとき、そのつづりは一定の規則に従います。

語根	接尾辞	できた単語
argue	-ment	argument
awe	-ful	awful
due	-ly	duly
nine	-th	ninth
true	-ly	truly
whole	-ly	wholly
wise	-dom	wisdom

△例外
規則2には例外が多くあります。例外をいくつか、上にまとめておきます。

▷ 規則 1
単語が発音しない -e で終わっている場合、母音字で始まる接尾辞が付くと -e が脱落する。

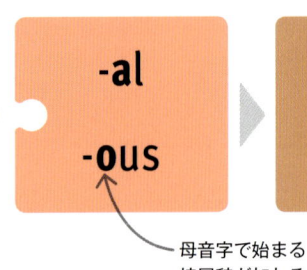

globe + -al → global
fame + -ous → famous

発音しない -e があるので a はアルファベット読み。
母音字で始まる接尾辞が加わる。
発音しない -e は、母音字で始まる接尾辞に置き代えられる。(e の脱落)

▷ 規則 2
単語が発音しない -e で終わっている場合、子音字で始まる接尾辞が付くと -e が保存される。

spite + -ful → spiteful
state + -ment → statement

発音しない -e があるので、a はアルファベット読み。
子音字で始まる接尾辞が加わる。
アルファベット読みを保存するために発音しない -e が必要。

▷ 規則 3
単語が -ge や -ce で終わっている場合、発音しない -e は、接尾辞 -ous や -able と共に保存される。

courage + -ous → courageous
notice + -able → noticeable

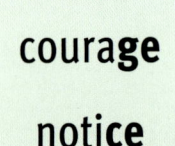

発音しない -e が c の後にある。
接尾辞が加わる。
軟らかい "c" 音を保存するために発音しない -e が必要。

-e、-yで終わる単語

> - 接尾辞 -y は母音として働くので、発音しない -e で終わる単語に -y を付けると -e が脱落します。ice は icy になり、spice は spicy になります。

用語集
接頭辞：単語の最初に付いて、元の単語の意味を変える文字群。
語根：接頭辞や接尾辞を加えない、単語の最小部分。
接尾辞：単語の最後に付いて、元の単語の意味を変える文字群。
音節：発音の構成単位で、母音を1つ含む。

-y で終わる単語

-y で終わる単語も、接尾辞が付くと、ふつうつづりが変わります。変わるかどうかの決め手は、語尾の -y の前が子音字か母音字かによります。

語根	接尾辞	できた単語
day	-ly	daily
dry	-ness	dryness
shy	-ly	shyly
shy	-ness	shyness
sly	-ly	slyly
sly	-ness	slyness

▷ **例外**
-e で終わる単語と同様、-y で終わる単語にも規則の例外があります。

▷ **規則 1**
単語が〈子音字＋y〉で終わっている場合、-ing が付くとき以外は -y は i に変わる。

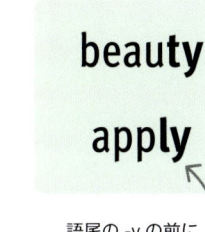

beauty + -ful → beautiful
apply + -ance → appliance

- 語尾の -y の前に子音字 l がある。
- -ing 以外の接尾辞が加わる。
- -y は i に変わる。「家庭用器具」

▷ **規則 2**
単語が〈母音字＋y〉で終わっている場合、接尾辞が付いても -y は保存される。

annoy + -ed → annoyed
play + -er → player

- 語尾の -y の前に母音字 a がある。
- 接尾辞が加わる（どんな文字で始まってもよい）。
- 母音字が3つ並ぶのを避けるため、-y は i に変えずに保存する。

▷ **規則 3**
単語が -y で終わっている場合、接尾辞 -ing が加わっても -y は保存される。

fly + -ing → flying
copy + -ing → copying

- この単語は -y で終わっている。
- 接尾辞 -ing が加わる。
- i が並ぶのを避けるため、語尾の -y は保存される。

-tion、-sion、-ssion で終わる単語

Words ending in -tion, -sion or -ssion

この3つの接尾辞は、単語の最後で"shun"［シュン］という音になります。

-tion、-sion、-ssion という接尾辞は"shun"という音になります。単語の最後に正しい語尾を付けるとき、以下の規則が役に立ちます。

参照ページ	
◁ 22–23	名詞
◁ 38–39	動詞
◁ 130–131	母音
◁ 132–133	子音
◁ 136–137	形態素
◁ 140–141	語根
◁ 142–143	接頭辞と接尾辞

用語集

子音字：母音字ではないアルファベット文字。
名詞：人や場所やものを指し示す単語。
接尾辞：単語の最後に付いて、元の単語の意味を変える文字群。
動詞：動作を表す単語。
母音字：a、e、i、o、u の5文字。

-tion で終わる単語

接尾辞 -tion は「～するという作用・活動」の意味です。たとえば、digestion（消化）は「消化するという作用・活動」を指します。digest のように -t で終わる動詞の場合は、すでに t があるので -ion だけを付けます。3つのうち最もよく使われる接尾辞です。

▷ **規則1**
-t で終わる動詞は、t が並ぶのを避けるために -ion だけを加える。

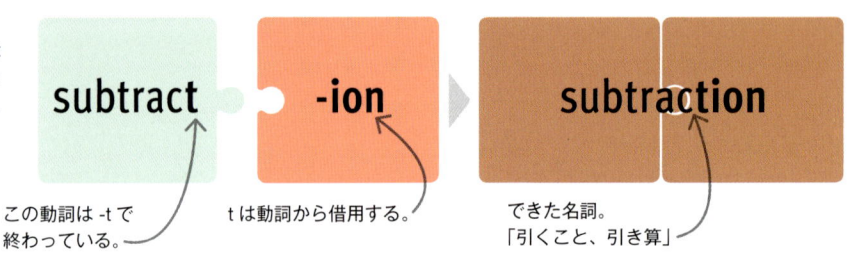

subtract + -ion ▷ subtraction

この動詞は -t で終わっている。
t は動詞から借用する。
できた名詞。「引くこと、引き算」

▷ **規則2**
-te で終わる動詞では、e をとって -ion を加える。

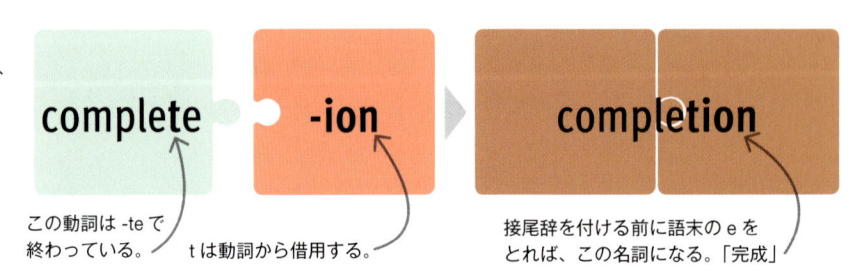

complete + -ion ▷ completion

この動詞は -te で終わっている。
t は動詞から借用する。
接尾辞を付ける前に語末の e をとれば、この名詞になる。「完成」

▷ **規則3**
最後の文字が脱落し、別の母音字が接尾辞の前に付くこともある。常に辞書を調べて、どんな母音字が付くか確かめよう。

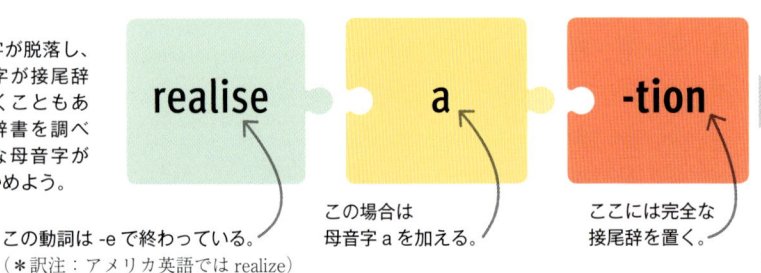

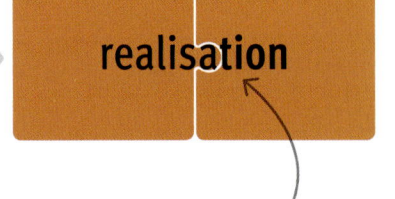

realise + a + -tion ▷ realisation

この動詞は -e で終わっている。
（*訳注：アメリカ英語では realize）
この場合は母音字 a を加える。
ここには完全な接尾辞を置く。
a の前の語末の e をとって接尾辞を付ければ、この名詞になる。「気づくこと」

-tion、-sion、-ssionで終わる単語　149

-sion で終わる単語

接尾辞 -sion は「～という状態」の意味です。たとえば、conclusion（結論）は「よく検討して判断を下した(conclude)状態のもの」を指します。よく使う単語で -sion で終わるものは約 50 あります。ほとんどの場合、語尾が変化します。

▷ 規則 1
-se で終わる動詞では、e をとり、s がすでにあるので -ion を加える。

precise → -ion → precision

この動詞は -se で終わっている。
s は動詞から借用する。
接尾辞を付ける前に語末の e をとると、この名詞になる。「正確さ」

▷ 規則 2
この接尾辞は動詞が -d、-l、-r、-s、-t で終わるとき使われる。ふつう、-sion を付けると動詞の最後の文字が脱落し、動詞が名詞になる。

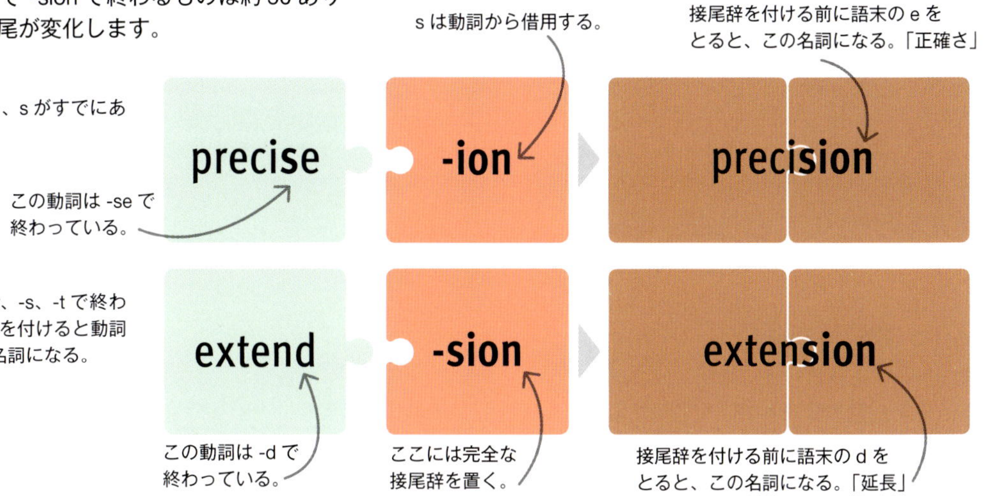

extend → -sion → extension

この動詞は -d で終わっている。
ここには完全な接尾辞を置く。
接尾辞を付ける前に語末の d をとると、この名詞になる。「延長」

-ssion で終わる単語

接尾辞 -ssion は「～の結果」の意味です。たとえば、impression（印象）は「強く印象づけた(impress)結果(として心に残ったもの)」の意味です。ふつう、この接尾辞を付けると動詞の語尾が変化します。

▷ 規則 1
-ss で終わる動詞では -ion を加えるだけ。

discuss → -ion → discussion

この動詞は -ss で終わっている。
ss は動詞から借用する。
できた名詞。「議論」

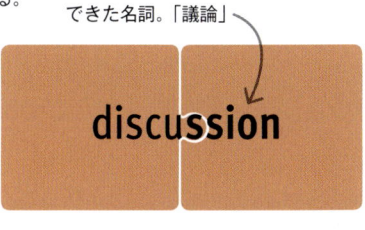

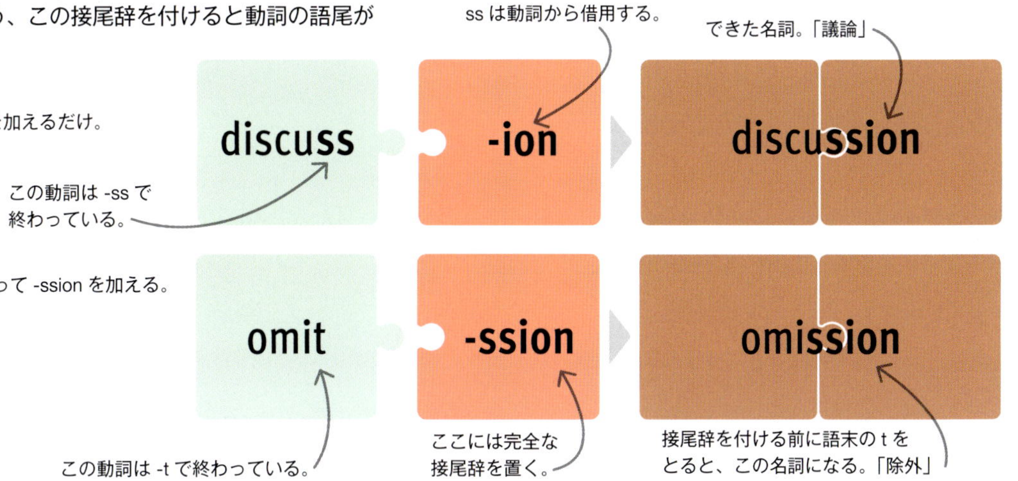

▷ 規則 2
-t で終わる動詞では、t をとって -ssion を加える。

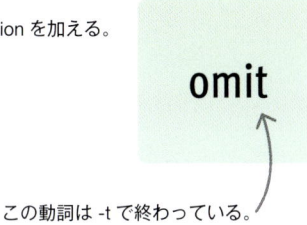

omit → -ssion → omission

この動詞は -t で終わっている。
ここには完全な接尾辞を置く。
接尾辞を付ける前に語末の t をとると、この名詞になる。「除外」

ふつうでないつづり

"shun" の音で終わる動詞でも、規則に当てはまらず、覚えなければならないものがあります。正しいつづりかどうか確信が持てないときは、辞書で調べるようにしましょう。

語末	例
-sian	Asian, Russian
-xion	complexion, crucifixion
-cion	coercion, suspicion
-cean	crustacean, ocean

最後の音節のはじめが "sh"[シ] の発音で、sh とつづる単語は、cushion と fashion だけです。

-able、-ible で終わる単語
Words ending in -able or -ible

音が似ている接尾辞を使って単語をつづるのは、まぎらわしいものです。

接尾辞の -able も -ible も「〜できる」の意味です。たとえば、adaptable（順応性のある）は「順応できる」の意味です。しかし、どちらの接尾辞を使うかを判断するのは、互換性がないだけにやっかいです。

参照ページ	
‹ 26–27	形容詞
‹ 136–137	形態素
‹ 140–141	語根
‹ 142–143	接頭辞と接尾辞
‹ 144–145	文字の硬い音と軟らかい音
子音字が1つの単語、重なる単語	154–155 ›

用語集

形容詞：名詞を説明する単語。

接尾辞：単語の最後に付いて、元の単語の意味を変える文字群。

音節：発音の構成単位で、母音を1つ含む。

動詞：動作を表す単語。

母音字：a、e、i、o、u の 5 文字。

-able で終わる単語

接尾辞 -able はふつう、それだけで単語になれる語根に付いて、その単語を形容詞にします。簡単な規則をいくつか覚えれば、どちらの接尾辞が適切か、判断しやすくなります。-ible より -able で終わる単語の方が多いので、迷ったら -able を選べばよいでしょう。

▷ **規則 1**
-able で終わる単語はふつう、独立した意味を持つ2つの単語でできている。

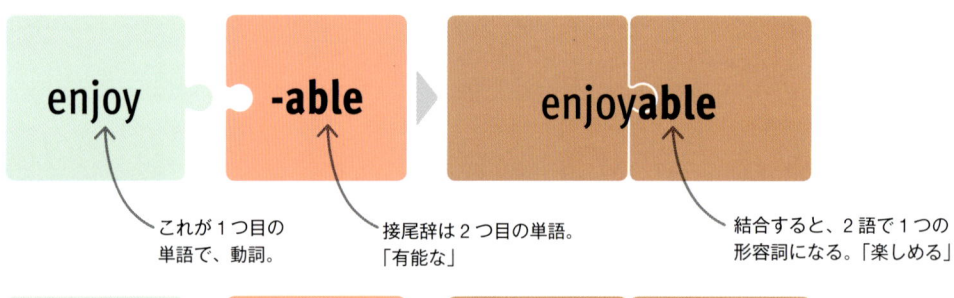

enjoy + -able ▷ enjoyable

- これが1つ目の単語で、動詞。
- 接尾辞は2つ目の単語。「有能な」
- 結合すると、2語で1つの形容詞になる。「楽しめる」

▷ **規則 2**
-able が -e で終わる単語に付くと、ふつう -e は脱落する。

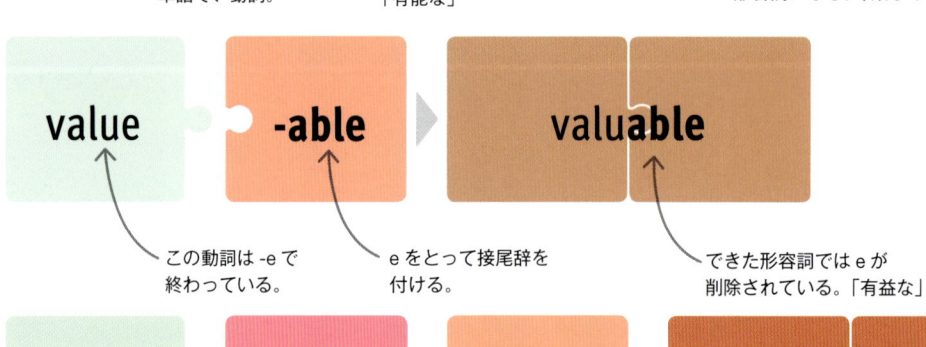

value + -able ▷ valuable

- この動詞は -e で終わっている。
- e をとって接尾辞を付ける。
- できた形容詞では e が削除されている。「有益な」

▷ **規則 3**
-y で終わる単語では、接尾辞 -able を付ける前に y が i に変わる。

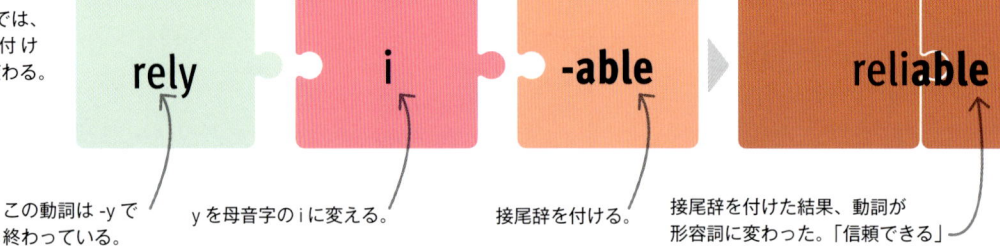

rely + i + -able ▷ reliable

- この動詞は -y で終わっている。
- y を母音字の i に変える。
- 接尾辞を付ける。
- 接尾辞を付けた結果、動詞が形容詞に変わった。「信頼できる」

-able、-ibleで終わる単語

-ible で終わる単語

接尾辞 -ible はふつう、単語の一部として使われる語根（多くはラテン語系かギリシャ語系）に付きます。しかし、それだけで単語になれる語根に付くこともあります。いくつかの規則を覚えれば、-ible で終わる単語か -able で終わる単語かが判断できるようになります。

▷ **規則 1**
-ible で終わるほとんどの単語は、独立した意味を持つ2つの単語に分けられない。完全な単語にするためには、接尾辞が必要。

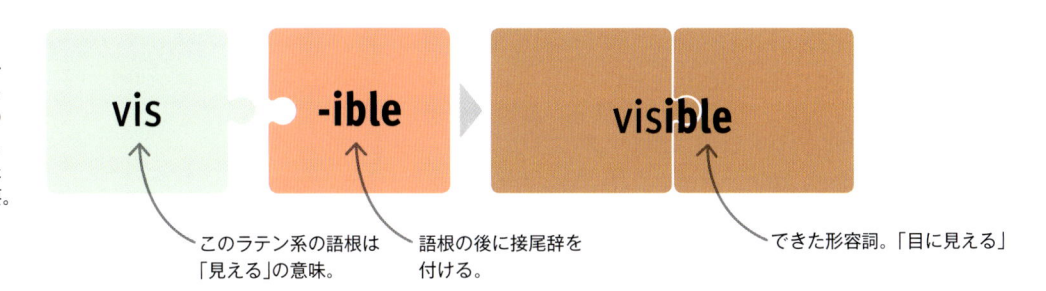

vis → -ible ▶ visible

- このラテン系の語根は「見える」の意味。
- 語根の後に接尾辞を付ける。
- できた形容詞。「目に見える」

▷ **規則 2**
語末部分に s や ss のある単語には、ふつう -ible を付ける。単語が母音字で終わっているときは、その母音字が脱落する。

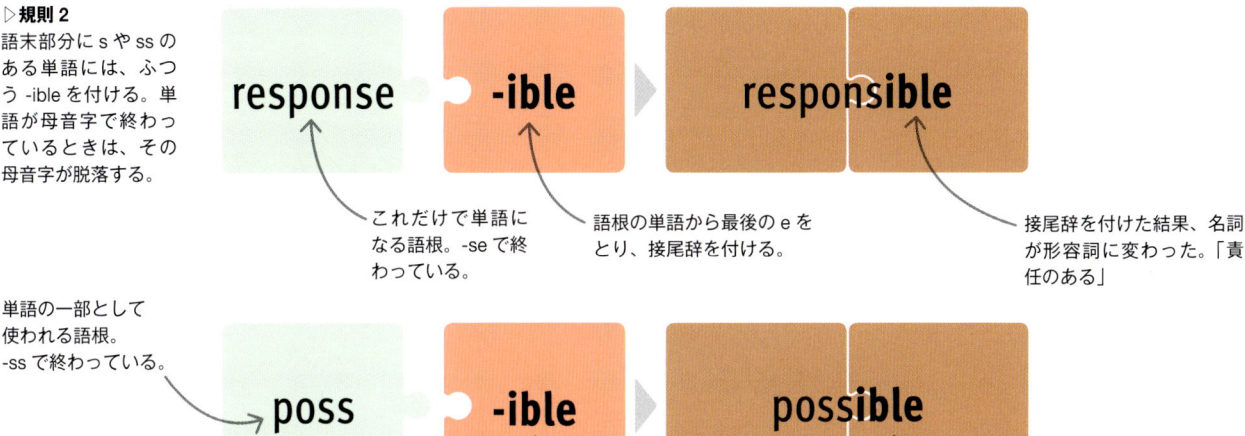

response → -ible ▶ responsible

- これだけで単語になる語根。-se で終わっている。
- 語根の単語から最後の e をとり、接尾辞を付ける。
- 接尾辞を付けた結果、名詞が形容詞に変わった。「責任のある」

単語の一部として使われる語根。-ss で終わっている。

poss → -ible ▶ possible

- 語根の後に接尾辞を付ける。
- できた形容詞。「達成可能な」

"c" 音・"g" 音と接尾辞

-able で終わる単語にはふつう、硬い "c" 音（[k]）か "g" 音（[g]）が含まれています。一方、-ible で終わる単語にはふつう、軟らかい "c" 音（[s]）か "g" 音（[dʒ]）が含まれています。

硬い "c" 音 か "g" 音	軟らかい "c" 音 か "g" 音
ami**cable**	for**cible**
communi**cable**	invin**cible**
despi**cable**	redu**cible**
indefati**gable**	le**gible**
navi**gable**	tan**gible**

uncopyrightable（著作権で保護されない）という単語は、ふつうに使われる英単語のうち、同じ文字が2度出てこない最長のものです。

- a で始まる単語の多くは、同じ a で始まる接尾辞 -able を使います。adorable（愛らしい）、advisable（望ましい）、available（利用できる）などです。

-le、-el、-al、-ol で終わる単語
Words ending in -le, -el, -al or -ol

これらの語尾は、いつも接尾辞というわけではありません。

参照ページ	
‹22–23	名詞
‹26–27	形容詞
‹38–39	動詞
‹136–137	形態素
‹140–141	語根
‹142–143	接頭辞と接尾辞

似た音を持つ -le、-el、-al、-ol のような語尾は、きちんと区別してつづるのがやっかいです。しかし、正しい使い方の指針がいくつかあります。すべての「要注意つづり」と同様に、辞書が有益な点検手段になります。

-le で終わる単語

ここで取り上げる語尾のうち最も一般的なものは -le ですが、語根の意味や品詞を変えるわけではないので、接尾辞ではありません。語尾の -le はふつう、名詞(たとえば table)、動詞(たとえば tickle)、形容詞(たとえば vile)に見られます。

edible — b は上に伸びる文字。-le の前にくる。

sample — p は下に伸びる文字。-le の前にくる。

wrinkle — k は上に伸びる文字。-le の前にくる。

dangle — g は下に伸びる文字。-le の前にくる。

△規則
語尾の -le は、stick(b のように上に伸びた部分)を持つ文字や、tail(p のように下に伸びた部分)を持つ文字の後に続くことが多い。

b d f g h j k l p q t y

-ol で終わる日常語の中は、長母音[ウー]にするために -ool とするものがあります。cool、pool、school、tool などがその例です。

article, missile, regale, role, bale, textile, bicycle, capsule, chronicle, axle, debacle, docile, hostile, revile, aisle

もちろん、-le で終わる単語で、左の規則に当てはまらないものも多い。上は、そのうち日頃よく使われるもの。(意味は辞書で!)

用語集
形容詞:名詞を説明する単語。
名詞:人や場所やものを指し示す単語。
語根:接頭辞や接尾辞を加えない、単語の最小部分。
接尾辞:単語の最後に付いて、元の単語の意味を変える文字群。
動詞:動作を表す単語。
母音字:a、e、i、o、u の 5 文字。

-el、-al で終わる単語

-le の場合と同様、-el や -al で終わる単語も、語根となる単語の意味や品詞を変えないので、ふつうは接尾辞ではありません。

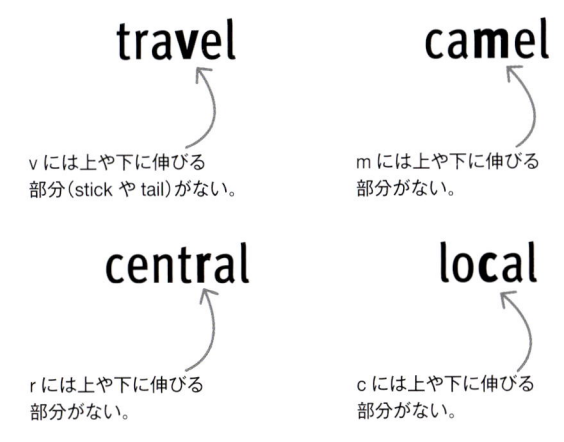

travel
v には上や下に伸びる部分（stick や tail）がない。

camel
m には上や下に伸びる部分がない。

central
r には上や下に伸びる部分がない。

local
c には上や下に伸びる部分がない。

△ 規則
語尾の -el や -al は、stick や tail のない文字の後に続くことが多い。

-el の例外	-al の例外
angel	acquittal
bagel	betrayal
chapel	capital
compel	coastal
decibel	frugal
gel	fundamental
gospel	homicidal
hostel	hospital
hotel	judgemental
model	mental
nickel	municipal
parallel	orbital
propel	petal
scalpel	portal
snorkel	verbal

△ 規則の例外
-le の場合と同じく、例外がいろいろあります。上は、-el や -al で終わっていても左の規則に当てはまらないもの。

接尾辞になる -al

接尾辞 -al は、語根となる単語の意味を変えることがあるので、接尾辞としても使われます。この接尾辞で終わる単語はふつう、名詞か形容詞です。

▽ 規則
-al 語尾は、語根に付く接尾辞として働くことがある。

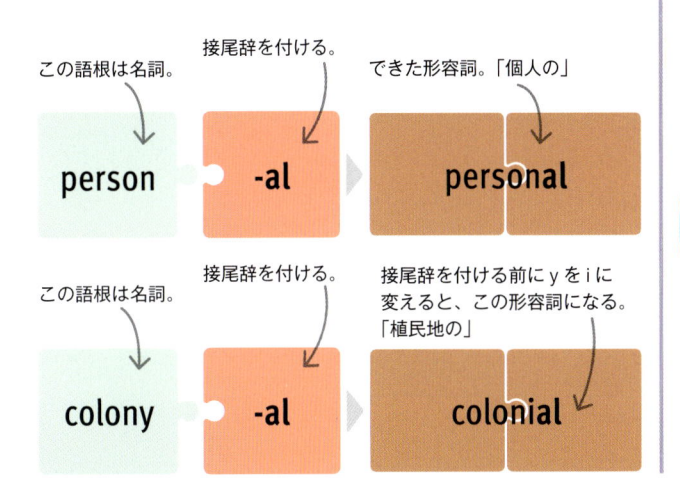

この語根は名詞。 → person
接尾辞を付ける。 → -al
できた形容詞。「個人の」 → personal

この語根は名詞。 → colony
接尾辞を付ける。 → -al
接尾辞を付ける前に y を i に変えると、この形容詞になる。「植民地の」 → colonial

-ol で終わる単語

例は少ないものの、-ol が語尾として使われることもあります。この語尾はふつう、名詞や動詞に見られます。-ol でよいかどうか確信が持てなければ、使う前に辞書で調べてください。

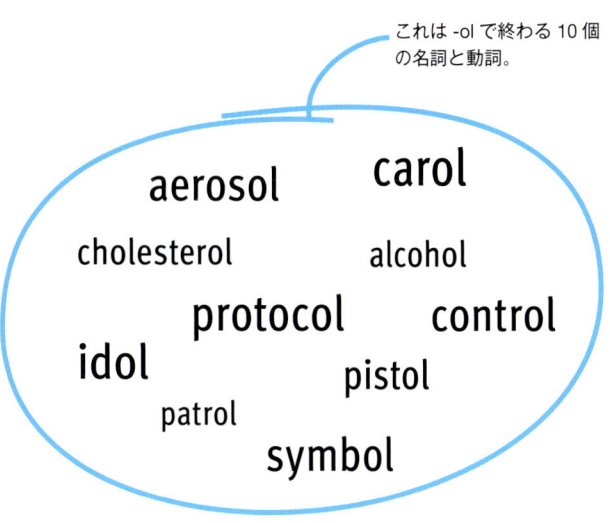

これは -ol で終わる 10 個の名詞と動詞。

aerosol　carol
cholesterol　alcohol
protocol　control
idol　pistol
patrol
symbol

子音字が1つの単語、重なる単語
Single and double consonant words

子音字が1つでも2つ並んでも、発音はふつう同じです。

ある単語の子音字が1つか2つかの区別は、必ずしもはっきりしません。個々に覚えなければならないつづりもあります。しかし、役に立つ規則もあります。

参照ページ	
‹130–131	母音
‹132–133	子音
‹134–135	音節
‹136–137	形態素
‹140–141	語根
‹142–143	接頭辞と接尾辞
‹144–145	文字の硬い音と軟らかい音
‹152–153	-le、-el、-al、-ol で終わる単語
黙字	160–161›
複合語	162–163›

〈短母音＋子音字〉

2音節以上の単語では、第1音節に強勢があって短母音を含むとき、子音字は二重になります。たとえば、letter という単語は第1音節の let に強勢があり、短母音を含むので、t が二重になります。これに比べ、retire は二重の t になりません。なぜなら、強勢は第2音節にあり、母音も長いからです。

> 👍 h、w、x、y の文字は、母音で始まる接尾辞が付いても決して二重になりません。たとえば、washed、drawer、fixable、flying では、子音字は1つだけです。

depart — 強勢が第2音節の part にあるので pp とはならない。

hammer — 強勢が第1音節の ham にあるので mm になる。

prepare — 強勢が第2音節の pare にあるので pp とはならない。

valley — 強勢が第1音節の val にあるので ll になる。

規則の例外

上の規則に当てはまらない単語がいろいろあります。たいていの場合、それらは語根になれる単語で、接頭辞や接尾辞を付けなくても成り立ちます。中には、melon のように〈短母音＋1子音字〉を含むものもありますし、correct のように、強勢のない音節の後で子音字が二重になることもあります。これらの例外はつづりに混乱をきたすので、ぜひ辞書で確かめましょう。

1子音字	二重子音字
comet	accept
domino	accumulate
epic	correct
galaxy	effect
lizard	necessary
melon	occur
palace	recommend
radish	sufficient
valid	terrific

二重の子音字と接尾辞

語末にある子音字は、接尾辞が付くとたいてい二重になります。これはほとんどの動詞に当てはまります。たとえば、sit という動詞の語末の子音字 t は、接尾辞 -ing が加わると二重になり、sitting となります。

> 語根に、語根の最初の文字と同じ文字で終わる接頭辞（または他の単語）が付くと、子音字は二重になります。たとえば、mis- という接頭辞と spell という語根が結合して misspell になります。

▷ **規則 1**
-er のような母音で始まる接尾辞を、〈短母音＋子音字〉で終わる 1 音節の動詞に付けると、最後の子音字は二重になることが多い。

run + -er ▶ runner

- run という音節には短母音があり、子音字で終わっている。
- 母音で始まる接尾辞を加える。
- 子音字 n が二重になる。

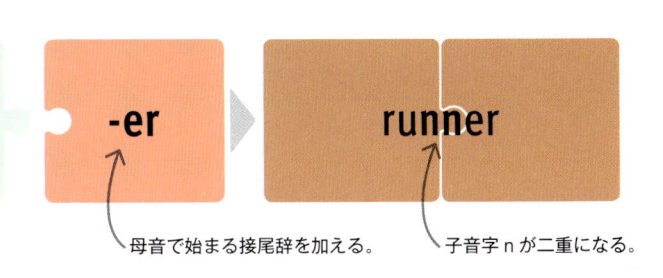

▷ **規則 2**
-ing のような母音で始まる接尾辞を、〈短母音＋子音字〉で終わる 2 音節以上の動詞に付けると、最後の子音字はふつう二重になる。

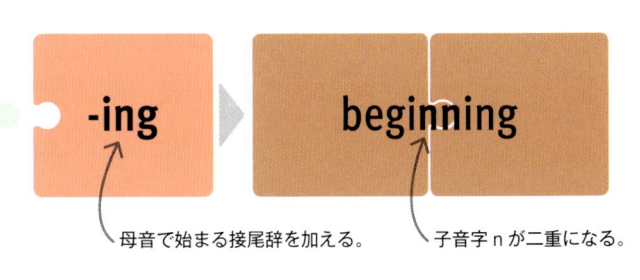

begin + -ing ▶ beginning

- 第 2 音節の gin が〈短母音＋子音字〉で終わっている。
- 母音で始まる接尾辞を加える。
- 子音字 n が二重になる。

▷ **規則 3**
e, i, y で始まる接尾辞を c で終わる動詞に付けるときは、最後の子音字は二重にならない。その代わり、硬い "c" の音（[k]）を保存するために k の文字が加わる。

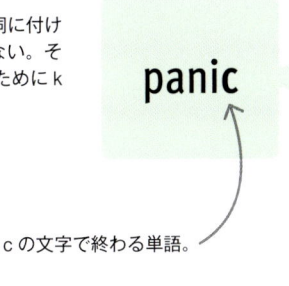

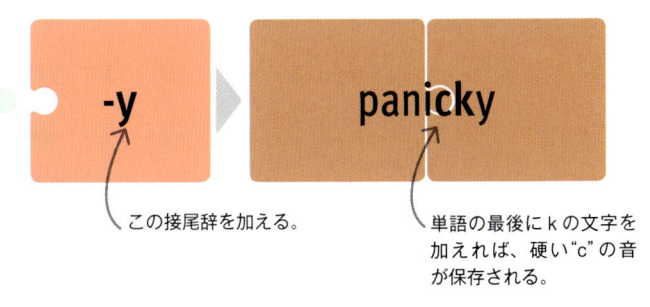

panic + -y ▶ panicky

- c の文字で終わる単語。
- この接尾辞を加える。
- 単語の最後に k の文字を加えれば、硬い "c" の音が保存される。

用語集

子音字：母音字ではないアルファベット文字。

接頭辞：単語の最初に付いて、元の単語の意味を変える文字群。

接尾辞：単語の最後に付いて、元の単語の意味を変える文字群。

音節：母音を 1 つ含む発音の構成単位。

母音字：a、e、i、o、u の 5 文字のうちの 1 つ。

英語では、二重の子音字が 3 連続するのは bookkeeper と bookkeeping だけです。

「cの後を除き、iはeの前」という規則

The "*i* before *e* except after *c*" rule

この規則は、ie とつづるか ei とつづるかを思い出すときに役立ちます。

参照ページ	
‹ 130–131	母音
‹ 138–139	変則的な英語を理解する
不規則な単語つづり	164–165 ›

これは 150 年以上前から通用している規則で、多くの場合に当てはまります。しかし、例外もいろいろあるので、しっかり身につけ、常に気配りを忘れないようにしましょう。

- 英語には cein とつづる単語はありません。c の後に⟨ie/ei + n⟩を続ける場合は、science のように常に⟨ie + n⟩になります。

韻文

「i は e の前」という規則を覚えるために、効果的な韻文が作られました。元々は 2 行だけでしたが、規則の例外も含めるために、長い年月の間に行が増えていきました。

I before e,
Except after c
When the sound is "ee"
Or when sounded as "ay",
As in neighbour and weigh,
But leisure and seize
Do as they please.

「thief のように［イー］の音を含む単語では、たいてい ie になる」の意味。

しかし、［イー］の音が c の後にくるときは、receive のように ei になる。

［下の韻文の訳］発音が［イー］のときは、c の後を除き、i は e の前。
または、neighbour や weigh のように発音が［エィ］のときを除いて。
でも、leisure と seize は好き勝手にさせましょう。

eight のように［エィ］の音を含む単語のときも、ei になる。

（*訳注：アメリカ英語では "ay". は "ay," のように表記する）

韻文の最後の部分は、「規則に当てはまらない単語もある」ことを示している。

REAL WORLD

借用語（loan words）

他言語から借りてきた単語を借用語［外来語］といいます。そして、ei とつづる借用語がいろいろあります。たとえば、日本語の geisha（芸者）、アラビア語の sheikh（シャイフ、アラブの族長）、ドイツ語の rottweiler（ロットワイラー、古代ローマ原産の大型犬）などです。外国語から借用した名前の多くも、Keith、Heidi、Neil、Sheila のように ei とつづります。

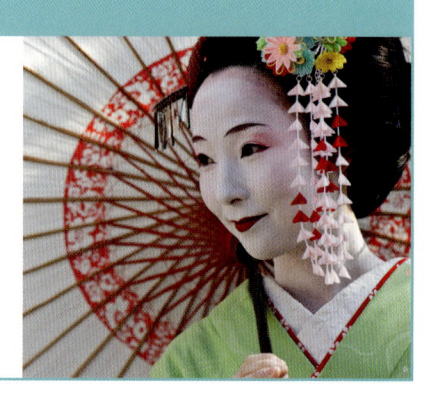

- 確信が持てないときは、辞書で ie か ei かを確かめましょう。

1音節内での発音

韻文のところで述べたように、ie と ei のどちらのつづりが正しいかは、発音から判断できます。1音節内に ie や ei があるとき、それをどう発音するかは、次の4つの規則で覚えてください。ただし、例外は覚えなければなりません。

規則1
[イー] の音になるときは、ie になる。

niece, belief, achieve, field

この規則には例外も多い。 → **protein, seize, either, weird, caffeine**

規則2
c の後が [イー] の音になるときは、ei になる。

receive, receipt, deceit, ceiling

例外の1つは、ci が [シ] の音になるとき。 → **ancient, conscience, species**

y で終わる単語が i に変わったときも当てはまらない。 → **fancied, policies, bouncier**

規則3
[エィ] や [アィ] の音になるときは、ei になる。

weight, height, feisty

ie でも [アィ] の音になることがある。 → **die, pie, lie, cried**

規則4
[エ] の音になるときは、ei になる。

heifer, leisure （*訳注：米音は [リージャ]）

この規則の例外。 → **friend**

2音節内での発音

i と e が別々に発音されるときは、どちらの文字が先にくるかを見極めるのは簡単です。最初に "i" の音（[イ] または [アィ]）が発音されるときは、i が前にきます。逆の場合も同様に考えます。

di-et, a-li-en, sci-ence, so-ci-e-ty

i の文字を先に発音
これらの単語では、i を含む音節が先に発音されるので、つづりでも i が前にきている。

de-i-ty, see-ing, be-ing, re-ig-nite, here-in

e の文字を先に発音
これらの単語では、e を含む音節が先に発音されるので、つづりでも e が前にきている。

大文字 Capital letters

大文字の最も一般的な用法は、文のはじめに使うことです。

大文字は、文のはじめだけでなく、人や場所の名称や、曜日のような時を表す語句でも使われます。

参照ページ	
‹22–23	名詞
‹34–35	代名詞
‹68–69	文
‹92–93	句読法って何？
‹94–95	終止符と省略記号
略語	172–173›
関心を引く文を作る	184–185›
点検と編集	220–221›

文のはじめ

文の最初の単語は大文字で始めます。これは、読み手の注意を引き、新しい文が始まることを強調するためです。大文字は、前の文の最後にある終止符や感嘆符や疑問符の後に続きます。

On that
← 文の最初の単語は大文字で始める。

時を表す語句

曜日や月の名のほか、国民の祝日や Christmas のような宗教的な休日は、すべて最初の文字を大文字にします。ただし、winter のような季節名は決して大文字にしません。歴史上の時代・時期や、Industrial Revolution（産業革命）、Olympic Games（オリンピック大会）のような出来事や行事も、常に大文字で始めます。

Saturday
← 週の名は常に大文字で始める。「土曜日」

Bronze **A**ge
← この歴史上の時代は両方を大文字で始める。「青銅器時代」

Halloween
← 祝祭は常に大文字で始める。「ハロウィーン」

On that **S**aturday afternoon in
Olivia as she hurried to meet her

👍
- 引用文の" "内は、いつも大文字で始めることを忘れずに。

REAL WORLD
大文字と題名

本、劇、歌、新聞、映画、詩の題名（title）には大文字が使われます。題名中にある冠詞の a や the、前置詞の of や in などは、題名の最初以外はふつう大文字にしません。*The New York Times* は、the が新聞名の最初の単語なので The と大文字にします。

〔上の例文(On that Saturday ...)の訳〕サンフランシスコでのその土曜日の午後、オリビアは、カットウォークカフェで友人たちに会うために急いでいたとき、雨でびしょ濡れになった。

大文字　159

- I は、you、he、she、it、them のような他の代名詞とは違って、常に大文字で書きます。

英語のアルファベットは元々、大文字しかありませんでした。小文字 (lower-case letters) が導入されたのは 8 世紀のことです。

確認コーナー：大文字を使うのはどんなとき？

1 つの文がどこで始まりどこで終わるかをはっきりさせるために、大文字を正確に使うことが大切です。人や場所や時を表す語句がほかの普通名詞とすぐに見分けられるように、固有名詞 (proper noun) も大文字にしなければなりません。

この文では、すべての大文字が正確に使われている。「私の友人のピアは木曜日に旅行でフランスに行った」（＊訳注：アメリカ英語では traveled とつづる）

my friend pia travelled to france on thursday. ✗

My ✓ — 文のはじめは大文字にする。

Pia ✓ — 人の名は大文字で書き始める。

France ✓ — 国の名は大文字で書き始める。

Thursday ✓ — 曜日は大文字で書き始める。

My friend **P**ia travelled to **F**rance on **T**hursday. ✓

San **F**rancisco, the rain drenched friends at the **K**atwalk **C**afé.

人と場所

人や場所の名称である固有名詞は、常に最初の文字を大文字にします。国の北部地域を指す the North のような特定の場所を表す場合も同じです。しかし、on the north side of the shopping centre（ショッピングセンターの北側に）と一般的な方角を指すときは、大文字にする必要はありません。（＊訳注：アメリカ英語では center）

San **F**rancisco — 都市名は大文字で始める。2 語から成る都市名は、両方を大文字に。

Olivia — 人名は大文字で始める。

River **N**ile — 特定の川の名は、両方を大文字に。「ナイル川」

Katwalk **C**afé — 事業所名（店名や社名）なので両方を大文字に。

Disneyland — 場所の名なので大文字で始める。

Africa — 国の名は大文字で始める。

黙字 Silent letters

黙字とは、書かれても発音されない文字のことです。

英語には、黙字を含む単語が多数あります。黙字はつづりのミスを誘いますが、一定のパターンを知っていれば、そのような単語をつづるときの助けになります。

参照ページ	
‹ 130-131	母音
‹ 132-133	子音
‹ 134-135	音節
‹ 136-137	形態素
‹ 156-157	「cの後を除き、iはeの前」という規則
不規則な単語つづり	164-165 ›

黙字

単語の発音に反映しない文字を黙字といいます。多くの場合、これらの文字は昔ははっきり発音されていましたが、時と共に、単語のつづりは同じままで発音が変化してしまいました。

conde**m**n

黙字の n を除いても単語の発音は変わらないが、間違ったつづりになる。

文字	黙字になるとき	例
a	ほかの母音字の前か後	**a**isle, coc**o**a, he**a**d
b	m の後	crum**b**, lim**b**, thum**b**
	t の前	de**b**t, dou**b**t, su**b**tle
c	s の後	mus**c**le, s**c**ent, s**c**issors
d	n の前か後	We**d**nesday, han**d**some, lan**d**scape
e	単語の終わり	giraff**e**, humbl**e**, lov**e**
g	h の前	dau**g**hter, thou**g**h, wei**g**h
	n の前	campai**g**n, forei**g**n, **g**nome
h	単語のはじめ	**h**eir, **h**onest, **h**our
	ex の後	ex**h**austing, ex**h**ibition, ex**h**ilarate
	g の後	g**h**astly, g**h**ost, g**h**oul
	r の後	r**h**apsody, r**h**inoceros, r**h**yme
	w の後	w**h**ale, w**h**eel, w**h**irlpool
k	n の前	**k**nee, **k**night, **k**now
l	d の前	cou**l**d, shou**l**d, wou**l**d
	f の前	beha**l**f, ca**l**f, ha**l**f
	m の前	almond, ca**l**m, pa**l**m
n	m の後	autum**n**, hym**n**, solem**n**
p	n の前	**p**neumatic, **p**neumonia, **p**neumonic
	s の前	**p**salm, **p**sychiatry, **p**sychic
	t の前	**p**teranodon, **p**terodactyl, recei**p**t
t	ch の前	ca**t**ch, stre**t**ch, wi**t**ch
	s の後	cas**t**le, Chris**t**mas, lis**t**en
u	ほかの母音字があるとき	b**u**ilding, co**u**rt, g**u**ess
w	r の前	**w**reck, **w**rite, **w**rong
	s か t が付くとき	ans**w**er, s**w**ord, t**w**o

黙字 161

補助的な文字

補助的な文字は黙字の一種で、あるかないかで単語の発音が変わります。たとえば、coat から黙字の a を除けば、cot という別の単語になり、coat とは発音も意味も違うものになります。（＊訳注：coat の o の発音は［オゥ］なので a が黙字になる）

kite — 黙字の e がないと発音が変わるので、e は補助的な文字。e がないと、別に存在する kit という単語と混同してしまう。

文字	黙字になるとき	例
a	o の後	bo**a**t, co**a**t, go**a**t
b	m の後	clim**b**, com**b**, tom**b**
c	t の前	indi**c**t
d	g の前	ba**d**ge, do**d**ge, ju**d**ge
e	単語の終わり	hop**e**, kit**e**, sit**e**
g	i と n の間	beni**g**n, desi**g**n, si**g**n
	i と m の間	paradi**g**m
h	c の後	ac**h**e
i	この 1 語だけ	bus**i**ness
l	k の前	fo**l**k, ta**l**k, wa**l**k
	m の前	ca**l**m, pa**l**m
s	i の後	ai**s**le, i**s**land
w	h の前	**w**ho, **w**hom, **w**hose

地域による違い

地域によっては、黙字を発音する場合もあります。英語には一連の地方なまり（accent）があって、それぞれに特徴があるからです。とはいえ、同じ地域で育った 2 人でも、同じ単語を同じように発音するとは限りません。

better — この最後の r を発音しない人もいる。

文字	発音したり発音しなかったりするとき	例
h	e の前	**h**erb
	w の後	w**h**ich, w**h**ip, w**h**isky
r	母音字の後	bo**r**n, ca**r**, sta**r**
t	ほかの子音字の前か後	of**t**en, fas**t**en, **t**sunami

（＊訳注：whisky はアメリカ英語では whiskey とつづる）

- 黙字を含む単語には、他言語に由来するものもあります。k という黙字を含む knife、knock、know という単語は、すべて古ノルド語（Old Norse、古北欧語）です。gh という黙字を含む bright、daughter、night という単語は、すべてアングロサクソン語です。

「黙字になる母音字」を加えれば、英単語の約 60 パーセントに黙字が含まれています。

複合語 Compound words

2語が結合して新しくできた単語を複合語といいます。

参照ページ	
‹ 20–21	品詞
‹ 22–23	名詞
‹ 38–39	動詞
‹ 140–141	語根
不規則な単語つづり	164–165 ›

複合語は、2つの短い単語が一緒になってできたものです。英語には多くの複合語があります。

細かい情報を加える

細かい情報を加えるためにほかの単語と結合する場合があります。結合すると、より具体的な意味を持つ複合語になります。たとえば、house は boat を修飾して新たに houseboat（居住用ボート）という複合語を作ります。また、boat という単語は、powerboat（モーターボート）や steamboat（汽船）といったボートの種類を表す複合語を作るために、power や steam という別の単語で修飾されます。（＊訳注：「モーターボート」はアメリカ英語では motorboat という。なお、boat は「小舟、（一般に）船」を指す語）

house が boat を修飾し、houseboat というボートの一種に具体化している。

house + **boat** → **houseboat**

cheese が cake を修飾し、cheesecake というケーキの一種に具体化している。

cheese + **cake** → **cheesecake**

- ほとんどの複合語は名詞です。2語からできる動詞は、2語のままになる傾向があります。たとえば、turn around（好転する）という動詞は turnaround という複合語とは区別されます。turnaround は名詞で、「（経済状況などの）好転、（手続きなどの）所要時間、（考えなどの）方向転換」などを表します。

用語集

名詞：人や場所やものを指す品詞。

動詞：動作を表す品詞。

単語1	単語2	複合語と主な意味
air（空中）	craft（船）	aircraft（航空機）
baby（赤ん坊）	sitter（付き添い人）	babysitter（ベビーシッター）
book（帳簿）	keeper（管理者）	bookkeeper（簿記係）
card（ボール紙）	board（板）	cardboard（段ボール）
dish（皿）	washer（洗うもの）	dishwasher（皿洗い機）
fire（火）	place（場所）	fireplace（暖炉）
ginger（ショウガ）	bread（パン）	gingerbread（ジンジャーブレッド）
horse（馬）	shoe（靴）	horseshoe（馬蹄）
key（鍵）	hole（穴）	keyhole（鍵穴）
news（ニュース）	paper（紙）	newspaper（新聞）
river（川）	side（脇）	riverside（川岸）
snow（雪）	flake（薄片）	snowflake（雪片）
sun（太陽）	rise（昇ること）	sunrise（日の出）
tax（税金）	payer（支払者）	taxpayer（納税者）
wall（壁）	paper（紙）	wallpaper（壁紙）

複合語

新しい意味になる

この種の複合語は、2つの単語が結合して元の2語とは無関係の意味を持つ単語になったものです。たとえば、hogwash は hog（ブタの一種）と wash（洗浄する）という2語からできていますが、結合すると hogwash という複合語になり、「くだらないもの」を表す名詞になります。

ドイツ語やフランス語などでは、3語が結合してできる単語もあります。たとえば、Farbfernsehgerät は、ドイツ語で「カラーテレビ受像機」の意味です。

glove が fox と結合し、植物の一種「ジギタリス」になる。

fox + glove → foxglove

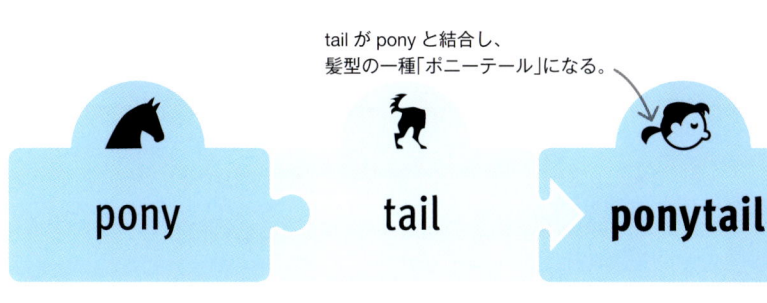

tail が pony と結合し、髪型の一種「ポニーテール」になる。

pony + tail → ponytail

- 2語が一緒になって複合語になるのは、afterlife（余生、来世）や backbone（背骨、大黒柱）のように、結合することで1つの概念や事物を表せるときです。そうならないときは、2語を分けたままにしておきます。

REAL WORLD
複合語の発展形

post office（郵便局）や half moon（半月）や ice cream（アイスクリーム）など、よく一緒に使われるため複合語に思えるものもあります。多くの単語は、はじめは2語で使われますが（wild life）、使われているうちにハイフンでつながれるようになり（wild-life）、最終的には複合語（wildlife）になります。

単語1	単語2	複合語と主な意味
block（障害物）	buster（壊す人[物]）	blockbuster（大ヒット作）
cart（荷馬車）	wheel（車輪）	cartwheel（腕立て側転）
heart（心臓）	beat（打つこと）	heartbeat（わずかな時間）
honey（蜂蜜）	moon（月）	honeymoon（新婚期［旅行］）
in（中に）	come（来る）	income（収入）
life（命）	style（様式）	lifestyle（生き方）
lime（石灰）	light（光）	limelight（注目の的）
master（名人）	piece（作品）	masterpiece（傑作）
off（離れた）	shoot（発射、新芽）	offshoot（分派、子会社）
over（越えて）	come（来る）	overcome（克服する）
scare（恐怖）	crow（カラス）	scarecrow（かかし）
show（見せること）	case（実例）	showcase（陳列ケース）
sleep（眠り）	walk（歩行）	sleepwalk（夢遊症）
type（印刷文字）	writer（書くもの）	typewriter（タイプライター）
wind（風）	screen（間仕切り）	windscreen（フロントガラス）

（＊訳注：「フロントガラス」はアメリカ英語では windshield）

SLOW DOWN FOR WILDLIFE

不規則な単語つづり
Irregular word spellings

どんな規則にも当てはまらないつづりもあります。

参照ページ
- 134–135　音節
- 138–139　変則的な英語を理解する
- 156–157　「cの後を除き、iはeの前」という規則

不規則なつづりを覚えるには、1つずつ身につけることが唯一の方法です。ただし、じっと眺めて覚えるよりも、もっと楽しい覚え方がいろいろあります。

奇妙なつづりの単語

発音とつづりがずれていて書きにくい単語があります。たとえば、said は led や fed と同じ短母音ですが、つづりは違います。一般的な規則に反する単語もあります。foreign という単語には、「c の後を除き、i は e の前」という規則は当てはまりません。

- 「記憶用メモ」(reminder) を作って覚える方法もあります。間違えやすい単語を大きな文字で書き、壁や、家の中の1日中目につく場所に貼っておくのです。(下は例。単語の意味は省略)

A
accidentally
again
archaeology
asthma

B
beautiful
because
beginning
beige

C
circuit
conscience
cough
country

D
definitely
disappear
disguise
does

E
Egypt
embarrassed
enough
especially

F
fluorescent
foreign
forty

G
geography
graffiti
guarantee

H
height

J
jeopardy
jewel

K
knee

L
lawyer
leopard
liaison

M
mischievous

N
nuisance

O
ocean

P
particularly
people
pharaoh
psychology

R
raspberry
restaurant
rhythm
rough

S
school
soldier
straight
surprise

T
Tuesday
tomorrow
tongue
twelfth

V
vicious

W
weird

Y
yacht
young

不規則な単語つづり

手書きする

つづりを身につける技法の1つは、その単語を見てから隠し、記憶に頼って書き、その後で確認することです。これを、完全に覚えるまで何回も繰り返すのです。

見る

tongue

隠す

tongue

書く

tongue

確かめる

tongue *tongue*

どこがやっかいな部分か？

不規則なつづりを身につけるもう1つの方法は、難しい部分を取り出すことです。単語を見て、奇妙で覚えにくい部分に下線を引き、注を書きましょう。難しい部分を目立たせれば、思い出すのが簡単になります。

leo**pard** ← o は黙字。

restaur**ant** ← aur は er のように発音する。

twelfth ← "fth" の音を fth とつづるのは奇妙。（*訳注：子音が続くので "f" 音か "th" 音がよく脱落する）

違う発音をしてみる

その単語のつづりが発音通りでないときは、わざとつづりに合わせて発音してみましょう。

definITely ← at とつづらないために、わざと it を強く発音してみる。

WED NES DAY ← 単語を部分に分けて、わざと「ウェド ネス デイ」と発音してみる。

particulARLY ← erly とつづらないために、わざと arly を強く発音してみる。

単語の中の単語

長い単語の中から小さい単語を探す方法もあります。そうすれば、長い単語を小さい単語と関連づけることができます。そして、その小さい単語に絵を添えて視覚化すれば、長い単語も簡単に書けるようになります。

← 絵を描いて、単語の中の単語を視覚化する。「separate の中に rat が1匹いる」

There is a rat in separate.

愉快な言い回し

愉快な語句を作って覚える方法もあります。mnemonic device（記憶を助ける工夫）といいます。たとえば、覚えにくい単語の各文字で始まる単語を使って、ある文句を作ります。単語の中の特定の文字の数を覚える言い回しもあります。（*訳注：外国人が漢字の「命」を分解して AOP と覚えるのも、この種の工夫）

RHYTHM　**R**hythm **H**elps **Y**our **T**wo **H**ips **M**ove
（リズムはあなたの2つのヒップが動くのを助ける）

BECAUSE　**B**ig **E**lephants **C**an't **A**lways **U**se **S**mall **E**xits
（大きなゾウは小さな出口が使えるとは限らない）

← 各単語が、つづりの各文字で始まっている。

NECESSARY　One **c**offee with two **s**ugars
（2個の角砂糖を入れた1杯のコーヒー）

← この文句で「cが1つ、sが2つ」と記憶できる。

同形同音異義語、異形同音異義語、同形異音異義語

Homonyms, homophones and homographs

発音やつづりが同じでも、意味の異なる単語があります。

参照ページ	
‹ 78–79	誤用しやすい単語
‹ 140–141	語根
‹ 142–143	接頭辞と接尾辞
‹ 160–161	黙字
‹ 164–165	不規則な単語つづり
描写する書き方	208–209 ›

発音やつづりの異同によって、同形同音異義語、異形同音異義語、同形異音異義語に分けられます。英語を話すときも書くときも、正しい単語を使うことが大切です。

同形同音異義語

つづりと発音が同じで意味が異なる単語を同形同音異義語といいます。たとえば fair は、ゲームや乗り物のある催し((移動遊園地の)フェスティバル)を指したり、理性的に人を扱うという概念(公正な、合理的な)を指したりします。

homonym という単語はギリシャ語に由来し、「同じ」の意味です。onyma は「名前」の意味です。

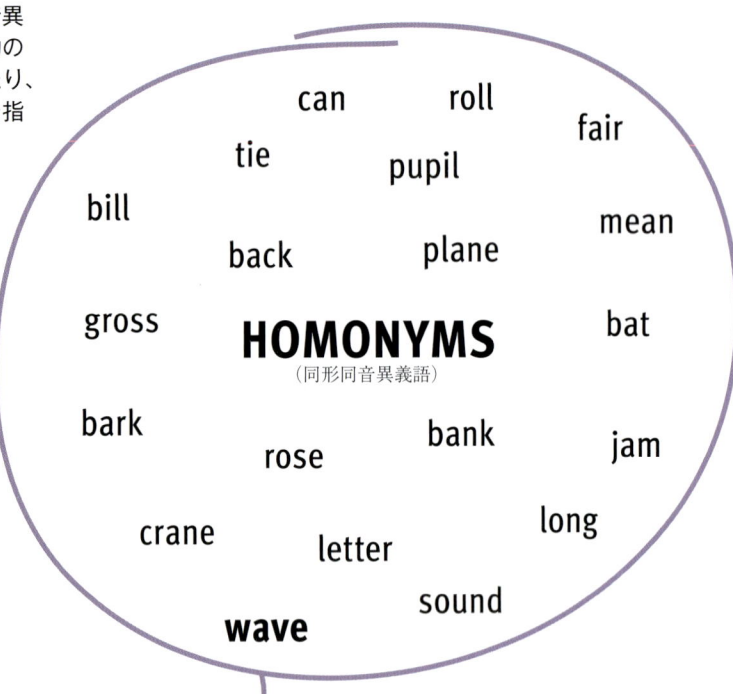

> can　roll　fair
> tie　pupil
> bill　　　　　mean
> back　plane
> gross　**HOMONYMS**　bat
> （同形同音異義語）
> bark
> 　rose　bank　jam
> crane　letter　long
> 　　sound
> **wave**

これらの同形同音異義語を辞書で確かめてみましょう。

▷ wave という単語
同形同音異義語の wave にはいくつかの意味があります。海流によって引き起こされる「波」を指すだけでなく、挨拶や合図のしぐさである手の動きも指します。

REAL WORLD
クロスワードパズル

クロスワードパズルを解くには、同形同音異義語などのくわしい知識が必要です。暗号クロスワード(cryptic crosswords、イギリス式クロスワードパズルともいう)のヒント[鍵]では、読者を惑わすためにこれらの単語を巧みに利用しています。

同形同音異義語、異形同音異義語、同形異音異義語

異形同音異義語

発音が同じでつづりと意味が異なる語を異形同音異義語といい、ギリシャ語で「同じ音」の意味です。ほとんどの異形同音異義語は reed と read のように2語で1組ですが、to と too と two のような3語のグループのものもあります。

これらの異形同音異義語を辞書で確かめてみましょう。

HOMOPHONES
（異形同音異義語）

- which/witch
- read/reed
- to/too/two
- week/weak
- dear/deer
- pair/pear
- buy/by/bye
- stair/stare
- knight/night
- cite/site/sight
- I/eye
- sent/cent/scent
- for/four
- bare/bear
- die/dye

△ **pear と pair**
pear と pair は異形同音異義語です。1つ目の単語は食用の果物（洋ナシ）を指し、2つ目の単語は2つのもの（1対）を意味します。

同形異音異義語

つづりは同じでも、発音と意味が異なる単語を同形異音異義語といい、ギリシャ語で「同じ書き文字」の意味です。たとえば、tear という単語は目から出る水っぽい分泌物（涙）、または何かの裂け目を指し、それぞれの発音も異なります。

これらの同形異音異義語を辞書で確かめてみましょう。

HOMOGRAPHS
（同形異音異義語）

- reject
- minute
- putting
- bow
- tear
- content
- live
- lead
- object
- wind
- bass
- contract
- refuse
- produce
- wound
- row
- project
- close
- does
- sow

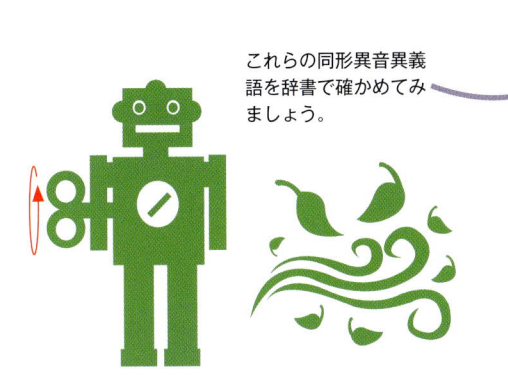

△ **wind という単語**
同形異音異義語の wind には、2つの意味があります。1つは曲がったりねじれたりする動き（曲がること、巻くこと、など）を指し、もう1つは「強いそよ風」を表します。

紛らわしい単語
Confusing words

発音が似ている単語は、つづりを間違えることがよくあります。

参照ページ	
◁ 136–137	形態素
◁ 142–143	接頭辞と接尾辞
◁ 162–163	複合語
◁ 166–167	同形同音異義語、異形同音異義語、同形異音異義語
その他の紛らわしい単語	170–171 ▷

英語には、つづりや発音が同じか、ほとんど同じ単語がたくさんあります。発音のほんの少しの違いを認識すれば、正しいつづりで書けるようになります。

名詞と動詞の混同

発音が似ているか同じであるため、名詞と動詞を混同することがあります。中には、名詞の advice と動詞の advise のように、発音が少し違うだけで別の品詞になるものもあります。

しかしもっと間違えやすいのは、weight（重さ）と wait（待つ）のように、発音が同じでつづりと意味が異なるものです。

advice or **advise**
- advice：この名詞は指導・助言を表す。
- advise：この動詞は「提案[助言]する」の意味。
  - Their **advice** was helpful. （彼らの助言）
  - I asked her to **advise** me. （助言してほしいと）

breath or **breathe**
- breath：この名詞は肺に出入りする空気を表す。
- breathe：この動詞は「肺に空気を出入りさせる」の意味。
  - She took a deep **breath**. （深呼吸をした）
  - He had to **breathe** hard while jogging. （息が荒くなってしまった）

ceiling or **sealing**
- ceiling：この名詞は部屋の上の面を表す。
- sealing：動詞 seal は「安全に閉じる」の意味。
  - The new light hung from the **ceiling**. （天井から）
  - The plumber is **sealing** the gap. （溝を埋めている）

device or **devise**
- device：この名詞は装置・手段の1つを表す。
- devise：この動詞は「考案[発明]する」の意味。
  - I bought a new phone **device**. （新しい電話機）
  - The team will **devise** a website. （ウェブサイトを創設する）

drawer or **draw**
- drawer：この名詞は収納用の仕切りを表す。
- draw：この動詞は「引く、線で描く」の意味。
  - She put her pen in the **drawer**. （引出しにしまった）
  - He liked to **draw** buildings. （建物を描く）

effect or **affect**
- effect：この名詞は行為の結果を表す。
- affect：この動詞は「～に影響を与える」の意味。
  - The protest had a positive **effect**. （確かな効果があった）
  - The fight **affect**ed him badly. （悪影響を与えた）

（*訳注：アメリカ英語では語末の r をはっきり発音する）

紛らわしい単語 169

| **lesson** この名詞は授業などの時間を表す。 | or | **lessen** この動詞は「減少させる」の意味。 | | **weight** この名詞は物体が持つ質量を表す。 | or | **wait** この動詞は「行動を継続・延長する」の意味。 |

She enjoyed her piano **lesson**.
（ピアノのレッスン）

I must **lessen** my grip on the rope.
（弱めなければならない）

The bag's **weight** is immense.
（とんでもない重さだ）

I must **wait** for my brother.
（待たなければならない）

よくつづりを間違える単語

発音が同じ、またはよく似ているのに、つづりも意味も違う単語がまだいろいろあります。どんな場合でも（特に文書では）、正しく理解してもらえるように適切な単語を使うことが大切です。どちらの単語を使うべきか不明確なときは、辞書で確かめてください。（右の例文の訳は p.248）

単語	例文	単語	例文
are	Those boys **are** always getting into trouble.	our	**Our** team was invited to the national championships.
hear	I could **hear** the plane flying overhead.	here	**Here** is the latest photo of my family.
know	The taxi driver did not **know** the way to my house.	now	There is **now** a café where my house used to be.
lose	There was no way she could **lose** in the finals.	loose	My friend's **loose** change fell out of his pocket.
passed	He **passed** the present to his friend.	past	She drove **past** the park on the way home.
weather	The **weather** report predicted snowfall.	whether	I am not sure **whether** to wear my coat today or not.

1語か2語か?

1語でつづられるか2語でつづられるかで、意味が違ってくるものがあります。たとえば、1語の everyday は「日常的な」や「通常の」の意味の形容詞ですが、every day は「毎日」の意味の副詞句です。（右の例文の訳は p.248）

単語	例文	語句	例文
anyone	**Anyone** caught smoking will be punished.	any one	**Any one** of those people could be to blame.
already	Our passports have **already** been inspected.	all ready	We are **all ready** to board the plane.
altogether	The song was **altogether** inappropriate.	all together	The paintings were exhibited **all together** for the first time.
everyday	I was wearing **everyday** clothes around the house.	every day	I need to use a hairdryer **every day** after my shower.
maybe	**Maybe** one day they will uncover the truth.	may be	There **may be** more than one culprit.

- よく使われる語根、接頭辞、接尾辞の意味を身につければ、つづりの間違いを避けるのに役立ちます。

その他の紛らわしい単語
Other confusing words

意味を混同したために、つづりを間違えることがよくあります。

参照ページ	
‹ 104–105	アポストロフィ
‹ 166–167	同形同音異義語、異形同音異義語、同形異音異義語
‹ 168–169	紛らわしい単語

意味を誤解した結果、つづりを間違えてしまう単語もあります。間違った単語を選ぶと、文の意味がおかしくなり、読み手を混乱させることになります。

意味の混同

意味を正しく理解していないと、つづりの似た別の単語と混同してしまうことがあります。2語の発音が似ていると、ますます混乱してしまいます。そのような単語を覚えるコツや規則はなく、意味と発音の違いを個々に身につけなければなりません。迷ったら、辞書で調べてください。

adapt or **adopt**
- adapt: 「何かに適応する」を表す。
- adopt: 「ある考えや方法に従う」の意味。

A fish can **adapt** to a new habitat.
（新環境に適応できる）

They will **adopt** the new policy.
（新方針を採用する）

conscience or **conscious**
- conscience: 「善悪に対する感覚」を表す。
- conscious: 「気づいて[意識して]いる」の意味。

Her **conscience** told her to confess.
（彼女の良心）

He was **conscious** of his faults.
（自覚していた）

disinterested or **uninterested**
- disinterested: 「人が公平な」を表す。
- uninterested: 「興味を持たない」の意味。

The **disinterested** reporter is talking.
（公平なレポーター）

He is **uninterested** in the show.
（ショーに興味がない）

distinct or **distinctive**
- distinct: 「異なっている」を表す。
- distinctive: 「人やものに特徴的な」の意味。

There are two **distinct** cell types.
（明らかに異なる細胞型）

She had a **distinctive** voice.
（特徴のある声）

historic or **historical**
- historic: 「歴史上有名な」を表す。
- historical: 「過去に関連する」の意味。

The moon landing is a **historic** event.
（歴史的な出来事）

The museum held **historical** relics.
（歴史上の遺物）

regretful or **regrettable**
- regretful: 「遺憾の感情」を表す。
- regrettable: 「遺憾を生じさせる」の意味。

She was **regretful** for her actions.
（後悔していた）

The loss of jobs was **regrettable**.
（残念なことだった）

その他の紛らわしい単語　**171**

3つの紛らわしい単語

発音のよく似ている3つの単語が、別々の意味を表すこともあります。このような場合は、特に注意して3語の違いを理解し、それぞれのつづりを確実に身につけましょう。

though
however と同じ意味。

or

through
「一方の端から入り他方から出て」の意味。

or

thorough
うまくできたことや完全なことを表す。

↓

He still wanted to go shopping, **though**.
（しかし）

↓

He walked **through** the crowd.
（通り抜けた）

↓

He conducted a **thorough** investigation.
（徹底的な調査をした）

---

quit
「（ふつうは永遠に）去る」の意味。

or

quiet
「音をほとんどかまったく立てていない」を表す。

or

quite
「程度が最大である」の意味。

↓

The journalist **quit** her job at the newspaper.
（新聞の仕事を辞めた）

↓

It seemed eerily **quiet** along the street.
（不気味なほど静まり返って）

↓

The story made **quite** an impression on her.
（大いに感銘を与えた）

紛らわしい単語（追加）

意味を正確に知らないために、繰り返しつづりを間違える単語がまだたくさんあります。文を書いたら常に読み返し、正しい単語を使っているかどうかを確かめましょう。（下の例文の訳は p.248）

単語	例
accident	The bicycle **accident** left her with a large bruise.
angel	The religious text mentioned an **angel**.
desert	It was very hot in the middle of the **desert**.
elicit	The father tried to **elicit** a response from his son.
envelop	The fog was about to **envelop** the town.
lightening	The hairdresser was **lightening** my hair.
rational	There was no **rational** reason for her behaviour.

単語	例
incident	There was an **incident** of bullying on the team.
angle	Every **angle** in a square is the same size.
dessert	My favourite **dessert** is key lime pie.
illicit	The airport confiscated **illicit** food from the man.
envelope	He put the letter in an **envelope**.
lightning	The **lightning** storm caused havoc.
rationale	She explained the **rationale** for her decision.

REAL WORLD

ゆかいな語呂合わせ

タブロイド紙は、見出しによく語呂合わせ（pun）を使います。同音の単語を利用して混乱させ、冗談や皮肉を生むためです。〔下の見出し〕英国、大敗を喫す（pound「（貨幣単位の）ポンド」と「強打」）

略語 Abbreviations

短縮した形で書かれる単語や語句を略語といいます。

参照ページ	
◁ 94-95	終止符と省略記号
◁ 158-159	大文字
◁ 164-165	不規則な単語つづり
適切な単語を選ぶ	182-183 ▷

英語には多くの略語が含まれていて、話すときに長い単語や語句の代わりに使われたり、書くスペースが限られているときに使われたりします。正式な言い方より略語の方がよく知られているものもあります。

@マークは at を表す略語で、e メールのアドレスや e メールの文章中で使われます。

よく使われる略語

略語の書き方はふつう、略す語や語句がどんな種類かによって決まります。省略を表すために、終止符がよく使われます。ラテン系の語句が省略されるときは、それぞれの文字の後に終止符を付けます（a.m. など）。各単語の最初の文字で作られた略語は、ふつう終止符を付けません。下の略語はよく使われるものばかりです。ぜひ辞書で確かめてください。

REAL WORLD
ナサ（NASA）

世界で最も広く認められている略語の1つは、アメリカの政府機関 NASA で、the National Aeronautics and Space Administration（米航空宇宙局）を表します。各単語の最初の文字がこの頭字語（acronym）を作っています。1文字ずつ分けず、1語として発音します。右の図にあるナサのロゴ（logo）は、スペースシャトルの側面に描かれているものです。

略語	完全な語句
3-D	three-dimensional
a.m.	*ante meridiem* (Latin); before noon (English)
b.	born (indicating birth date)
BCE	before the Common Era
Brit.	British
C	Centigrade or Celsius
CE	Common Era
dept.	department
DIY	do-it-yourself
ed.	edition or editor
e.g.	*exempli gratia* (Latin); for example (English)
est.	established or estimated
EST	Eastern Standard Time
etc.	*et cetera* (Latin); and the rest (English)
EU	European Union
F	Fahrenheit
FAQ	frequently asked questions
GMT	Greenwich Mean Time
HTML	HyperText Markup Language

略語	完全な語句
i.e.	*id est* (Latin); that is (English)
IOU	I owe you
LED	light-emitting diode
long.	longitude
MD	medical doctor
Mr.	Mister
Mrs.	Mistress (referring to wife)
PDF	Portable Document Format
percent	*per centum* (Latin); in each hundred (English)
p.m.	*post meridiem* (Latin); after noon (English)
PM	Prime Minister
Pres.	President
P.S.	*post scriptum* (Latin); written after (English)
PTO	please turn over
SMS	Short Message Service
UK	United Kingdom
US	United States
USB	Universal Serial Bus
www	World Wide Web

略語 173

短縮語 (shortening)

短縮語は主に、小文字を使って1つの単語を表すものです。ふつう、単語の最初か最後が脱落しますが、まれに最初と最後が省かれることもあります。終止符を使うかどうかは、その略語が格式ばったものかどうかによります。bicycle が bike に変わるように、短縮によってつづりが変わることもあります。

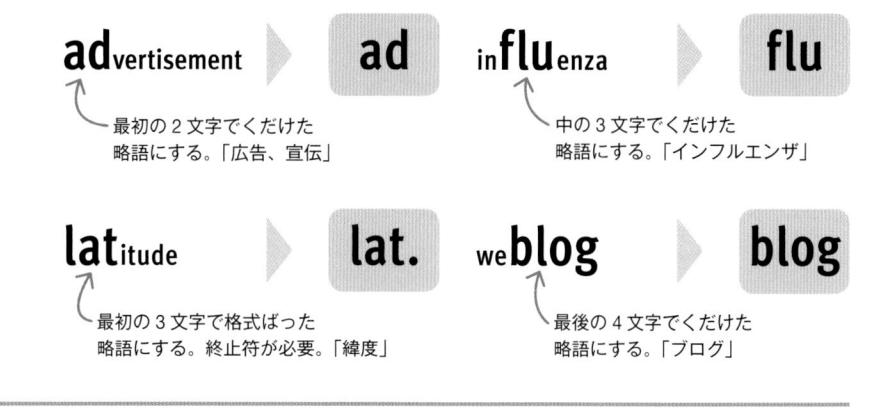

advertisement ▷ **ad**
最初の2文字でくだけた略語にする。「広告、宣伝」

in**flu**enza ▷ **flu**
中の3文字でくだけた略語にする。「インフルエンザ」

latitude ▷ **lat.**
最初の3文字で格式ばった略語にする。終止符が必要。「緯度」

we**blog** ▷ **blog**
最後の4文字でくだけた略語にする。「ブログ」

圧縮語 (contracted abbreviation)

圧縮語は、単語の中間部分の文字を除いてできたものです。ふつうは、地位・役職や資格に関連するものです。この種の略語は、たいてい大文字で始まります。一般に、圧縮された略語の終わりには終止符を付けます。

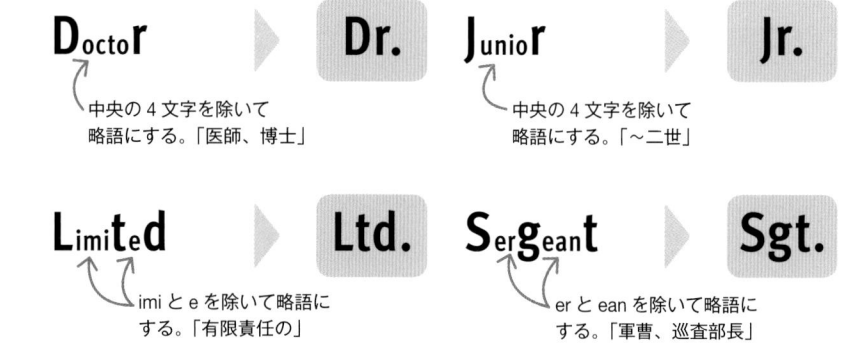

Docto**r** ▷ **Dr.**
中央の4文字を除いて略語にする。「医師、博士」

Junio**r** ▷ **Jr.**
中央の4文字を除いて略語にする。「〜二世」

Limi**t**e**d** ▷ **Ltd.**
imi と e を除いて略語にする。「有限責任の」

Se**rg**e**an**t ▷ **Sgt.**
er と ean を除いて略語にする。「軍曹、巡査部長」

頭文字語 (initialism)

頭文字語とは、それぞれの単語の最初の文字をつなげてできた略語です。それぞれの文字は別々に発音され、大文字で書かれます。ほとんどの場合、頭文字語では文字の間に終止符を入れません。(＊訳注：U.S.A. より USA と表記する方が一般的、ということ)

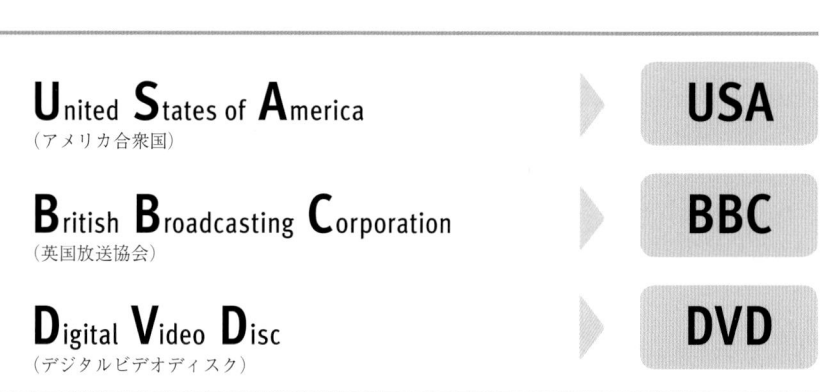

United **S**tates of **A**merica ▷ **USA**
(アメリカ合衆国)

British **B**roadcasting **C**orporation ▷ **BBC**
(英国放送協会)

Digital **V**ideo **D**isc ▷ **DVD**
(デジタルビデオディスク)

頭字語 (acronym)

頭字語も語句の頭文字から作られる略語ですが、文字を別々にではなく、つづり通りに発音する点で、頭文字語とは異なります。頭字語は大文字で書かれ、終止符を付けません。(＊訳注：Unidentified Flying Object「未確認飛行物体」の略語 UFO は、［ユーフォー］とも［ユーエフオゥ］とも発音される)

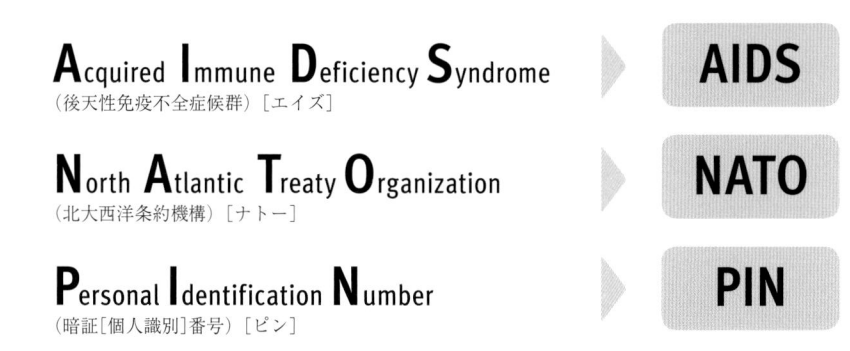

Acquired **I**mmune **D**eficiency **S**yndrome ▷ **AIDS**
(後天性免疫不全症候群)［エイズ］

North **A**tlantic **T**reaty **O**rganization ▷ **NATO**
(北大西洋条約機構)［ナトー］

Personal **I**dentification **N**umber ▷ **PIN**
(暗証［個人識別］番号)［ピン］

イギリス式つづりと アメリカ式つづり
British and American spellings

参照ページ	
◁ 142–143	接頭辞と接尾辞
◁ 154–155	子音字が1つの単語、重なる単語

イギリス英語とアメリカ英語では、語尾のつづりが異なることがよくあります。

イギリス英語ではよく接尾辞の前のlが二重になりますが、アメリカ英語ではそうなりません。イギリス英語の -ise、-yse、-ce、-re、-our で終わる単語も、アメリカ英語とはつづりが異なります。

英語のつづりは、イギリスの作家サミュエル・ジョンソンによって、1755年に初めて統一されました。

lの文字を重ねる

イギリス英語で二重のlで書かれる単語は、アメリカ英語ではしばしば1つだけで書かれます。これはふつう、1つのlで終わる単語に接尾辞 -or、-ed、-er、-ing が付くときに生じます。

イギリス英語	アメリカ英語
cancelled	canceled
counsellor（カウンセラー）	counselor
fuelled	fueled
jeweller（宝石商）	jeweler
marvelled	marveled
modelling	modeling
quarrelled	quarreled
traveller（旅行者）	traveler

-ise、-ize、-yse、-yze で終わる単語

イギリス英語の -ise、-yse は、アメリカ英語ではほとんど -ize、-yze になります。ただし、-ize や -yze というつづりはイギリスでも広く使われています。

イギリス英語	アメリカ英語
analyse（分析する）	analyze
criticise（批評する）	criticize
hypnotise（催眠術をかける）	hypnotize
mobilise（動員する）	mobilize
modernise（近代化する）	modernize
organise（準備する）	organize
recognise（それとわかる）	recognize
visualise（視覚化する）	visualize

-ce、-se で終わる単語

イギリス英語の -ce が、アメリカ英語で -se になる場合がいろいろあります。イギリス英語の licence（免許証）や practice（練習）は、品詞が変わるとつづりも変わりますが、このような使い分けはアメリカ英語では無視されます。（＊訳注：イギリス英語の license は「～を認可する」）

イギリス英語	アメリカ英語
defence（防衛）	defense
licence（名詞）; license（動詞）	license（名詞と動詞）
offence（攻撃、罪）	offense
pretence（ふり、見せかけ）	pretense
practice（名詞）; practise（動詞）	practice（名詞と動詞）

イギリス式つづりとアメリカ式つづり

-re、-er で終わる単語

イギリス英語の -re の多くは、アメリカ英語では -er になります。この違いは、metre（メートル）や litre（リットル）のようなメートル法の度量法[単位]でよく見かけます。アメリカ英語の meter や liter と比べてみてください。

イギリス英語	アメリカ英語
calibre （水準、レベル）	caliber
centre （中心）	center
fibre （食物繊維）	fiber
lustre （光沢、輝き）	luster
meagre （乏しい、わずかな）	meager
sombre （陰うつな）	somber
spectre （不安材料）	specter
theatre （劇場）	theater

-our、-or で終わる単語

イギリス英語の -our が、アメリカ英語で -or になることがよくあります。しかし、イギリス英語でも、-our で終わる名詞に -ous、-ious、-ary、-ation、-ific、-ize、-ise のどれかが付くと、-our はふつう -or に変化します。たとえば、humour は humorous（ユーモアのある）になり、glamour は glamorise（美化する）になります。（＊訳注：glamorise はアメリカ英語では glamorize）

イギリス英語	アメリカ英語
behaviour （ふるまい）	behavior
colour （色）	color
flavour （風味）	flavor
humour （ユーモア）	humor
labour （労働）	labor
neighbour （隣人）	neighbor
rumour （うわさ）	rumor
vigour （精力、元気）	vigor

同じつづり

以上の規則はあっても、イギリス英語とアメリカ英語の単語のつづりはたいてい同じです。理屈通りにいかないことが多いので、1つ1つ、単語のつづりを身につけなければなりません。自信がないときは、辞書で確かめてみましょう。

rebel<u>l</u>ed　enduran<u>c</u>e　feath<u>er</u>

medio<u>cre</u>

adverti<u>se</u>　exerci<u>se</u>

foo<u>l</u>ing　act<u>or</u>

REAL WORLD
ウェブスターの辞書

ノア・ウェブスター（1758-1843）は、アメリカ式つづりを導入したことで高い評価を受けています。彼は、アメリカ人はイギリス人とは違う言語を話すことを指摘して、アメリカ文化の優れた独自性を強調したいと考えました。彼は、単語を発音通りにつづることも提唱しました。1828年には『アメリカ英語辞書』（*An American Dictionary of the English Language*）を出版し、これが今でもアメリカ式つづりの基準になっています。

- 実際に使われ続けている限り、アメリカ式もイギリス式も、どちらも正しいつづりです。
- アメリカ英語では、イギリス式つづりで名称を付けることがあります。スペースシャトルの Endeavour（エンデバー）やワシントンDC地区にある Ford's Theatre（フォード劇場）などがその例です。

イギリス式つづりとアメリカ式つづり（追加）
More British and American spellings

参照ページ	
‹ 142–143	接頭辞と接尾辞
‹ 146–147	-e、-y で終わる単語
‹ 154–155	子音字が1つの単語、重なる単語
‹ 160–161	黙字
‹ 162–163	複合語

イギリス英語とアメリカ英語のつづりの違いが、単語の発音に影響することがあります。

イギリス英語のつづりとアメリカ英語のつづりが多少違っても、ふつう、単語の意味は変わりません。しかし、アメリカ英語で「2つの意味を同じ単語で表す」ものを、イギリス英語では別々の単語で表すことがあります。

異なる発音、異なる単語

単語のつづりが少し変わると、意味は同じでも発音に影響します。また、同じものを表すのに、イギリス英語とアメリカ英語で別々の単語を使うことがあります。

イギリス英語	アメリカ英語
aeroplane （航空機）	airplane
aluminium （アルミニウム）	aluminum
disorientated （意識がもうろうとした）	disoriented
pavement （歩道）	sidewalk
sledge （そり）	sleigh or sled

異なる意味

イギリス英語では、異なる意味を表すために、「発音が同じでつづりの異なる2語」を使うことがあります。アメリカ英語では、両方の意味を表すのに同じ単語を使います。

『オックスフォード英語辞典』は英語という言語の「権威」(authority)として広く認められており、イギリス式つづりとアメリカ式つづりの両方が載っています。

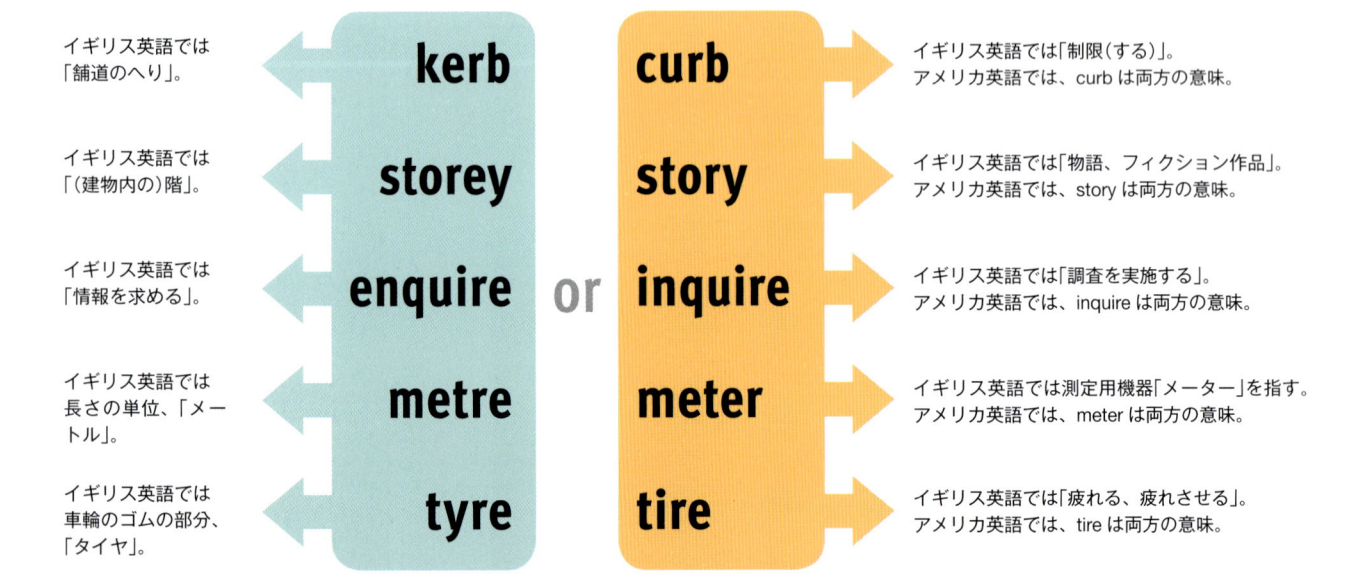

イギリス英語では「舗道のへり」。	**kerb** or **curb**	イギリス英語では「制限（する）」。アメリカ英語では、curbは両方の意味。
イギリス英語では「（建物内の）階」。	**storey** or **story**	イギリス英語では「物語、フィクション作品」。アメリカ英語では、storyは両方の意味。
イギリス英語では「情報を求める」。	**enquire** or **inquire**	イギリス英語では「調査を実施する」。アメリカ英語では、inquireは両方の意味。
イギリス英語では長さの単位、「メートル」。	**metre** or **meter**	イギリス英語では測定用機器「メーター」を指す。アメリカ英語では、meterは両方の意味。
イギリス英語では車輪のゴムの部分、「タイヤ」。	**tyre** or **tire**	イギリス英語では「疲れる、疲れさせる」。アメリカ英語では、tireは両方の意味。

イギリス式つづりとアメリカ式つづり(追加)

発音しない母音字

イギリス英語には、母音字が2つ並んで、その片方が黙字になる単語があります。アメリカ英語では、その発音しない母音字はふつう脱落します。

イギリス英語	アメリカ英語
anaemia（貧血、無気力）	anemia
foetus（胎児）	fetus
manoeuvre（戦略）	maneuver
paediatric（小児科の）	pediatric
palaeontology（古生物学）	paleontology

-ed、-t で終わる過去形

動詞の過去形のつづりが、イギリス英語とアメリカ英語で異なることがあります。これは主に、最後の文字が l、m、n の動詞です。アメリカ英語では -ed という規則的な語尾を使いますが、イギリス英語ではよく、-t という不規則な語尾を使います。

イギリス英語	アメリカ英語
burnt or burned（燃えた）	burned
dreamt or dreamed（夢を見た）	dreamed
learnt or learned（学んだ）	learned
smelt or smelled（匂った）	smelled
spelt or spelled（字をつづった）	spelled

発音しない -e の保存と脱落

アメリカ英語には、発音しない語尾 -e を付けない単語がありますが、イギリス式ではたいてい、発音しない -e を残します。このパターンは、発音しない -e に -ment のような接尾辞が付くときによく生じます。

イギリス英語	アメリカ英語
acknowledgement（確認）	acknowledgment
ageing or aging（高齢化、年老いた）	aging
axe（おの）	ax
judgement（判断、判決）	judgment
useable or usable（使用できる）	usable

- ハイフンで結ばれているイギリス英語の単語が、アメリカ英語で複合語になることもあります。たとえば、イギリス英語では ear-splitting（耳をつんざくような）、kind-hearted（心の優しい）ですが、アメリカ英語では earsplitting、kindhearted とつづります。

REAL WORLD
英米混合の英語（Mid-Atlantic English）

20世紀初頭に、キャサリン・ヘップバーンなど多くのアメリカ人女優が、アメリカ式ともイギリス式とも明らかに違う口調を作り出そうとしました。これは、「英米混合の英語」と呼ばれました。この口調はすでに流行しなくなりましたが、現在では、この言葉は「明らかな英語調や米語調を避ける英語の書き言葉」を指すのに使われています。

4

コミュニケーション技能

180 コミュニケーション技能

効果的なコミュニケーション
Effective communication

よいコミュニケーションとは、正確なメッセージを伝えることを指します。

「コミュニケートする」(communicate)とは、考えや情報を他人と交換することです。「効果的にコミュニケートする」とは、考えや情報を、それが意味するものを相手に正確に理解してもらうようにやりとりすることです。

日常的なコミュニケーション

評価Aの作文を書くことだけが、効果的なコミュニケーションではありません。私たちは毎日、さまざまな状況で情報をやりとりしますが、ほとんどのコミュニケーションは「成果」を期待しています。成果とは、相手に情報を渡すこと、説得して何かをさせること、などです。

（招待状を送る）**Sending an invitation**
Giving a friend advice （友達に助言する）
Making a complaint （苦情を言う）
（旅行案内をする）Giving travel directions
Selling an item on the Internet
（インターネットで品物を売る）
Auditioning for a play
（芝居のオーディションを受ける）

コミュニケーション能力があれば、さまざまな状況で役立つ。

あいまいなメッセージ

ダメなコミュニケーションとは、期待する成果が得られないものです。たとえば、レシピがあいまいだと、とても食べられないケーキができます。政治演説がぱっとしなければ票を失い、パーティーの招待状が不完全だと、来るはずの客は戸惑って、結局来ないかもしれません。（右の案内状の訳はp.248）

この書式は時間と場所について正確な詳細を伝えている。（*訳注：アメリカ式ではSaturday, July 14, at 7:00 p.m. と表記する）

この招待状には、パーティーがいつどこで開かれるか明記されていない。

> I'm having a party next Saturday. It would be great to see you there. Remember to dress up.

dress up という言葉はあいまい。イギリスでは「仮装する」を指すこともある。

(It would be great to ～ 「～だとうれしいのですが」)

Please join me to celebrate my birthday on

Saturday 14 July at 7 p.m.

My address is
13 York Rd, Thornbridge, TH12 2HE.

The dress code is formal.

正確なドレスコード[服装規定]が示されている。

効果的なコミュニケーション 181

正しいメッセージを送る

明瞭で効果的なメッセージを送るためには、さまざまな要素に気を配ることが大切です。（下の案内状の訳はp.248）

LET'S PARTY!

Don't miss the celebration of the year on
Saturday 14 July at 7 p.m.

There will be **food, dancing, fireworks, magic** and **much, much more.**

My address is
13 York Rd, Thornbridge, TH12 2HE.

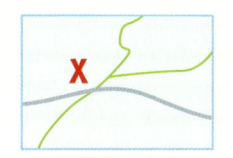

HOW TO GET HERE

調子 (tone)

調子とは、書いたものの印象や雰囲気を指します。調子は文章の目的によって決めなければなりません。たとえば、パーティーの招待状はわくわくした感じにし、人生相談欄 (advice column) は共感にあふれた雰囲気にし、ビジネス文書は格式があって、まじめでなければなりません。

言葉づかい (language)

効果的なコミュニケーションをするためには、ふさわしい言葉づかいで書かなければなりません。選ぶ語彙や文構造に気を配れば、正しいメッセージを伝えるのに役立ちます。

レイアウト (layout)

文字の大きさや色、ページ上での文章の配置、そして図版の使用は、メッセージを簡略化し、個々の情報に目を向けさせる効果があります。なお、新聞記事や手紙といったコミュニケーション形式の場合は、それぞれ固有の慣習に従ってレイアウトするようにしましょう。

方法 (method)

eメール、新聞記事、パンフレットのどれで伝えるかなど、コミュニケーションの手段を適切に選ぶことが大切です。討論やスピーチのように、言葉を使ったコミュニケーションもあります。その場合は、身振りやアイコンタクト（視線を合わせること）といった非言語コミュニケーションにも気を配るべきです。

受け手 (audience)

受け手に合わせてメッセージを調整する必要があります。たとえば、幼児向けに書くときは平易で楽しい言葉を使いますが、受け手が大人なら、もっと複雑な言葉づかいでもわかってもらえるでしょう。

This sounds fun...
（おもしろそうだな…）

目的 (purpose)

どんなコミュニケーションにも目的があります。目的とは、メッセージが受け手に及ぼす影響のことです。パーティーに行く気にさせるとか、助言するとか、情報を回覧するとかがそれに当たります。

適切な単語を選ぶ
Picking the right words

効果的なコミュニケーションでは、多彩で的確な語彙を使います。

文章の目的と受け手にふさわしい明快な単語を選ぶことが大切です。いつも同じ単語を使っていると、読み手は退屈してしまいます。同じ意味を表すいろいろな語彙を使ってみましょう。

参照ページ	
‹26–27	形容詞
‹84–85	イディオム、類似表現、比喩表現
‹86–87	口語表現と俗語
ジャンル、目的、受け手	190–191›
情報を伝える書き方	196–197›
新聞記事	198–199›
描写する書き方	208–209›
ウェブ用の書き方	214–215›

同じ単語の使いすぎを避ける

多彩な語彙を使えば、文章をより楽しく、より独創的にすることができます。以下に、使いすぎを避けるべき単語（getやgreat）と、同義語と呼ばれる言い換え語を示しておきます。

very（非常に）
- incredibly
- unusually
- truly
- extremely

nice（すてきな）
- pleasant
- charming
- agreeable
- delightful
- thrilling
- entertaining
- amusing
- enjoyable

many（多くの）
- countless
- numerous
- myriad
- lots of

got（手に入れた）
- acquired
- obtained
- received

great（すばらしい）
- wonderful
- fabulous
- incredible
- fantastic

then（その後）
- finally
- next
- later

fun（楽しい）

👍 ・上の同義語を辞書で調べて、意味を確かめてみましょう。そして、今度使ってみてください。

少ない方がよい

1語で済むときは、何語も使わないことが大切です。やたらに長い語句は見た目は印象的ですが、あいまいになることがよくあります。長い語句はたいてい、短い形に代えることができます。

REAL WORLD
軍事用語（military jargon）

軍隊の隊員は、スピードと機密保持のために特殊な軍事用語を使ってコミュニケーションをします。その多くは、長い語句を短くしたものです。たとえば、DPVは Desert Patrol Vehicle（砂漠偵察車両）の略語です。

意味がわかりにくい表現	簡潔な表現
she is of the opinion that	she thinks that
concerning the matter of	about
in the event that	if
regardless of the fact that	although
due to the fact that	because
in all cases	always
he is a man who	he
a small number of	a few

どれくらい格式ばったものにするか

使う単語は、その人の立場や相手によって決まります。気軽な状況では口語的な単語を使う傾向がありますが、面識のない人や権威のある人に向けて書くときは、格式ばった単語を使います。(下の手紙文の訳は p.248)

> Hey man. This homework sucks. I just don't get it.

Hey man や suck などの俗語を含む、友達への携帯メール。「よお。この宿題むかつく。さっぱりわからん」

Dear Mrs. Jones,

Jake experienced some difficulties in completing last night's homework. Although he tried very hard, he could not understand the exercise. He may need some extra help so that he can finish the work.

Yours sincerely,
Sheila Jessop

教師宛の手紙は格式ばった言葉で書く。(*訳注:アメリカ英語では Yours truly, が好まれる)

単語遊び

読み手を楽しませるために、単語の組み合わせを工夫して、ユーモアやリズムを生み出しましょう。主な単語遊びは、語呂合わせ(pun)、頭韻法(alliteration)、母音韻(assonance) の3種類です。

語呂合わせ[だじゃれ]
単語の複数の意味や発音の似た単語を利用して、ユーモアを生み出す言葉遊びです。(*訳注:下は、Once upon a time ...「昔々...」との語呂合わせ)

Once a pun a time...

頭韻法
頭韻法とは、隣り合う、または近くにある単語を同じ文字や発音で始めたときに生まれる効果を指します。新聞の見出しによく使われます。「トマス・ターナーはテーブルにつまずいた」

Thomas Turner tripped over the table.

母音韻
母音韻とは、母音の発音を繰り返すことで生まれる効果のことです。詩によく使われます。

Is it true you like blue?

専門用語を使う

ジャーゴン(jargon:専門[業界]用語、隠語、符丁)とは、特定の集団や職業のメンバーだけに使われ、理解される単語や語句のことです。たとえば、医師や弁護士やスポーツ関係者は、すばやく効率よくやりとりするために、特定の言葉を使います。ただし、仲間以外には使わない方がよいでしょう。使っても意味が通じないかもしれません。

Get me his vitals.

医師は患者の統計数字(脈拍数、体温、呼吸数など)を表すためにこの言葉を使う。「彼のバイタルを持ってきて」

184 コミュニケーション技能

関心を引く文を作る
Making sentences interesting

出来のよい文書とは、意味がわかるだけでなく、興味深く読める文で書かれているものです。

同じようなタイプの文が並んでいる文章は、読んでいて退屈です。細い表現を盛り込んだ多種類の文を使えば、書いたものがぐっと魅力的になります。

参照ページ	
‹ 26–27	形容詞
‹ 40–41	副詞
‹ 58–59	接続詞
‹ 60–61	前置詞
‹ 68–69	文
‹ 70–71	重文
‹ 72–73	複文
物語の書き方	212–213 ›

選んで混ぜる

優れた書き手は、文のタイプに変化を持たせます。短い文が多いと、単調になり、しまりのないものになります。代わりに長めの文を盛り込むと、文章に流れが生まれ、アイディアがうまくつながっていきます。選ぶ文のタイプは主に3種類あります。
(右の文章の訳は p.248)

> A monster was on the loose. It came out at night and its howls filled the air. People said that the monster had green fur and red eyes, although no one had ever seen it.

- 単文で、主語は monster、述語動詞は was。
- 重文で、2つの節が接続詞 and で結ばれている。
- 複文で、主節と従属節を含んでいる。

テンポ (pace) を変える

文を思いつきで並べていくのではなく、効果をねらった特別な文体にすることもできます。たとえば、テンポを変えたり、緊張感や高揚感を盛り込んだりするのです。(下の3つの文章の訳は p.248)

> She began to run. The monster followed. Her heart was racing. The monster wasn't far behind. She had to make a decision. She jumped into the lake.

一連の短文が、高揚感を生んでいる。

> Pulling herself out of the water, she could see light from the cottage in the distance. She scrambled up the riverbank, and ran through the mud, under the oak trees, around the bend in the road and up the path. She was home.

非常に長い文の後に短文を続けると、緊張が緩和される。

> "If we don't all gather together and track down the bloodthirsty monster, our children will not be safe on the streets and we will not be able to sleep soundly in our beds. We need to act now."

話し言葉で長文を使うと、問題の深刻さが強まる。

長文の後に短文を続けると、迫力のある締めくくりになる。

関心を引く文を作る | **185**

出だしを変える

優れた書き手は、1つの段落内の各文が同じ表現で始まるのを避けます。なぜなら、単調に響くからです。単調にならないように文を書き換えるのは簡単です。（右下の文章の訳は p.249）

> すべての文が同じ there で始まっている。

There was a chill in the air as Jessica walked through the woods. **There** was nobody around. **There** was a sudden growl in the distance.

> この文章は、上とまったく同じ情報をより興味深く伝えている。

There was a chill in the air as Jessica walked through the woods. Nobody was around. Suddenly, she heard a growl in the distance.

詳細を加える

形容詞や副詞を使って細かな説明を加えれば、情報が豊かになり、ずっと興味深くなります。副詞の位置を変えて、文構造に変化を持たせることもできます。（右の各文の訳は p.249）

> この文はあまり興味を引かない。

Jessica backed away from the monster.

> 副詞が少女の動作の様子を伝え、形容詞が怪物の気分を描いている。

Jessica **nervously** backed away from the **angry** monster.

用語集
主節：主語と動詞を含み、それ自身で文が成り立つ語群。

従属節：主語と動詞を含むが、主節に依存してはじめて意味を成す語群。

> 副詞を移動すると文構造が変わる。

Nervously, Jessica backed away from the angry monster.

- 前置詞を使って、文をさらにきめ細かくしましょう。前置詞は、出来事がどこでいつ起こったかを読み手に伝えます。前置詞には about、across、after、at、under などがあります。
- 節がつながって文が次々に流れるように、いろいろな接続詞を使いましょう。接続詞は so、because、until、whereas、but など、つなぎの役目をする単語です。

REAL WORLD
エキサイティングな実況放送（commentary）

スポーツの実況アナウンサーは、たいてい非常に短い文で状況を描写します。その結果、実況放送は競技そのものと同じスピードになり、エキサイティングになります。聴取者が動きを見られないラジオの実況放送で特に有効ですが、あくまでも雰囲気を盛り上げるアナウンサーの腕にかかっています。

計画立案と情報収集
Planning and research

最も大切なのは、書くための計画を立てることです。

優れた書き手は常に、頭の中でというよりはむしろ紙の上で作業計画を立てます。計画を練れば、いろいろなアイディアが生まれ、それらをわかりやすく構造化することができます。さらに、書き忘れも避けられます。

参照ページ	
段落分け	188–189
情報を伝える書き方	196–197
新聞記事	198–199
手紙とeメール	200–201
影響を及ぼす書き方	202–203
説明したり助言したりする書き方	204–205
分析したり論評したりする書き方	206–207
描写する書き方	208–209
個人的な体験に基づく書き方	210–211

最初のメモ書き

計画立案は、関連するアイディアや単語や語句をすべてメモすることから始めます。マインドマップが使えます。この段階では、あとで削れるように、関連事項をできるだけたくさん書きつけましょう。（右の図式の訳はp.249）

▷ **マインドマップ（mind map）**
これはメモを書きつけて視覚化する方法です。自由な形式で作れば、アイディアが効果的に生み出せます。簡略な一覧表にしてもかまいません。

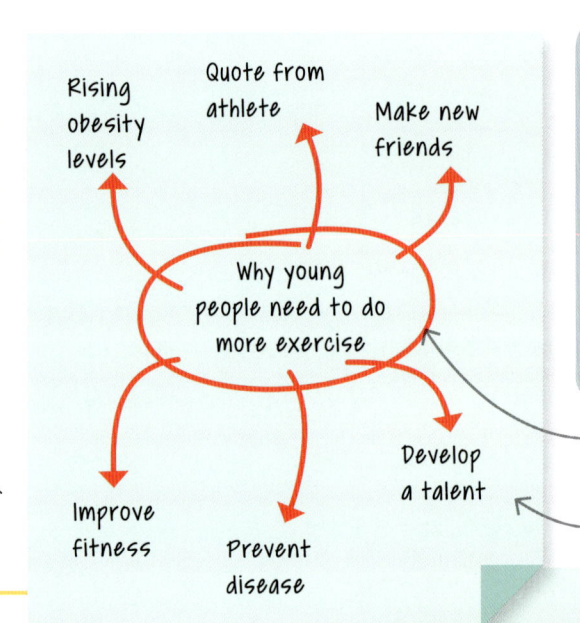

- 正確な情報にするために、公的な、または名の通った出版物やウェブサイトを利用しましょう。
- 正確を期すために、他の情報源に出ている事実や統計も参照しましょう。
- 計画立案中は、「文献目録」(bibliography)と呼ばれるファイルを常に開いておき、定期的に最新情報に書き換えましょう。

文書のアイディアを中央に置く。
（＊訳注：「運動をする」はアメリカ英語では get exercise が一般的）

いろいろなアイディアを周辺に書く。

マインドマップ図：
- Why young people need to do more exercise（中央）
- Rising obesity levels
- Quote from athlete
- Make new friends
- Develop a talent
- Prevent disease
- Improve fitness

情報収集

書きたい主題を全体的に把握するためには、情報収集をし、具体例や引用や統計を手に入れることが大切です。情報源には書籍、ウェブサイト、新聞などがあります。盗用（他人の著作物を無断で写すこと）を防ぐために、利用する文章は必ず書き換えてください。（右の文章の訳はp.249）

▷ **メモの整理**
メモはきちんと整理し、できる限り細部まで正確に書きましょう。未整理のメモや不完全なメモは執筆の進行を妨げ、情報をもう一度探さなければならなくなるかもしれません。

統計、引用、事実の情報源を書きとめる。

どの段落で使うかがわかるように、後でメモを色分けする。

盗用を避けるために、引用の前後に引用符を付けておく。

Worldwide obesity has more than doubled since 1980. (World Health Organization Report, 2012)

"**Physical inactivity** is an independent risk factor for coronary heart disease – in other words, if you don't exercise, you dramatically increase your risk of dying from a heart attack when you're older."
Dr. John Hobbs

計画立案と情報収集　187

参考文献

情報収集にあたっては、参考文献目録を作成し、利用する情報源をリストにしておくことが大切です。これには、参考にする書籍、雑誌、ウェブサイト、テレビ番組などをすべて含めます。情報源は1行ずつ並べ、それぞれの細目（著者名・書名・発行年など）の間にコンマ（＊訳注：アメリカ式では著者名の後は終止符がふつう）を入れ、最後に終止符を付けます。

著者の姓を先に出す。

書籍名はイタリック体にするか、下線を引く。

書籍の最初の数ページ内から出版社名と発行年を探して入れる。

Roberts, Alice, *The Complete Human Body Book*, London: Dorling Kindersley, 2010.

John Hobbs, Doctor, interviewed on 3/3/2013.

http://www.who.int/dietphysicalactivity/childhood/en/

ウェブサイトのアドレス全体を記載する。

インタビュー相手の名前と日付を記載する。

計画を練る

次の段階では、アイディアや調査結果を体系化し、段落を使って明確な構成にします。文書は、主題を示す導入部で始めます。新しいアイディアごとに段落を改めます。最後に、結論部で全体をまとめ上げます。段落はわかりやすく展開しなければなりません。たとえば、重要度順や時間順に並べるのです。（右の文章の訳はp.249）

執筆計画メモでは、主張する要点を段落別に取り上げる。

執筆計画メモは完全な文で書く必要はないが、最終原稿は常に完全な文で書く。

各段落を色分けすると効果的。次にメモ書きに戻り、どの段落に関連するかを確かめながらメモに同じ色を塗る。こうすれば、書いているときに適切なメモを見つけ出すのが楽になる。

▷ **執筆計画に従って書く**
執筆計画を作って活用すれば、執筆に集中できます。しかし、書いている間にも、アイディアを加えたり、削ったり、別の段落に移したりするのがふつうです。

Introduction
Background information. How young people today do less exercise than ever. This is linked to bad health and delinquency. Include shocking statistics.

1. It's easy to change
Exercise like running, starting a football team and walking is cheap and doesn't need equipment. It doesn't take up much time - give figures.

2. Health benefits
Exercise makes you happier, helps you lose weight, improves fitness levels. Include some statistics.

3. Social benefits
Team sports are sociable - young people will mix with others and make more friends. Keeps young people out of trouble. Encourages healthy competitive and team spirit.

4. Long-term benefits
A generation with fewer health problems. More success in professional sports.

Conclusion
How the worrying situation discussed in the introduction could change. Vision for the future. Quote from Olympic champion.

段落分け Paragraphing

段落は文書を体系化するのに使われます。

エッセイや記事や手紙のような長い文章を書くときは、段落に分けて構成することが大切です。こうすれば、文章が個々の要点に分かれるので、読んでわかりやすいものになります。

参照ページ
- ◁ 58–59　接続詞
- ◁ 184–185　関心を引く文を作る
- ◁ 186–187　計画立案と情報収集
- 文章を読んで説明する　192–193 ▷

導入部を質問で始めると、読み手の注意を引く。

> What's your excuse? Perhaps you don't like getting sweaty, you have no time or you're just plain lazy. Whatever the reason, you're not alone; fewer and fewer young people are doing enough exercise. However, sports offer numerous health and social benefits, so it's time to stop complaining and get moving.

新しい段落を始める1つの方法は、1行目を下げること。

この段落は、運動の健康効果について。

> ...Thus, regular exercise can not only improve your long-term health, but can also make you feel happier and less stressed out.
>
> In addition to the health benefits, doing sports can improve your social life. It is an opportunity to see your friends on a regular basis and to meet new people by joining a team.

これは社会的効果についてなので、段落を改める。

よい出だし

第1段落では、文章の主題(何について書くか)を提示します。読みたくなるように、読み手の注意を引きつけることも必要です。1行目は、引用や修辞疑問(p.203)や統計数字のような、迫力と独創性のある文がよいでしょう。（上の文章の訳はp.249）

The great American basketball player Michael Jordan once said, "I can accept failure, but I can't accept not trying."

有名なせりふ。「失敗は受け入れるが、挑戦しないことは受け入れられない」

Are you putting yourself at risk? People who don't do enough exercise dramatically increase their risk of developing heart disease.

「運動をしないと心臓疾患になりやすい」というショッキングな事実。

新しいアイディアは新しい段落で

1つの段落内のすべての文は、お互いに関連していなければなりません。新しい論点には、新しい段落が必要です。文章の最初を字下げするか、行を空けて新しい段落を始めましょう。（上の文章の訳はp.249）

新しい段落を始めるもう1つの方法は、行を空けること。

> ...Thus, regular exercise can not only improve your long-term health, but can also make you feel happier and less stressed out.
>
> In addition to the health benefits, doing sports can improve your social life. It is an opportunity to see your friends on a regular basis and to meet new people by joining a team.

段落分け

REAL WORLD
フィクションの出だし

読者を引き込むために、J.K. ローリングは『ハリー・ポッターと死の秘法』の第1章をこう始めています。The two men appeared out of nowhere, a few yards apart in the narrow, moonlit lane.(どこからともなく2人の男が現れた。狭い、月明かりに照らされた小道に、数ヤード離れて)

主題文（topic sentence）

段落は主題文で始めると効果的です。これは、その段落の要旨を紹介する陳述(statement)のことです。そして、その段落の残りの部分で、主題文を展開したり裏づけとなる証拠を示したりするのです。この方法は、文書の焦点がブレないようにするのに有効です。

The health benefits of regular exercise cannot be ignored.

← これが主題を表す文。「定期的な運動の健康面での効果は無視できない」

Overall, there is no excuse. Doing regular exercise will reduce your chances of developing heart disease and other serious illnesses. In the short term, it will make you fitter, happier and more energetic. Finally, it is an excellent way to meet new people, have fun and perhaps discover a new talent.

- 結論部は断固とした最終陳述にする。
- 一貫性を持たせるために、結論部を導入部の論点と結びつける。
- 結論部では主題を繰り返す。

- それまでの段落で述べたことを改めて取り上げると、いっそう緊密な文書になります。文書の全体にわたって目配りしていることが示せるからです。
- 結論部でまったく新しい論点を出してはいけません。

強い印象を残す

結論部では、主題を要約し、その主題について最終判断を下します。最初の問題提起に答えるだけでなく、理想的には導入部で述べたすべての論点を押さえるべきです。洗練された結論部にするには、下の例のようなひとことを添えて締めくくり、読み手にいろいろ考えてもらうことです。（上の文章の訳は p.249）

If you start now, perhaps you could be climbing the Olympic podium one day.

← 最後の印象的な陳述を「クリンチャー」（clincher、議論のキメ手）という。「今始めれば、たぶんあなたはある日、オリンピックの表彰台に上がれるかもしれませんよ」

途切れない連鎖

優れた文書には一貫性があります。文や段落やアイディアがすべて1つの流れとして結びついている、ということです。文や段落は、以下のような連結語(句)を使って結びつけることができます。ただし、使うのは控えめにしましょう。

on the other hand
by contrast
however
nevertheless

別のアイディアと対比する。

therefore
thus
as a result of
accordingly

論理的な理由を示す。

first
next
first of all
finally

アイディアを順序立てる。

also
moreover
furthermore
in addition

アイディアを発展させる。

ジャンル、目的、受け手
Genre, purpose and audience

ノンフィクションの文書にはすべて、明確なジャンルと目的と受け手が存在します。

書き手は、誰に向かって何のために書いているかだけでなく、どんな種類の文書を書いているかをよく考える必要があります。表題の3要素は、表現形式や言葉づかいに影響を与えます。

参照ページ	
‹ 86-87	口語表現と俗語
‹ 180-181	効果的なコミュニケーション
‹ 182-183	適切な単語を選ぶ
‹ 186-187	計画立案と情報収集
文章を読んで説明する	192-193 ›

ジャンル

ノンフィクションの文書は、話の筋より事実に基づいた文書です。ノンフィクション文書のさまざまな形式やジャンルには、それぞれの特徴や決まりがあります。たとえば、新聞や雑誌の記事では最上部に見出しがあり、本文は段組みになります。一方、手紙の最上部には差出人の住所が盛り込まれます。

新聞記事は最上部に見出しを置き、段組みで書かれる。

リーフレットは3つ折りにした紙で、各ページに情報が載っている。

手紙には略式も正式もあるが、どちらも最上部に差出人の住所が置かれる。

GENRE (ジャンル)
- Advertisement (広告)
- Website (ウェブサイト)
- Newspaper article (新聞記事)
- Blog (ブログ)
- Leaflet (リーフレット)
- Script (台本)
- Speech (スピーチ)
- Letter (手紙)

文書のジャンル・目的・受け手を総合的に考えることが必要。この3要素はすべて、文書の外観や中身に影響を与える。

目的

文書の目的とは、書く理由のことです。たとえば、百科事典でパリについて記述した項目は、読者に知識を与えることを前提にしています。一方、パリ休暇の広告は、訪れてほしいと読み手を説得するのが目的です。同じパリを扱っても、2つの文書は非常に違った特徴を持っています。

情報提供の文書では、多くの事実をはっきり示すことが必要。

助言は思いやりのある口調で書く。

説得する文書では意見を述べる。

PURPOSE (目的)
- To inform (知識・情報を与える)
- To advise (助言する)
- To influence (影響を与える)
- To analyse (分析する 〈米〉analyze)
- To describe (描写する)

👍 文書が2つ以上の目的で書かれることもあります。にきび用クリーム(spot cream)の広告では、消費者に対して肌に関する助言をするだけでなく、製品を買うように説得もするでしょう。

ジャンル、目的、受け手

用語集

形容詞：描写する単語で、名詞について読者にさらにくわしく伝える。

口語表現：くだけた話し言葉で使われる単語や語句。

事実：立証可能な陳述。

業界用語：限定された（しばしば専門的な）集団によって使われる特定の用語。

俗語：くだけた話し言葉で使われ、しばしば特定の集団でのみ理解される単語や語句。

REAL WORLD

テレビ視聴者

テレビの宣伝担当者は、対象となる視聴者の興味を引くように広告を工夫します。たとえば、まるで自分のようだと視聴者が感じるような俳優を起用するかもしれません。また、自社製品と関わりのある番組の合間に、宣伝を流そうとするでしょう。そのため、食品の新製品の宣伝は、料理番組の合間によく流されます。なぜなら、料理番組を見ている人の方が食品を買いたくなる可能性が高いからです。

Teachers (教師) — 特定の専門家集団を対象とした文書では、その人たちだけにわかる用語が使える。

Adults (大人)

Environmentalists (環境保護主義者) — 強い信念を持つ集団を対象とした文書では、彼らの考えを持ち上げてもよい。

AUDIENCE (受け手)

General public (一般大衆[不特定多数]) — 一般大衆を対象とした文書は、誰にでもわかるように平易に書く。しかし、子供だけでなく大人にも訴えるので、偉そうに書いてはいけない。

Teenagers (ティーンエージャー、13〜19歳)

Young children (幼児)

フランス語のように、話す相手によって違う単語を使う言語もあります。たとえば、you を表すフランス語はくだけた状況では tu ですが、格式ばった状況では vous となります。

受け手

ノンフィクション文書には常に、対象となる受け手がいます。大人、ティーンエージャー、子供、特定の興味や専門知識を持った人たちかもしれません。あるいは、一般大衆に訴えるものかもしれません。ターゲットとする受け手を引きつけるためには、文書を以下のように調整する必要があります。

受け手	共通する特徴
大人	洗練された語彙、長めの文、きめ細かい主題、小さめの文字、長めの文書、格式のある調子と言葉づかい
幼児	平易な語彙、短い文、大きめの文字、平易な主題、興味を持続させるための絵や色
ティーンエージャー	俗語、口語表現、くだけた調子、ユーモア、彼らに関係あると思われる主題
専門家	彼らにわかる業界用語や専門用語

文章を読んで説明する
Reading and commenting on texts

さまざまな文章を読み込んで、それらの特徴が説明できるようになりましょう。

参照ページ	
‹ 88-89	直接話法と間接話法
‹ 102-103	コロン
‹ 108-109	引用符
‹ 190-191	ジャンル、目的、受け手
レイアウトと表示機能	194-195 ›
影響を及ぼす書き方	202-203 ›

ある文章に関する設問に答えるときは、設問内容を理解し、文章中から適切な情報を見つけ出し、それを使って的確な解答を書かなければなりません。（＊訳注：この項は、先生が出した課題に生徒が答えるという設定）

質問を理解する

第1段階は、質問を読んで、何を聞いているのかを理解することです。どんなに巧みに答えても、論点がずれてしまえば不合格です。質問中にあるキーワードに下線を引けば、質問内容のポイントがつかみやすくなります。

これは冒頭の段落についてだけの質問なので、それ以降の段落には触れないこと。

What do you learn from the opening paragraph about...

What are the four main reasons that the writer gives...

How does the writer use language to persuade the reader that...

これは読み手を説得するための言葉の使い方にしぼった質問なので、それ以外のことに触れる必要はない。

〔右の設問の訳〕…について書かれている冒頭の段落からどんなことがわかりますか。
書き手が…説明している4つの主な理由とは何ですか。
読み手に…を説得するために、書き手はどんな言葉を使っていますか。

正確な情報

次の段階では、課題文を読んで、設問に関係する情報や文章の特色を見つけ出します。1つの設問が両方の課題文に関わっていることもあります。（右の2つの課題文の訳は p.249）

課題文 1

Are your parents always nagging you to eat breakfast? Well, this time they're right. In the morning, your body needs fuel, just like a car. Once you've filled up, you'll be ready to hit the road.

compares the body to a car

解答を書くとき役に立つ部分に下線を引く。

文章で気づいたことをメモする。「体を車と対比」

この抜粋は課題文1と同じ主題だが、難しい科学用語を使って書かれている。

課題文 2

Recent studies outline the many health benefits of eating a nutritious breakfast. In the morning, the body's glycogen stores start to deplete. Without breakfast, a person soon begins to feel fatigued.

- まず文章全体を読みましょう。細部を分析する前に、その文章の主題をつかむことが大切です。
- ポイントを絞って、文章を何度も参照しましょう。ただし、文章を丸ごと写して書いてはいけません。
- 日常生活で触れる文章——新聞はもちろん、ジャンクメール（勝手に送られてくる宣伝郵便物）にも目を通して、文章の特徴や使われている技法にくわしくなりましょう。

文章を読んで説明する

論拠を示す

何かの文章について論じるときは、取り上げた論点ごとに論拠を示さなければなりません。これは、引用や出典表示（図版を含む）で処理することができます。なお、課題文から引用するときは、解答の地の文章と区別するために引用符でくくるようにします。（右の文章の訳は p.249）

> The first extract was written to persuade young children to eat a healthy breakfast. It starts by asking the reader a question: "Are your parents always nagging you to eat breakfast?" The writer has also used phrases such as "fuel", "filled up" and "hit the road" to compare the process of eating breakfast to the process of filling a car up with fuel.

長い引用のときは、前にコロン（：）を置く。4行を超えるときは、引用文の前を1行空ける。

短い引用は文章中に組み込んでかまわない。

理由を説明する

例を挙げたら、その例が使われた理由を解説することが肝心です。（下の文章の訳は p.250）

例を取り上げている。

> The writer has used words such as "fuel", "filled up" and "hit the road" to compare eating breakfast to filling a car up with fuel. This simple comparison makes the process easier for young children to understand.
> It also makes the text more fun, so it will hold a young audience's attention.

例を挙げたことの効果を解説している。

事実か見解か

事実は証明できる情報で、見解は信じていたり考えていたりすることです。文章の狙いをつかむためには、事実か見解かを見極めることが大切です。一般に、情報提供の文章では事実をうまく使い、説得するための文章では個人的見解を示します。両方を使う文章もあります。

この説明は事実として示されているが、誰もが同意するとは限らないので実際には見解。「スーパーフレーク・シリアルはとってもおいしい」

事実を述べている。「スーパーフレーク・シリアルは小麦とオート麦でできています」

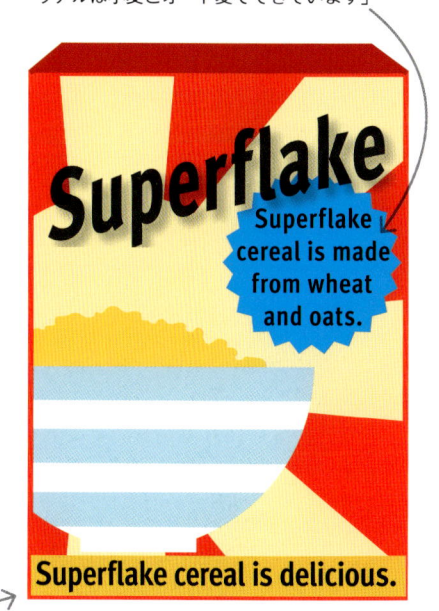

Superflake

Superflake cereal is made from wheat and oats.

Superflake cereal is delicious.

文章を比べる

2つの文章を比べるときは、1つずつ別々に説明するのではなく、両方の文章から対照的な部分（類似点と相違点）を引き出すようにします。比較するのに有効な語句は、both texts（両方の文章）、similarly（同様に）、by contrast（それに反して）、on the other hand（一方）、whereas（〜であるのに対して）、in comparison（比較すると）などです。

これらの太字の単語は2つの文章を比較するのに役立つ。（右の文章の訳は p.250）

> **Both** texts are about the importance of a nutritious breakfast and both try to persuade the reader to eat more healthily. However, they use very **different** language techniques. **Whereas** the first text, for young children, uses simple language and basic explanations, the second text, for adults, goes into much **more** detail and uses scientific terms such as "glycogen stores"...

レイアウトと表示機能
Layout and presentational features

文章の示し方は、全体的な印象に大きな影響を及ぼします。

レイアウト[割付け]とは、文章をページ内に割り振る方法のことです。表示機能とは、図版(picture)や見出し(headline)や書体(font)や刷り色のような、文書を特徴づける個々の表現要素のことです。

参照ページ	
‹ 116–117	箇条書き
‹ 122–123	イタリック体
‹ 192–193	文章を読んで説明する
情報を伝える書き方	196–197 ›
新聞記事	198–199 ›
ウェブ用の書き方	214–215 ›
改作	218–219 ›

見出し
見出しは新聞・雑誌の記事やリーフレット、時には広告の最上部に置かれます。見出しはふつう、目立たせて読者の注意を引くように、太い大文字になっています。(右の記事の訳は p.250)

書体
文章の文字の大きさ・形・色のことです。大きな文字は読みやすく、子供向けによく使われます。色文字やおもしろい形の文字も若い読者向きですが、まじめな文書は小ぶりの標準的な書体で印刷されます。ボールド体(太字体)やイタリック体(斜字体)は、見出しや単語・語句に目を引きつけるために使われます。

MYSTERIOUS INTRUDERS

記事が子供向きなら、この小見出しはおもしろい書体で印刷してもよい。「謎の侵入者」

箇条書き (bullet points)
箇条書きは、ぎっしり詰まった文章を個々の要点に分けて、わかりやすいリストにするために使われます。箇条書きは情報を読みやすくし、わかりやすくします。

SUPERNATURAL

Recently revealed statistics show a record number of supernatural sightings in the local area. The police have recorded 31 ghost sightings in the past five years, along with 25 reports of UFOs, 15 zombies, 10 vampires and eight witches.

MYSTERIOUS INTRUDERS

Often the calls appear to be serious incidents, such as intruders at a property, but then turn out to be something more mysterious. The police claim that the time spent answering the calls costs the force thousands of pounds every year.

More strange sights
- There have been 14 sightings of big cats in the past five years, as well as eight reported injuries blamed on big cats.
- Six people have claimed that they have seen a sea monster. Apparently, it resembles a huge alligator with purple scales.
- A ghost ship has been seen on four occasions on the harbour rocks. In 1876, a ship was wrecked on this exact spot.

レイアウトと表示機能　　**195**

REAL WORLD

効果的な画像

慈善広告では、助けを必要としている人や動物の画像を掲げることがよくあります。これが効果的なのは、受け手が問題をよりリアルに感じるようになり、寄付をすれば対象に好ましい結果をもたらすだろうと想像するようになるからです。

We promise we'll never put down a healthy dog.

Please promise to help us with a gift in your Will.

- レイアウトを分析するときは、「こうなっている」と言うだけでなく、そうすることがなぜ効果的かも説明しましょう。

SIGHTINGS SURGE

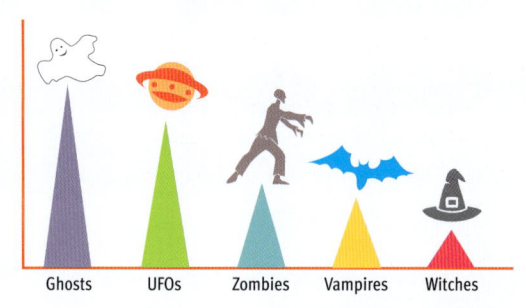

Ghosts　UFOs　Zombies　Vampires　Witches

The most common supernatural sightings are of ghosts.

ZOMBIE WAS FILM EXTRA

Most of the sightings are easily and quickly explained. In 2011, a reported zombie sighting turned out to be a film extra taking his lunch break. Another caller raised the alarm after seeing something suspicious floating in the air on a Saturday night: "I saw a big, orange, glowing sphere rising from the ground." The sighting turned out to be a Chinese lantern.

"I saw a big, orange, glowing sphere rising from the ground."

写真と図版

画像は、印象を深めるためや、情報をさらにくわしくするために使います。たとえば、ヘアケア製品の広告では、新しいシャンプーを買うように説得するために、髪のつやつやしたモデルを写真で使うかもしれません。大洪水を扱った新聞報道では、起こったことを正確に伝えるために、被災地の写真を載せるでしょう。また、図表は複雑な主題や統計をわかりやすくするために使います。

キャプション

写真や図表にはたいてい、何についてのものかを説明する短い文がついています。これがキャプションです。

小見出し（subheading）

小見出しは、長い文章を短い部分に分けて読みやすくするために使われます。小見出しはまた、その段落の内容を要約する働きをします。その結果、読み手は読みたい部分を見つけやすくなります。

本文からの抜粋（pull quote）

新聞や雑誌の記事にはよく、目撃者や専門家の発言が引用されていますが、特に興味深い発言に注目してもらうために、pull quote を使うことがあります。これは、記事からその言葉を取り出して、ページのどこかに、ふつうは太くて大きい書体で再録するものです。

情報を伝える書き方
Writing to inform

文書には、情報提供を目的とするものもあります。

リーフレット、百科事典、新聞報道、手紙といった情報伝達の文章は、ある主題についての「情報」を読み手に提供します。説明書（instruction）を使って何かのやり方を教えるものもあります。

参照ページ	
◁ 54–55　態と法	
◁ 116–117　コロン	
◁ 194–195　レイアウトと表示機能	
新聞記事	198–199 ▷
手紙とeメール	200–201 ▷

平易に、でも詳細に

情報伝達の文書では、読み手が知りたがっている細かい情報を明快に提供する必要があります。多くの事実を盛り込み、それを短い段落とやさしい語彙で説明します。（右の観光リーフレットの訳は p.250）

Sierra Nevada of California

3.7 million visitors

REAL WORLD
DIY でのイライラ

部品がばらばらになっている家具を買ってきて、自宅で組み立てることがあります。買った人は一連の説明に従って品物を組み立てますが、たいていは説明があいまいで、大いにイライラさせられます。（DIY = Do It Yourself「自分で作ろう；日曜大工」）

リーフレットの最上部にある見出しは、何についての文書かを読み手に伝える。

YOSEMITE NATIONAL PARK

Yosemite National Park covers nearly 761,268 acres (3,081 sq km) of mountainous terrain in the Sierra Nevada of California. The park attracts more than 3.7 million visitors each year.

There are countless ways to explore and have fun in Yosemite National Park.

その場所の絵や写真は、そこがどんな様子かを示し、リーフレットの見栄えをよくする。

情報を伝える書き方　**197**

小さいかたまりに分ける

細かい情報が詰まった文章は、短く区分けすると効果的です。そうすれば、情報が見つけやすくなり、理解しやすくなります。小見出しを付ければ、読み手は文章にざっと目を通すだけで、すぐに必要な細部情報にたどり着くことができます。箇条書きは、情報をさらに細分化します。

Please remember:
- Stay on the trails.
- Drink plenty of water.
- Do not litter.

　箇条書きにして情報を分割する。

- 情報があいまいになるような、不必要にややこしい言葉づかいをしないようにしましょう。
- 何かのやり方をくわしく示すときは、carefully（注意深く）やquickly（すばやく）のような副詞を使うとよいでしょう。

Here are some of the activities we have to offer:

Biking
More than 19 km (12 miles) of paved cycle paths are available in the park.

Birdwatching
Try to spot some of the 262 species of birds recorded in Yosemite.

Hiking
Get your hiking boots on and explore the park by foot.

Fishing
Following the regulations, see what you can catch in the lakes and rivers.

Horse riding
Saddle up and enjoy the park's majestic views on horseback.

Please remember:
- Stay on the trails.
- Drink plenty of water.
- Do not litter.

HOW TO GET HERE

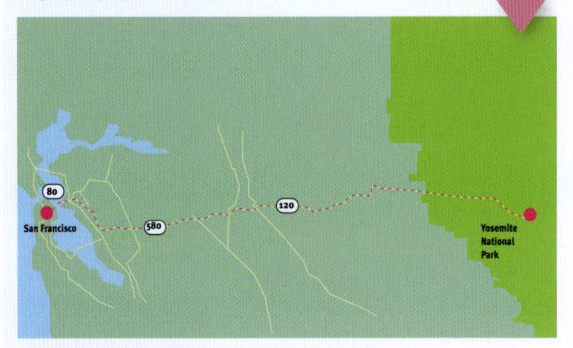

Driving instructions
From San Francisco

1. Take the Bay Bridge (Interstate 80) east.
2. Take Interstate 580 east, following signs for Tracy/Stockton to Interstate 205.
3. Follow Interstate 205 to Highway 120.
4. Take Highway 120 into Yosemite National Park.

　手順に番号をつけると、流れがわかりやすくなる。

絵は単なる飾りではない

画像や色を加えれば、情報伝達の文章がもっと楽しくなるだけでなく、詳細がずっとはっきりします。図表や地図は、言葉で伝える以上の情報を読み手に提供します。

わかりやすい説明書

説明書は情報伝達文の一種で、旅行案内、レシピ、製品取扱い説明書などが含まれます。ふつうは通し番号を使って、手順を追う形式で書かれます。説明文を簡潔明瞭にするために、指示文［命令文］（command）も使われます。

　指示文は読み手に、どうすればよいかを教える。

Take Highway 120 into Yosemite National Park.

新聞記事　Newspaper articles

新聞は、読み手に情報と娯楽を提供します。

新聞記者は読み手に情報と娯楽を提供するために、いくつかの技法を使います。刊行物のタイプや読者対象によって、記事の具体的な内容と文体が決まります。

参照ページ	
◁ 54–55	熊と法
◁ 190–191	ジャンル、目的、受け手
◁ 192–193	文章を読んで説明する
◁ 194–195	レイアウトと表示機能
◁ 196–197	情報を伝える書き方

どちらの新聞か？

掘り下げた記事に重点を置いている硬派の新聞もあれば、政治スキャンダルや有名人のゴシップといった煽情的な記事を掲載する新聞もあります。新聞の規模も内容に影響します。全国紙は国内外の出来事を報道しますが、地方紙は地域住民にとって関係の深い、地域社会の金融・政治・出来事に焦点を当てます。（右の新聞記事の訳はp.250）

MARKETS FALL AS ECONOMIC CRISIS CONTINUES

↖ 硬い記事を掲載する新聞もある。
「金融危機の継続に伴い市場下落」

HOLLYWOOD COUPLE SPLITS

↖ 有名人の話に焦点を当てる新聞もある。
「ハリウッドのカップル、破局」

SCHOOL TO CLOSE

↖ 地方紙は地元のニュースを報道する。
「廃校（のニュース）」

A local grandmother was rescued from her burning home on Saturday by her pet dog. Shirley Williams, 65, was in bed with the flu when the blaze broke out at approximately 2 p.m., following an electrical fault.

Her golden retriever, Star, was in the garden, but risked his life by bounding

あくまでも詳細に

ニュース記事では、何が、どこで、なぜ起こったか、誰が関わったかを説明しなければなりません。名前、年齢、時など、できる限り多くの詳細を記事に盛り込むのです。

Shirley Williams, 65, was in bed with the flu when the blaze broke out at approximately 2 p.m., following an electrical fault.

演出

新聞では、読み手の注意を引いて記事を読みごたえのあるものにするために、誇張した、劇的な言葉づかいをすることがよくあります。

blaze ← blaze（火災）は fire（火事）よりも劇的な響きがある。

新聞記事

用語集

頭韻法：効果を狙って、語頭で同じ文字や音を繰り返すこと。

見出し：記事の最上部にある陳述で、読者に何についての記事かを知らせる。

語呂合わせ：こっけいな効果を出すために2つの意味を持つ単語や語句を使うこと。

引用：誰かの言葉を引き合いに出すこと。引用文は引用符ではさむことが必要。

近年、紙に印刷した新聞の販売部数が減少しています。多くの人がオンラインでニュースを読むようになったからです。

見出し

見出しは、記事の内容を読み手に伝えるものです。見出しは短く印象的で、注目させて売上げを伸ばすために、頭韻法や語呂合わせなどの技法がよく使われます。

SUPERDOG SAVES SICK GRANNY

sで始まる単語を3つ並べた、気のきいた見出し。

能動態で書く

ニュースはふつう、受動態ではなく能動態で書かれます。能動態の文の方が短く、読みやすく、臨場感が伝わり、その結果、ニュースをいっそう刺激的にするからです。

he led her
she was led

能動態は記事に緊迫感を与える。（*訳注：lead-led-led と活用）

受動態を使うと、記事の魅力が減るかもしれない。

関係者の言葉を利用する

新聞記者は、ニュース記事を権威づけするために専門家の言葉を引用します。関係者にインタビューをして、その言葉を取り上げるのです。読み手にとって、記事がいっそう真実味のあるものになります。

"That dog saved her life."

短く、きびきびと

新聞は急いで読まれることも多いので、書き手は、情報をすばやく簡潔に読んでもらうように工夫します。文や段落は、短く明快にすべきです。

Shirley is recovering in hospital.

(*訳注：アメリカ英語では、2 p.m. は 2:00 p.m.、garden は (back)yard、have got は have gotten、in hospital は in the hospital が一般的)

HERALD

SUPERDOG SAVES SICK GRANNY

...to the fire. He led her to safety through the smoke and flames. Local firefighter Joe ...tt, who later arrived at the scene, said, "We would have got there too late. That ...og saved her life."

Shirley is recovering in hospital. The ...ayor has commended Star for his bravery.

手紙とeメール
Letters and e-mails

手紙とeメールはふつう、特定の人やグループに宛てた通信形式です。

特定の状況や目的によって、タイプの異なる通信文が利用されます。タイプごとに、形式をきちんと整えて書くことが大切です。

参照ページ	
◁ 118-119	数、日付、時
◁ 188-189	段落分け
◁ 196-197	情報を伝える書き方
影響を及ぼす書き方	202-203 ▷
説明したり助言したりする書き方	204-205 ▷
個人的な体験に基づく書き方	210-211 ▷

正式な手紙

正式な手紙は、知らない相手や、教師や政治家のような要職にある人に宛てて書くものです。正式な手紙には、就職申込書や苦情の手紙などもあります。私たちは欠陥製品やホテル・レストランでのひどい接客態度に関して、苦情の手紙を送ったりします。（下の手紙文の訳はp.251）

最初のeメールが電送されたのは1971年でした。現在では、毎日2940億通のeメールが出されています。

Ian Brat
9 Rose Gardens
Sunnyville
England
S12 9BU

→ 差出人の住所を上部に入れる。

26 December 2013

→ 日付も上部に置く。
（＊訳注：アメリカ式は December 26, 2013）

Mr. Santa Claus
Toy Workshop
Secret Mountain
North Pole

← 受取人の宛名をここに書く。

← 正式な手紙では、受取人の〈敬称＋姓〉にする。

Re: Rubbish Christmas present. Child no. 12,231,923,000

→ 正式な手紙では、件名見出しをつけて何に関する手紙かを示すことが多い。

Dear Mr. Claus,

I have always been delighted with your quality products and your efficient and professional delivery service. Consequently, I was very surprised when I had such a bad experience this year.

→ 肯定的な内容で苦情の手紙を始めれば、感情的でなく理性的な手紙だという印象を与える。

On 15 November 2013, I sent you a comprehensive Christmas present list. However, all I received on Christmas Day was a pair of navy blue socks. They are at least three sizes too big and have a hole in the left toe.

→ 苦情の手紙では細かい情報が必要。

I appreciate that you are very busy and mistakes are bound to occur. Therefore, I would be happy to accept one of the gifts that I asked for in my original list (please find enclosed). In this case I wouldn't have to take the matter any further.

I look forward to hearing from you.

← 特定の人に出す手紙なら Yours sincerely で締めくくる。Sir や Madam といった不特定の受取人の場合は Yours faithfully を使う。（＊訳注：アメリカ式ではどちらも Yours truly または Sincerely が一般的）

Yours sincerely,
Ian Brat

手紙とeメール

略式の手紙

くだけた手紙は、友達や家族や年下の人など、差出人が知っている相手に出すものです。これらの手紙では、体験談を語ったり、ニュースを伝えたり、受取人に何かに対するお礼を言ったりします。くだけた手紙はおしゃべり口調になりますが、それでも決まったレイアウトに従います。（左の手紙文の訳はp.251）

- 略式の手紙では、上部に差出人の住所を入れるが、受取人の住所は必要ない。
- 上部に日付を入れる。
- 受取人の名(first name)を宛名にしてよい。
- おしゃべり口調にしたり、雑談を交えたりしてよい。
- これは Yours sincerely [faithfully, truly] よりも親しみのある結び。

```
                        Santa Claus
                        Toy Workshop
                        Secret Mountain
                        North Pole

                        5 January 2014

Dear Rudolf

I hope you are sticking to your New
Year's resolutions! How is the diet going?

Mary and I wanted to thank you for
hosting a fantastic New Year's Eve party.
It was great fun for us all to celebrate
together after a busy few weeks.

I hope that we can see you for
dinner soon.

Best wishes
Santa
```

> - 就職申込みの手紙は、雇用者に応募者の第一印象を植え付けるので、完璧に書かなければなければなりません。
> - 苦情の手紙は、断固とした調子で、しかし礼儀正しく書くべきです。不作法な手紙は受取人をムッとさせ、謝罪や補償の機会を減らすだけです。

e メール (e-mail)

友達や家族に出すeメールは、特定の規則に従う必要はありません。しかし、未知の相手に出すときは、適切な言葉を使い、わかりやすい構成にすべきです。現在では、eメールで通信文を送る機会がますます増えているので、eメールで出しても手抜きだと批難されることはありません。（右のeメールの訳はp.251）

- eメールには、適切で説明的な件名見出しが必要。
- eメールは焦点をしぼった構成にし、段落を明確にする。
- 結びの文句は、くだけたeメールでは省いてよいが、仕事のeメールでは入れるべき。

```
Send     Save     Discard
(送信)   (保存)   (削除)

To       Joe@toycollege.com

         Add Cc     Add Bcc

Subject  Junior Toymaker Vacancy

Attach a file (ファイル添付)

Dear Joe,

Thank you very much for your recent application for the Junior Toymaker position.

I have read your résumé and would be delighted to meet with you for an interview.
Would 2 p.m. next Thursday be convenient?

Please let me know.

Kind regards,
Santa Claus
```

影響を及ぼす書き方
Writing to influence

読み手の見解や行動を変えることを狙った文章もあります。

反論したり説得したりする文書は、読み手に影響を与えることを狙っています。しかし、反論と説得には微妙な違いがあります。

参照ページ	
◁ 186–187	計画立案と情報収集
◁ 188–189	段落分け
◁ 190–191	ジャンル、目的、受け手
描写する書き方	208–209 ▷
スピーチ原稿の書き方	226–227 ▷

強い反論

反論では、反対意見を受け入れつつ、それに対して十分筋の通った反論を加えるのがふつうです。たとえば、「犬より猫の方が好ましい」と言うにしても、猫のよい点をすべて挙げるだけでは不十分です。犬の方を好む人がいる理由を認め、その後、それらの理由に反論すべきです。（右の文章の訳は p.251）

> Reasons why people prefer dogs to cats
> - Dogs are more intelligent than cats. **Cats are smart enough to hunt, wash and fend for themselves.**
> - Cats are unkind because they bring dead mice into the house. **This is their way of showing affection.**
> - Cats are unsociable. **They are friendly but don't demand constant attention – an annoying characteristic of dogs.**

反論する前に、反対の考え方をする人たちの理由をリストにする。

それぞれの理由に対する反論をメモする。

説得力

説得する文書は、反論よりも一方的で、より感情に訴えるものです。ほとんどの場合、受け手を行動に誘います。製品を買わせたり、組織に参加させたり、慈善団体に寄付させたりするのです。

WHY WOULD YOU EVER WANT A CAT?

DOGS ARE FANTASTIC.

GET ONE TODAY!

説得の文書では反対意見を受け入れない。「どうして猫なんかほしいの？ 犬が最高」

この種の文書は、今すぐ行動するように読み手を促す。「今日、1匹手に入れよう！」

- 説得の文書は断固とした調子で書きますが、強引であってはいけません。
- 実生活に根差した話題を盛り込めば、より感情に訴える文書になります。
- you might（〜するかもしれない）や possibly（たぶん）ではなく、you will（〜するでしょう）や definitely（当然）など、確信のこもった表現を使いましょう。

用語集

誇張表現 (exaggeration)：物事を実際より大げさに、または好ましく表現したもの。

誇大表現 (hyperbole)：誇張表現の極端な形。まともに受け取られるとは限らないが、読み手の関心をわしづかみにする。

修辞疑問 (rhetorical question)：効果を上げるために使われる、答える必要のない問い。

最上級 (superlative)：形容詞または副詞の変化形で、物事の程度が最大または最小であることを表す。

影響を及ぼす書き方

自分流を身につけよう

書き手は読み手の考えに影響を及ぼすために、特殊な方法を使います。それが修辞法（rhetorical device）です。説得文では、反論文よりもこの技法を多用します。

繰り返しの法則

ある考えを受け手の心に焼き付けて真実だと思わせるために、単語や語句や構文を繰り返すことがあります。3回繰り返すのは、特に多く見られる技法です。「犬は忠実だ。犬は友好的だ。犬は最高！」

Dogs are loyal. Dogs are friendly. Dogs are the best!

専門家に聞こう

自分の主張を裏づけるために、権威筋から得た事実や統計数字や引用が使えます。「〜によれば、犬の飼い主は猫の飼い主より医学上の問題で悩まされることが少ない」

According to one recent study at Queen's University, Belfast, dog owners suffer from fewer medical problems than cat owners.

古代ギリシャ人は、説得するための技術を「修辞学」(the art of rhetoric)と呼びました。

涙を誘うもの (tearjerker)

読み手に苦痛・悲しみ・過ち・怒りといった感情を呼び起こす単語や語句があります。ひとたびそう感じれば、読み手は説得されやすくなります。「猫は、お年寄りや病弱な人や孤独な人を癒してくれる」

Cats bring comfort and friendship to the old, frail and lonely.

修辞疑問

答えを求めず期待もしない問いのことです。これによって、読み手はあまり考えたことのなかった主張をじっくり考えることになります。「猫っておもしろい？ 物を投げたら取ってきてくれる？」

Is a cat fun? Can you play fetch with a cat?

個人に向けて訴える

you を使って直接呼びかければ、読み手は自分に関連することだと感じます。we を使えば、書き手と読み手の間に関係が築かれ、読み手は書き手を信用するようになります。「私たちは皆、猫を定期的に散歩させなくてよいことを知っている」

We all know that you don't have to take cats for constant walks.

ずばり最上級で

誇張法は主張を強調し、読み手の関心をつかむために使われます。誇張には、the best、the worst、the cheapest などの最上級を使う方法もあります。極端な誇張は誇大表現と呼ばれます。「私は猫なしで暮らせるはずがない。私の猫は私の世界のすべてだ」

I couldn't live without my cat. My cat is my whole world.

REAL WORLD
君に告げているのだ

1914年のこのポスターは、第一次世界大戦時に、英国陸軍に入隊するよう男性たちを説得するために使われました。写っているのは英国陸軍大臣キッチナー卿で、われわれの国は諸君を必要としている、と読み手に告げています。読み手をまっすぐ見つめ、YOU を使って呼びかけることで、キッチナー卿の訴えは大いに効果を発揮しました。

説明したり助言したりする書き方
Writing to explain or advise

説明や助言の文書は、読み手に基本的な事実以上のものを伝えます。

説明や助言のために文書は、情報を伝える文書とまぎらわしいかもしれません。しかし、説明や助言には、情報だけでなく理由、感情、提案が含まれます。

参照ページ	
‹ 186–187	計画立案と情報収集
‹ 188–189	段落分け
‹ 190–191	ジャンル、目的、受け手
‹ 192–193	文章を読んで説明する
‹ 196–197	情報を使える書き方
‹ 202–203	影響を及ぼす書き方

追加説明

説明文では理由を挙げます。たとえば、出来事がなぜ、どのように起こったのか、あるいは、ある人がそう感じるのはなぜなのかなどを追加説明するのです。（右の文章の訳は p.251）

体験を説明する

私たちは、ある話題についての自分の考えや、ある体験が重要だったり困難だったりした理由を説明するように求められることがあります。そのときは、話題や出来事だけでなく、それにまつわる感情も説明しなければなりません。

> **I've lost all my confidence**

どのように、なぜ

説明文では、何が起こったかだけでなく、その出来事がどのように、なぜ起こったかも伝えます。原因と結果を示すためには、連結語(句)を使います。

> **this is because** (これは～だからです)
> **as a result of this** (この結果～)
> **therefore** (したがって～)

Ask

STOP THE STENCH!

Dear Annie,

I have a serious problem with smelly feet. It sounds silly, but it has an impact on my entire life. Not only does the smell irritate me, but other people have started to notice and make jokes. I've lost all my confidence and I can't even go to my friends' houses anymore because I'm too frightened to take off my shoes. What can I do?

Anonymous, 14

Dear Anonymous,

Don't worry – you're not alone! Stinky feet are a common problem. This is because there are more sweat glands in the feet than anywhere else in the body. When your feet release sweat, bacteria on the skin break it down. This process releases that cheesy smell.

説明したり助言したりする書き方

優れた助言

助言の文書では、最善で、最も簡単で、最も即効性のある方法を伝えます。または、問題の解決方法を提案します。

- 説明文は、情報を明確に論理的に伝えるために、構成をよく練らなければなりません。

共感

助言は、権威を保ちながらも友好的でなければなりません。共感のこもった肯定的な調子にすれば、読み手を励ますことができます。

the good news is   don't worry

人称代名詞

書き手は you を使って直接語りかけたり、I を使って自分の個人的意見を述べたりすることができます。これは相手との信頼関係を築くのに有効です。その結果、相手は助言を受け入れやすくなります。

you could   I find

提案

you should（あなたは〜すべきだ）などの強い提案は、読み手の行動を促すのに有効です。しかし最も好ましいのは、you could や you might のような穏やかな提案表現を使って、友好的な調子を保つことです。

you should wash your feet

← 強い提案は、読み手に何をすべきかを教える。

結果を保証する

文書では、忠告がどれだけ役立つかを示さなければなりません。忠告に従ったらどうなるか、従わなかったらどうなるかを強調するのです。

If you do this twice a day, you should banish smelly feet within a week.

箇条書き

助言のリーフレットやコラムでは、情報を箇条書きにすることがよくあります。そうすれば、読み手は助言を実行しやすくなります。

Annie

The good news is that there are lots of simple ways to stop the stench. First of all, you should wash your feet and change your socks every day. You could also try special foot deodorants, but I find spraying normal deodorant on your feet works just as well. A guaranteed way to get rid of the smell is to wash your feet with an antibacterial soap. If you do this twice a day, you should banish smelly feet within a week.

Here are some other useful tips:

- Wear socks and shoes made from natural fibres because they let your feet breathe, unlike synthetic materials.
- Wear open-toed sandals in the summer and go barefoot at home in the evenings.
- See a doctor if these simple measures don't help.

Good luck.

Best,

Annie

（＊訳注：結びの Best は、アメリカ英語では Yours truly が一般的）

分析したり論評したりする書き方
Writing to analyse or review （〈米〉analyze）

参照ページ	
◁ 42–43	単文
◁ 186–187	計画立案と情報収集
◁ 188–189	段落分け
◁ 190–191	ジャンル、目的、受け手

このタイプの文章は、主題を細かく分けて、その核心部分を論じるものです。

分析も論評も、テーマを深く考察するものです。ただし、分析ではバランスのとれた判断をするのに対して、論評ではふつう、自説を主張して個人の信念を述べます。

用語集

- **一人称話法**：書き手が自分の考えを I や my を使って書く方法。
- **客観的(objective)**：文書が個人的意見に影響されていない、ということ。
- **主観的(subjective)**：文書が個人的意見に影響されている、ということ。
- **三人称話法**：書き手が私心を交えず、第三者の観点で書く方法。

バランスのとれた判断

分析とは、主題を掘り下げることです。説得する文書とは違って客観性を持たせます（個人的な感情に左右されない、ということ）。テーマの長所と短所を見極めて、公平な結論を下すのです。バランスのとれた分析にする有効な方法は、表を使って、賛成と反対の根拠を一覧にすることです。（下の表の訳は p.251）
（＊訳注：reality televison「一般人の生活や行動をビデオで見せるテレビ番組」）

Against reality television	For reality televison
Television producers make shows vulgar and offensive in order to boost ratings.	Reality television is popular and producers should give viewers what they want.
It encourages people to pursue celebrity status, rather than success through education and hard work.	If someone doesn't want to watch a show, they can change the channel or turn off the television.
The contestants are humiliated and treated poorly, which sets a bad example for viewers.	Some shows tackle important problems in society, such as unhealthy eating.
All the shows follow the same formula, and no creativity is involved in the making of a programme.	Reality television tells us more about human nature, and how people behave in certain situations.

距離をとって客観的に

分析が客観的であるためには、三人称話法を使って書き、自分を出さないのがベストです。たとえば、It is often argued（よく言われることですが）という語句で文を始めれば、書き手の個人的意見ではなくなります。

It is often argued...
（よく言われることですが～）

It seems likely...
（どうやら～のようです）

There is evidence to suggest...
（～を示す証拠があります）

Many people believe...
（多くの人は～を信じています）

It is sometimes stated...
（時々言われることですが～）

分析したり論評したりする書き方

ほめたり、けなしたり

論評とは、映画や書籍といったイベントや出版物について、焦点を絞って解説し評価する文書です。分析よりずっと主観的です。そこで、一人称を使って個人的意見をたっぷり盛り込んで書かれます。（下の文章の訳はp.252）

旅行サイトのTripAdvisorには、7500万人以上の消費者の論評と意見が載っています。

大まかな紹介

論評の最初の部分では、すべてを明かすことは避け、対象にしている映画や書籍やショーなどの要約をするとよいでしょう。要約を載せれば、読み手はストーリーの概要がわかります。

長所と短所

論評の中間部分では、作品の出来（長所と短所）について、さらにくわしく述べます。劇における演技力、書籍における筆力、映画における特殊効果の使い方などを論じるのです。どんな論評でも、具体例を挙げて裏づけることが大切です。

Film preview

TAKE TO THE FLOOR 2

Take to the Floor 2 is the latest in a series of teen dance dramas to spin into cinemas. As usual, the story focuses on two young dancers from the opposite sides of town. When street kid Chad wins a scholarship to a prestigious dance school, he finds it hard to fit in. Then, one day, he catches the eye of ballet dancer Ellie, who is wowed by his moves.

Many of the dance scenes are spectacular, from a rooftop tango in the pouring rain to a shopping mall salsa extravaganza. The cast members are all highly trained movers; however, their acting skills were left at the stage door. Ellie and Chad fail to bring their sizzling dance-floor chemistry into the dialogue, which is disappointing.

The rooftop tango scene is stunning and very moving.

Take to the Floor 2 is nothing new; the plot certainly doesn't offer any surprises. However, the film is saved by its show-stopping dance scenes and pumping soundtrack. Overall, it's incredibly fun to watch, even if you end up feeling like you've seen it all before.

(＊訳注：take (to) the floor「ダンスに加わる、踊り始める」、street kid「都市の路上生活児童、スラム街で生きぬく知恵を身につけた子供」。なお、「映画」はアメリカではmovieが一般的)

最終評価

論評の最後の段落は、テーマに関する発言のまとめと総合的な提言にします。つまり、論評が扱っている対象には見たり読んだりする価値があるのかどうか、最終判断を下すのです。

- 分析する文書は、段落に分けてわかりやすく構成しなければなりません。はじめに一方の考えを考察し、次にもう一方を考察します。最後に、バランスのとれた結論に至ります。

- 論評する文書を書くときは、誰が読み手かをよく考え、彼らが対象について何を知りたいのか、よく検討するようにしましょう。

描写する書き方 Writing to describe

描写する文書は、物事や人間がどんな様子かを読み手に伝えます。

物語から広告まで、多くの文書で描写技法(description)が利用されます。描写する文書では、特別な単語を使って読み手の脳裏に生き生きとしたイメージを浮かび上がらせるようにします。

参照ページ	
◁26–27	形容詞
◁40–41	副詞
◁84–85	イディオム、類似表現、比喩表現
◁182–183	適切な単語を選ぶ
◁184–185	関心を引く文を作る
物語の書き方	212–213▷

感覚(senses)に訴える

描写する文書では、読み手の感覚に訴えることが大切です。どう見え、どう響き、どう感じるかを描写すれば、読み手に細部まで想像してもらえます。五感のすべてに関連するとは限りませんが、できるだけいろいろ工夫しましょう。(下の文章の訳は p.252)

- 文書を描写的にする1つの方法は、ビデオカメラを持ってある場面のまわりを動き回るように、いろいろな角度から描写することです。

> Barbara walked into the kitchen and was confronted by a **rush of warm air** and the **smell of something sweet**. On the counter was a **triple-layer chocolate cake** with **fudge icing oozing** down the sides. She **eagerly cut** a slice and **stuffed** it into her mouth. The chocolate sponge was **rich** and **bitter** with a slight **nutty** flavour. The **sugar sprinkles crackled** in her mouth and got **stuck in her teeth**. Suddenly, the **doorbell buzzed**. Barbara jumped, and her **cake splattered** across the floor.

(＊訳注：アメリカ英語では、flavour は flavor とつづる。また、buzzed は rang が一般的)

どう見え、どんな感じがし、どんな匂い・味・音がするかを描写する。

REAL WORLD
「これは見逃せない！」

宣伝担当者は、消費者の脳裏に魅力的な映像を描かせるために描写技法を活用し、何かを買うように説得します。シャンプーや毛髪染剤を売るには、髪を smooth、glossy(つややかな)、rich(豊かな)と描写するかもしれません。ビーチリゾートの宣伝では、azure blue(空色)、gentle lapping waves(穏やかに打ち寄せる波)、golden sands などの描写が盛り込めます。

描写する書き方

細部を描写的に

細部を伝えなければ、読み手は物事を生き生きと想像することができません。最適な単語を選び出せば、情報がふくらんで、より描写的な文にすることができます。

> She reached for a slice of cake and put it in her mouth.

△細部不足
この文では、場面の様子があまり伝わりません。「彼女はケーキの一切れに手を伸ばし、口に入れた」

wedge（V字型のもの）を使うと、大きなケーキの一切れであることが正確に描ける。

> She reached **quickly** for a **big** slice of **sticky, delicious** cake and **eagerly** put it in her mouth.

（副詞／形容詞）

△形容詞と副詞
形容詞や副詞を加えたとたん、文はイメージに富んだものになります。「すぐに／大きな／べたべたする／おいしそうな／はやる思いで」

> She **grabbed** a **wedge** of **sticky, delicious chocolate** cake and **stuffed** it in her mouth.

△的確な語彙
描写的要素の強い単語があります。時には、そのような語彙を的確に使ってみましょう。

> She **tentatively** reached for a **sliver** of **fattening** cake and **sneakily popped** it in her mouth.

△別の選択
別の単語を使えば、文はまるで違う印象になります。「彼女はおずおずと、太りそうなケーキの小片に手を伸ばし、こっそり口に放り込んだ」

比喩的な言い回し

比喩表現（figurative language）は誇張法の一種です。より生き生きとした描写にするために、物事を対比させて類似点を示します。

直喩（simile）
直喩は、as や like という単語を使って、あるものを別のもので例えることです。

↓

Her cheeks were pink **like** strawberries.
（彼女の頬はイチゴのようなピンク色だった）

隠喩（metaphor）
隠喩は、あるものの特徴を別の単語や語句で表現するものです。

↓

A **wave** of terror washed over him.
（恐怖の波が彼に押し寄せた）

擬人法（personification）
物事や考えに人間の行為や感情を当てはめることを擬人法といいます。

↓

The wind **screamed** and **howled**.
（風は叫び、うなり声を上げた）

擬声語（onomatopoeia）
ものが発する音と発音がよく似た単語を使うとき、それを擬声語といいます。

↓

The leaves **crunched** underfoot.
（葉が足元でバリバリと音を立てた）

コミュニケーション技能

個人的な体験に基づく書き方
Writing from personal experience

自分の人生や個人的体験を伝えるとき、それを自伝体の文章といいます。

参照ページ	
‹ 34-35	代名詞
‹ 184-185	関心を引く文を作る
‹ 188-189	段落分け
‹ 204-205	説明したり助言したりする書き方
‹ 208-209	描写する書き方
物語の書き方	212-213 ›
ウェブ用の書き方	214-215 ›
スピーチ原稿の書き方	226-227 ›

自伝（autobiography）自体が1つのジャンルですが、スピーチ原稿やアドバイス集など別のタイプの文書でも使われ、それらに人間的な雰囲気をつけ加えます。

ふつうと違う人生
日々の生活などそれほど興味を持たれそうにありませんが、読み手は他人の人生に興味を抱くものです。最も古い記憶、困った出来事、特にうれしかった・悲しかった・恐ろしかった・誇らしかった瞬間などは、すべてすばらしい主題です。読み手はまた、さまざまな土地での祭りや暮らしぶりなど、自分と大いに異なる体験について知りたがります。

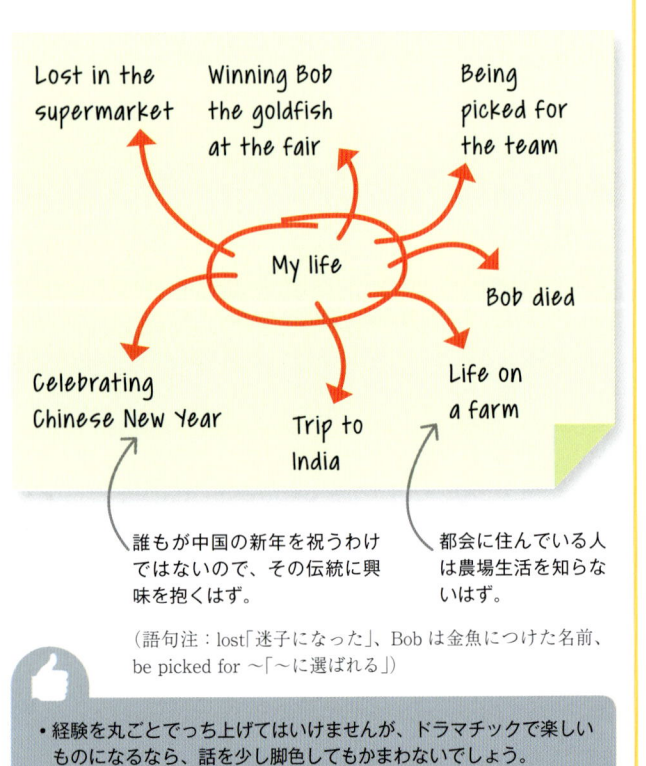

これがわが人生
完全な自伝（誕生から現在まで）を書くときは、出来事を起こった順にきちんと練り上げることが大切です。1つの方法は、人生図を作ることです。これは出来事を視覚的に描く方法で、思い出を表す絵を添えることもできます。個々の思い出を一覧にするのではなく、自伝にテーマを設定することもよくあります。たとえば、無一文から大金持ちになるまでの苦労とか、スポーツへの熱い思いに焦点を当てるのです。

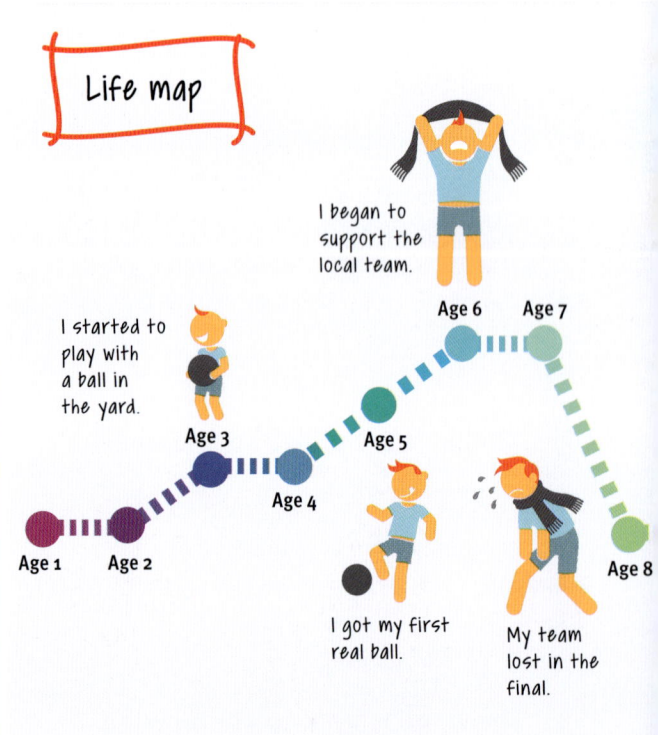

誰もが中国の新年を祝うわけではないので、その伝統に興味を抱くはず。

都会に住んでいる人は農場生活を知らないはず。

（語句注：lost「迷子になった」、Bobは金魚につけた名前、be picked for ～「～に選ばれる」）

- 経験を丸ごとでっち上げてはいけませんが、ドラマチックで楽しいものになるなら、話を少し脚色してもかまわないでしょう。

個人的な体験に基づく書き方

REAL WORLD

紀行文（travel writing）

紀行文は、情報を羅列した旅行ガイドの文章とはだいぶ異なります。紀行文では、旅行中の気分や感想や愉快な逸話を盛り込んで、著者自身の個人的な旅行談をくわしく語ります。

読ませたい部分を編集

自伝体の文書は情報を伝えるものですが、娯楽性も必要です。退屈で些細なことは取り上げるべきではありません。たとえば、試合の詳しい経過を述べる必要はなく、そのときの不安、誇り、絶望といった自分の感情や反応を語る方が、ずっと興味深くなります。（右の文章の訳は p.252）

> I felt sick and panicky all morning before the big game. We needed to win and I'd finally made the team. I had everything to prove.

現実感を出す

自伝体の文書はストーリーを語るものであり、最も優れたストーリーとは、描写的表現が豊富に盛り込まれているものです。光景、音、強い感情、感覚などを描写すれば、読み手は、書き手の記憶と同じくらい生き生きとその体験を思い描けるようになります。（右の文章の訳は p.252）

> It was a hot night in the stadium. The noise of the supporters was deafening, and their chants boomed across the field like a roll of thunder in a storm.

個性的にする

自伝体の文書では、書き手自身のユニークな個性を披露することが必要です。そのため、個人的な意見、好き嫌い、奇妙な習慣、愛用している言葉などがよく盛り込まれます。また、愉快なことを細かく書けば、ユーモアが生まれ、文章が個性的になります。（右の文章の訳は p.252）

> I was wearing my lucky socks. I had eaten my usual peanut butter sandwich and stroked the cat three times. I was ready to play the game of my life!

きみはぼく

自伝体の文書ではふつう I や my が使われますが、読み手を you で指すのも効果的です。これを直接呼称（direct address）といい、読み手との一体感を築くのに役立ちます。これによって、読み手はストーリーに参加している気分になります。（右の文章の訳は p.252）

> I'm sure you've been on the losing side before, or watched your team miss that crucial shot. So you know what it feels like to be emotionally crushed by a loss.

- Age 9: I played for the school.
- Age 10: I was picked for the class team.
- Age 11
- Age 12: I met my team's famous captain.
- Age 13: I broke my leg in a game.

物語の書き方 Writing a narrative

物語とは、話の筋を語る文書のことです。

物語とは、いろいろな出来事を因果関係によって結びつけた話のことです。すべての物語には語り手、筋書き(plot)、登場人物、場面設定が必要です。話によっては、登場人物同士の言葉のやりとりを表す対話部分も含まれます。

参照ページ	
‹ 34–35	代名詞
‹ 108–109	引用符
‹ 182–183	適切な単語を選ぶ
‹ 184–185	関心を引く文を作る
‹ 208–209	描写する書き方

誰の視点か？

語り手とは、話を進める人のことです。語り手が作中人物で、その人の視点で出来事を語るなら、物語は1人称で書かれます。語り手がその話の外にいて、登場人物を he とか she とか they で指すときは、3人称で書かれます。
(3つの文の訳は p.252)

my という単語は、この話が1人称で書かれていることを示す。

My master is the most fearsome pirate sailing the seven seas.

1人称(主役)
1人称の話は、たいていその話の中心人物、つまり主人公[主役]によって語られる。

The scoundrels had deceived **me,** so **I** made them walk the plank!

1人称(脇役)
1人称を使って書かれた話が、すべて主役によって語られるとは限らない。語り手として脇役を使えば、別の視点が生まれる。

his という単語は、この話が3人称の視点で書かれていることを示す。

The ruthless captain made **his** crew walk the plank.

3人称
3人称を使って書かれた物語は、著者または部外者の視点で語られる。

筋から脱線するな

個々の出来事を1つの話にまとめ上げるのが筋書き[構想]です。すべての出来事には理由があって、登場人物たちの行動や判断によって出来事が引き起こされます。優れた筋は、明快な出だし・中間部(ふつうは筋の展開の中心部)・結末を備えています。

△出だし
出だし部分では、主な登場人物と彼らの置かれた状況を紹介します。古典的な筋立てでは、主役がなんらかの問題に直面することから話が始まります。

△中間部
筋の中間部ではしばしば、主役が困難な状況を克服しようとしている様子が描かれます。ふつう、筋の最も重要な出来事や場面転換は、話の中間部で生じます。

△結末
結末は、その話を解決へと導きます。主役は事態を解決してしまったかもしれません。逆に、筋が思わぬ展開をして、意外な結末に至るかもしれません。

ヒーローと悪役 (villain)

優れた話には、読者の関心を引く、魅力的な登場人物が欠かせません。ふつうは主役[ヒーロー]が存在し、ヒーローが目的を達成するのを妨害する悪役や、ヒーローを助ける協力者(ally)も登場します。それぞれの登場人物は個性的で、ユニークな体つきや性格が印象に残るものでなければなりません。

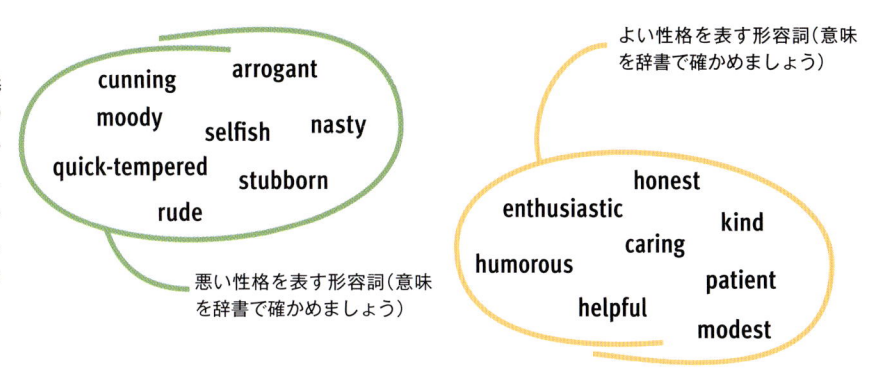

悪い性格を表す形容詞（意味を辞書で確かめましょう）:
cunning, arrogant, moody, selfish, nasty, quick-tempered, stubborn, rude

よい性格を表す形容詞（意味を辞書で確かめましょう）:
honest, enthusiastic, kind, caring, humorous, patient, helpful, modest

完璧な設定

設定(setting)とは、出来事が起こる時・場所・状況のことです。的確な設定をすれば、その話に気分や雰囲気が生まれます。たとえば海賊の話なら、17世紀の熱帯の無人島、という設定になるかもしれません。設定を細かく描けば描くほど、読者は状況を想像しやすくなります。（下の文章の訳は p.252。なお、2行目の multicoloured はアメリカ英語では multicolored）

The island was **deserted**, except for the **multicoloured** birds **circling** overhead. The **golden** sandy beach was **fringed** with **coconut** trees and **tropical** plants. A **ghostly** shipwreck in the distance was being **pounded** against the **craggy** rocks by **crashing** waves.

→ 音などを表す描写的要素の強い単語は、その場面の光景を鮮明に描く。

ドラマチックな対話

話の中で対話を使えば、登場人物がより鮮明になり、話の展開も進みます。対話は簡潔で劇的でなければならず、長ったらしく無意味な対話は避けるべきです。また、said の代わりに grumbled（不平をもらした）、screamed（絶叫した）、gasped（あえいだ）のような語句を選べば、さらに劇的要素が加わります。（下の文章の訳は p.252）

→ せりふは引用符ではさむ。

"Is that you, Captain?" **shouted** the first mate.
"Of course it is. Now, hurry up and lower a boat to fetch me," **bellowed** the captain.

→ 話し手が変わるときは改行する。
→ said の代わりに、もっと興味をそそる単語を使う。

- 緊張感とサスペンスを高めるために、長い文と短い文を混ぜて使いましょう。
- as fast as a cheetah（チーターのように速く[直喩]）のような比喩表現は、物語の描写を豊かにします。ただし、使うのは控えめにしましょう。使いすぎると、行為の実態がかえってわかりにくくなります。

ウェブ用の書き方 Writing for the web

ウェブ[インターネット]のための文書は、印刷物のための文書とは非常に異なります。

オンラインの読み手はふつう、特定の情報を探しています。あいまいなら、あるいは知りたいことが載っていなければ、そのサイト(website)から去ってしまいます。オンラインの書き手は、読み手の関心を持続させるために特別な技法を使います。

参照ページ	
‹ 86–87	口語表現と俗語
‹ 182–183	適切な単語を選ぶ
‹ 184–185	関心を引く文を作る
‹ 194–195	レイアウトと表示機能
‹ 196–197	情報を使える書き方
‹ 210–211	個人的な体験に基づく書き方

見やすく
画面上の文字を読むのは、紙に印刷された文字を読むより面倒です。読みづらいとわかれば、すぐにサイトを替えてしまいます。ですから、オンラインの文章は常に、短くて明瞭な文と段落で書かれます。(右のサイトの訳はp.252)

キーワード
ウェブは巨大で、同じテーマのサイトが山ほどあります。ウェブの書き手は、利用者が検索エンジン(search engine)で調べる「キーワード」を盛り込んで、内容が簡単に見つかるようにすべきです。これを「検索エンジンの最適化」(SEO、p.215「用語集」)といいます。つまり、見出しや小見出しを検索しやすいものにするのです。

Go to kangaroo country
↳ おもしろいが、「Australia」で検索して見つかるとは限らない。

Go to Australia
↳ 「Australia」なら検索エンジンで引っかかる。

ビジネス用サイトには、会社のロゴがついていることがある。

Go Travel

FLIGHTS | HOTELS | TOURS | INSURANCE | AROUND THE WORLD | BUS/TRAIN/C

Australasia travel guides
If you really want to get away from it all, you can't get much farther away than Australasia. Ride the waves on Australia's Gold Coast, hike through the mountains in New Zealand or just relax on the beach in Fiji. Start planning your trip of a lifetime here.

Go to Australia
Australia has it all, from hip cities to idyllic islands to the remote outback. Scuba dive at the Great Barrier Reef, party in Sydney or check out some fascinating wildlife.
Find out more...

Go to New Zealand
New Zealand is a thrill-seeker's paradise. Get your adrenaline rush from skydiving, white-water rafting or bungee jumping. Or just take in the beautiful scenery.
Find out more...

Go to Fiji
If you want to relax on a stunning beach, Fiji won't disappoint. It has more than three hundred islands with crystal clear waters and beautiful coral reefs.
Find out more...

興味をそそる画像は、そのサイトだけでなく、旅行先も魅力的なものにする。

ウェブ用の書き方　215

ブログ (blog)

ブログは、読まれることを前提にして書くオンラインの日記です。ふつうはくだけた個人的な文体を使って、楽しく読めるように書きます。ブロガー（ブログの書き手）は無造作な書き方（ただし、文法的に正しいことが必要）をすることが多いので、声に出して読んで、文章の調子が適切かどうかを確かめるとよいでしょう。（下の文章の訳は p.253）

オンラインの文章は、印刷物より約 25 パーセント、読むのに時間がかかります。

ページ上部にあるタブは、利用者をそのサイトの別の欄に誘導する。

S | ESSENTIALS | PLANNING | DESTINATIONS | VOLUNTEER | WORK

用語集

ブログ：書き手の意見や感想を盛り込んだオンラインの日記。定期的に更新される。

ハイパーリンク：ウェブ上の単語・語句・アイコンのことで、クリックさせて、利用者を別の新たな資料やサイトに誘導する。

SEO：Search Engine Optimization（検索エンジン最適化）。より多くのウェブ利用者に読んでもらうために、そのサイトが目に触れる度合いを高める作業のこと。

The Go Travel blog

Surfing at Bondi

I've finally made it Down Under!

It's early in the morning here, but I'm not on Aussie time yet so I thought I would update you all on my trip. Yesterday, I decided to cure my jet lag by throwing myself into the pounding surf at Bondi Beach!

Read more....

ブログでは俗語を使ってよい（Aussieはオーストラリア（Australian）の俗語）。

スペースをとる

レイアウトが見やすいと、オンラインの文章が読みやすくなります。たいてい、小さな段落に分けたり、箇条書きにしたり、周囲に余白をたっぷり取ったりします。オンラインで読んでいるときは流し読みすることが多いので、明確で説明的な小見出しをつけて、読み手が必要な情報を見つけやすくするとよいでしょう。

Click on our interactive destination map

関連図版は、情報をより楽しく示し、読み手の興味をつなぎとめる。

「すぐ行動せよ」

すべての文書には、読み手に情報を与えるのか、何かを買わせるのか、といった目的があります。ウェブは読んだものについて読み手がすぐ行動できるようになっているので、読み手を他の情報やレジ用ページ（checkout page）に導くような、積極的なハイパーリンクを盛り込むことが大切です。

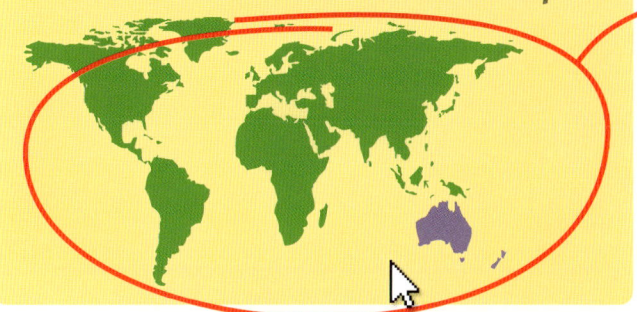

✉ Get a quote by e-mail
Ask one of our team

Add to basket
Ask one of our team

購買を促すためのリンク。「買い物かごに入れる」

台本の書き方　Writing a script

ナレーションや演劇の台本は、声に出して読んだとき効果を発揮するように書くべきです。

参照ページ	
⟨ 88–89	直接話法と間接話法
⟨ 114–115	カッコとダッシュ
⟨ 196–197	情報を使える書き方
⟨ 212–213	物語の書き方
話し言葉	222–223 ⟩
スピーチ原稿の書き方	226–227 ⟩

台本の言葉は聞き手に向かって語られるので、聞いてわかりやすくなければなりません。台本はまた、独特なやり方でレイアウトし、そこに関係者たちへの指示を記入します。

ナレーション（voice-over）

ナレーションは、ドキュメンタリーやコマーシャルや慈善・非営利キャンペーンのような短い映像に添える音声放送を指します。ナレーション台本をレイアウトする一般的な方法は、いくつかの欄に区分した表を使うことです。（下の台本の訳は p.253）

聞き取りやすく

ナレーション台本は、言ったことが聞き手にすぐわかるように、簡単な言葉づかいで書きます。聞き手は、前に戻って台本を読み返すことができません。簡単な文や単語を使えば、台本はナレーターにとって読みやすくなり、読み間違えもなくなります。

この欄は画面に映し出される映像を表している。

各欄には、ナレーションの個々の要素が、秒単位で設定されている。

Time	Images	Words	Sound effects
0:00	Beautiful and colourful images of rainforest plants and wildlife	The Amazon rainforest has the largest collection of plant and animal species in the world. Millions of weird and wonderful living things call this their home.	Peaceful jungle sounds
0:15	Shocking scene of deforestation	But for how long will this rainforest survive?	Silence
0:20	Zoom over deforestation	Silence	Silence

（＊訳注：colourful はアメリカ英語では colorful）

せりふと映像

ナレーション台本では、せりふは画面の映像と連動して、映像にさらに情報を加えるものでなければなりません。ただし、時には沈黙を織り込むのも効果的です。そうすれば、聞き手は目に映るものに集中し、それを心に焼きつけることができるからです。

台本の書き方

- ナレーション台本の出来を確かめる最もよい方法は、声に出して読んでみることです。ナレーターが息切れしたり混乱したりするようなら、台本を書き直す必要があります。

平均すると、ナレーターは1分間に180語を読み上げます。

演劇の台本

演劇台本はストーリーを描きますが、書かれた物語とは違い、演じられるものです。演劇台本は劇場、テレビ、ラジオ、映画のために書かれます。それぞれの表現方法は少し違いますが、共通の特徴があります。（下の台本の訳は p.253）

ト書き［指示］(directions)

台本にはト書きを入れて、舞台上の1人1人がどう行動するかを指示します。ト書きは、俳優がいつ登場し退場するか、どんな調子でせりふを言うかなどを示します。照明や効果音、あるいはクローズアップにするなどのカメラ操作に関するト書きもあります。

PROTEST

Scene A park that is going to be demolished to make way for a shopping centre. There are protest chants.

Characters
MEADOW An environmental activist
DETECTIVE STUBBS A police officer

(MEADOW starts to climb a tree.)
(Enter DETECTIVE STUBBS)

DETECTIVE STUBBS: What do you think you're doing?
MEADOW: (angrily) Saving our trees!
DETECTIVE STUBBS: Get down immediately!

(MEADOW laughs and scrambles to the top of the tree.)

DETECTIVE STUBBS: Hey you, come back!

（＊訳注：centre はアメリカ英語では center）

- タイトルをいちばん上に置く。
- その場面に関わる設定と登場人物を上部に並べる。
- 登場人物の動きをト書きで示す。（ ）に入れる。
- セリフの言い方を副詞で指示するト書きもある。

対話 (dialogue)

対話とは、登場人物間の言葉のやりとりのことです。演劇では、対話と行動によって筋立てが展開していくため、せりふは起こっていることを観客に伝える働きをします。話しぶりにも説得力が必要で、それぞれの登場人物の年齢、国籍、性格、心情を反映させなければなりません。

改作 Re-creations

文章を別の形式に書き直すことを、ここでは「改作」と呼びます。

文書はさまざまな方法で文体を変えることができます。たとえば、物語のような文章を自伝的文章や新聞記事に書き換えることも可能です。

参照ページ	
◁ 42–43	単純時制
◁ 190–191	ジャンル、目的、受け手
◁ 194–195	レイアウトと表示機能
◁ 198–199	新聞記事
◁ 212–213	物語の書き方

文章の形式変更

改作とは、文章の形式を別の形式に変えることです。これは、物語の視点を変えるだけで簡単にできます。たとえば、3人称で書かれた物語を1人称で書かれた物語に変えることができます。同様に、ある話を別の時制を使って書き換えることも可能です。詩から物語の着想が生まれたり、演劇台本が新聞記事になったりなど、文書をまったく違う形式にすることもできます。

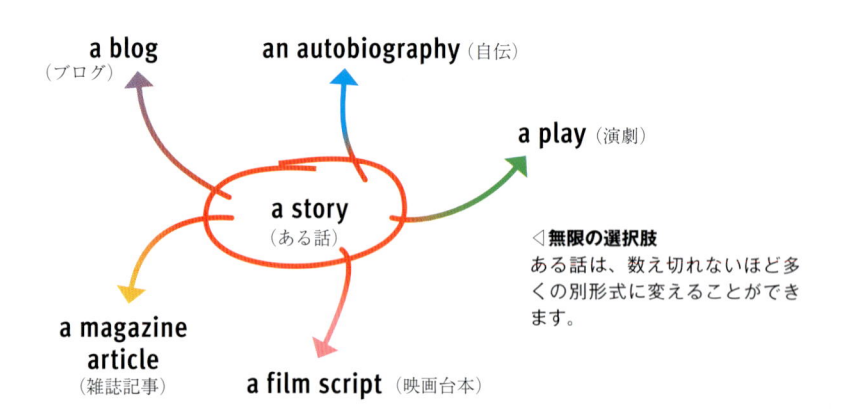

a blog (ブログ)
an autobiography (自伝)
a play (演劇)
a story (ある話)
a magazine article (雑誌記事)
a film script (映画台本)

◁ 無限の選択肢
ある話は、数え切れないほど多くの別形式に変えることができます。

REAL WORLD
改訂新版 (revised and updated)

現代の観客に訴えるために、作家が古典物語を改作することがあります。筋の展開や登場人物の設定はふつう、現代に移しかえられます。たとえば、ミュージカル「ウェストサイド物語」は、シェークスピアの「ロミオとジュリエット」にほぼ基づいていますが、舞台を1950年代のニューヨーク市に移しています。

原作

改作に取りかかる最良の方法は、まず原作を読み込むことです。書き換え版には、筋立てとなる出来事や主な登場人物など、原作の重要な要素を盛り込まなければなりません。さらに、その話が持っている気分や雰囲気のような細かな点にも気を配ります。(下の文章の訳はp.253)

原作中の、筋立てに関わる重要部分をマーカーで塗る。

「シンデレラ」(Cinderella) からの抜粋

The **king's son**, who was told that a great princess, whom nobody knew, had arrived, ran out to receive her. He gave her his hand as she alighted from the coach, and **led her into the hall**, among all the company. There was immediately a **profound silence**. Everyone **stopped dancing**, and **the violins ceased to play**, so entranced was everyone with the **singular beauties** of the **unknown newcomer**.

細かい道具立てにも気を配ろう。

改作　**219**

作り変え

次の段階では、文章を別の形式に変える独自の方法を工夫します。原作中の主要な出来事や登場人物に見合った形式を選ぶのがよいでしょう。改訂版では、新しい文章形式にふさわしい表示機能（見出し、書体、色、画像など）とレイアウトを利用します。（下の文章の訳は p.253）

> 独創的であると同時に、重要部分は原作に従いましょう。新版には、原作への深い理解がこめられていなければなりません。

◁ **シンデレラの視点で**
「シンデレラ」の話を、彼女の自伝的文章に書き換えることができます。この場合は、1人称で語り、彼女の考えや気持ちを盛り込みます。

細かい描写を加えると独創性が高まる。

原作の描写も利用する。

> That night changed my life forever. I felt dizzy with excitement as I entered the ballroom. Women in multicoloured dresses sashayed across the floor under sparkling chandeliers. The room was filled with the sound of guests chattering and violins playing. Then everything went silent. Everyone was looking at me.

▷ **王室の特ダネ (scoop)**
「シンデレラ」の話から、スキャンダラスな新聞記事を着想することも可能です。この場合、新しく書く文章は見出しと本文で紙面構成し、短くきびきびした文体を使うようにします。（右の記事の訳は p.253）

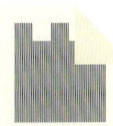

第一面の記事にはふつう、目立つ見出しがある。

THE CASTLE

WHO IS SHE?

The secret stunner left the ball in a hurry just before midnight.

PARTY PRINCE SPOTTED WITH MYSTERY WOMAN

It was a sight that broke hundreds of hearts. Prince Charming, 24, was seen dancing the night away with a new woman on Saturday evening.

The prince, who has publicly announced his intention to wed this year, was apparently bewitched by the beautiful blonde. Dressed in a floor-length metallic gown and glitzy glass slippers, she was the centre of attention at the prince's annual ball.

One attendee said, "Everyone went silent when she entered the room. We were all entranced by her beauty."

新聞記事では頭韻法（同じ文字または音で始まる単語を並べる）がよく使われる。

この部分は原文を基にしている。

シェークスピアの戯曲を長編映画やテレビドラマに翻案したものは、400を超えています。

点検と編集 Checking and editing

書いた文書を点検し、編集すれば、文書に磨きがかかります。

どんな書き手でも、ミスをすることもあれば、より優れた着想を持っていることもあります。書き終えたあとは十分に時間をとって、誤りをチェックし、文書の質を高めることが大切です。（＊訳注：この項では、「課題とその解答例」が示されている）

参照ページ	
‹ 52–53	動詞の数の一致
‹ 70–71	重文
‹ 72–73	複文
‹ 168–169	紛らわしい単語
‹ 186–187	計画立案と情報収集
‹ 188–189	段落に分ける
‹ 190–191	ジャンル、目的、受け手

的確な解答を

いくら完全な文章を書いても、課題の意味を誤解していたら、よい評価は得られません。書いたものを点検するときは、課題を再度見て、解答文が指示を満たしているかどうかを確かめましょう。（右の文章の訳は p.254）

解答では、言葉の使い方と表示機能（p.194）について述べる。

Discuss how the website uses language and presentational features to persuade readers to visit the theme park.

解答では、それらの表示機能の効果に焦点を当てる。

Discuss how the website uses language and presentational features to persuade readers to visit the theme park.

This website is designed to lure people to the Wild Waves Water Park. It is (particulery) aimed at young people who are on school holidays. The range of images are persuasive. The selection shows groups of people who are obviously

うっかりしそうな単語

最も重要な作業の1つは、つづりのミスをチェックすることです。手書きの文書で修正するときは、線で消して、その上に正しいつづりを書きます。「スペルチェッカー」のようなパソコンソフトに頼らず、自分で調べて正しいつづりを身につけるのがよいでしょう。

particularly
It is (particulery) aimed

正しい文法

注意すべき文法的なミスには、不完全な文、正しくない語順、動詞の数の一致のミスなどがあります。

is
The range of images (are) persuasive.

主語の range は単数なので、動詞も単数形にすることが必要。

点検と編集 221

厳密な構成

文章を段落分けすることが非常に大切です。新しい論点は、段落を変えて書く必要があります。もし手書き文書で段落分けを忘れたら、段落の間に左下がりのスラッシュを2本入れます。（*訳注：アメリカ式では ¶ というマークをよく使う）

reader's attention. // The language used

この符号を使って、段落が変わることを示す。

完璧な句読法

いろいろな句読点は、見た目は小さなものですが、正確に使わなければなりません。あわてて書くとミスしやすくなります。コンマやアポストロフィ（'）などの使い方を間違えないようにしましょう。

The colourful text is really eye-catching, and it immediately grabs the reader's attention.

この2つの節は、コンマではなく接続詞かセミコロン（;）でつなぐべき。

（*訳注：colourful はアメリカ英語では colorful）

---

enjoying themselves and the reader will want to join the fun. The colourful text is really eye-catching, it immediately grabs the reader's attention. The language used on the website is really persuasive. For example, the text is full of verbs suggest movement. The writer has used rhetorical questions to challenge the reader, such as "Do you dare to ride the rapids?"

変化に富んだ語彙

文書に磨きをかけるために、豊富な語彙を使いましょう。すでに使った単語を繰り返すのではなく、変化をつけるために、類義語や別の適切な単語で言い換えるのです。very や really のような副詞の使いすぎはよくありません。

The language used on the website is convincing.

persuasive（説得力のある）は類義語で言い換え可能。副詞の really は削除できる。

何か抜けていないか？

手書き文書で単語を抜かしてしまったら、挿入すべき場所に脱字符号（∧、caret symbol）を入れ、すぐ上にその単語を書きます。長い語句を挿入するときは、書き足す文章が始まる場所にアステリスク（*）をつけ、下側か脇の余白に別のアステリスクを書いて、そこに追加する語句や文を書きます。

The text is full of verbs ∧that suggest movement*.

長い語句のときはアステリスクで。

1語を追加するときはこの符号で。

*, such as "splash", "zoom", "race" and "spin".

（*訳注：アメリカ英語では、句読点は引用符の中に入れる）

REAL WORLD

ジョージ・W・ブッシュ

前アメリカ大統領のジョージ・W・ブッシュは、必ずしも文書チェックをしませんでした。彼は次のような文法ミスをしたことで有名です。The goals of this country is to enhance prosperity and peace.（この国の目標は繁栄と平和の向上だ）〔主語は goals なので、is は are の誤り〕

話し言葉 The spoken word

話し言葉は、多くの面で書き言葉とは異なります。

人の話しぶりは、出身地や話す相手といったさまざまな要素に影響されます。話し言葉を書いたり分析したりするときは、これらの要素をよく考えることが大切です。

参照ページ	
‹ 62–63	間投詞
‹ 86–87	口語表現と俗語
‹ 88–89	直接話法と間接話法
‹ 94–95	終止符と省略記号
ディベートとロールプレイ	224–225 ›
スピーチ原稿の書き方	226–227 ›
プレゼンテーションの技術	228–229 ›

標準英語 (Standard English)

標準英語はしばしば、英語の「正しい」形態だと考えられています。文法的に正しく、俗語を使わないからです。標準英語はふつう、地方なまりのない中立的なアクセントで話されます。イギリスではこれを「容認発音」(received pronunciation)と呼び、北米では「一般アメリカ語」、オーストラリアでは「一般オーストラリア語」と呼んでいます。標準英語は公務に携わる人や、マスコミによって慣習的に、公的な状況で使われます。

Good evening. Welcome to the nine o'clock news.

標準英語では、正式で省略しない語彙と正しい文法が使われる。「こんばんは。9時のニュースをお伝えします」

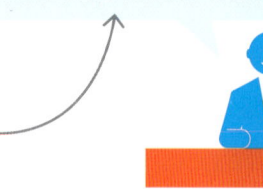

方言 (dialect)、なまり (accent)

世界中のさまざまな英語圏の国々や地方や地域社会で、英語の多様な話し言葉が発展してきました。そして、それぞれの英語は独自の話し言葉と文法構造を持っています。これが方言です。なまりとは、その言語特有の発音方法のことです。くだけた状況では、方言の単語や構文が使われます。

REAL WORLD

連続テレビドラマ (soap opera)

舞台を特定地域に設定した連続テレビドラマでは、俳優はその地方のなまりで話します。たとえば、「ダラス」という番組では、俳優のせりふはテキサスなまりです。その結果、会話が本物らしくなります。ふだんそのような話し方をしない俳優は、なまりを習得しなければなりません。

Hello, my friend. How are you?
この人は標準英語で話しているが、くだけた状況では奇妙に響く。

G'day, mate. How ya goin'?
これは hello を表すオーストラリアの俗語で、good day という挨拶の短縮語。
これは friend を表す俗語。
オーストラリア発音を表すために、are you going をこうつづっている。

Hey, dude. What's up?
これは friend を表すもう1つの俗語で、北米でよく使われる。

話し言葉 **223**

声の調子［トーン］(tone)、高低［ピッチ］(pitch)

内容よって声の調子と高低を調整します。悪い知らせを口にするときは、悲しげに低音域で発音し、よい知らせなら、うれしそうに高音域で発音します。「世界最高齢のパンダ、バオバオが34歳で死亡しました」

Bao Bao, the world's oldest panda, has died at the age of 34.

(＊訳注：アメリカ英語では at age 34 が一般的)

この文は明るい調子で伝えられるはず。「そのほかのニュースです。今週末はすばらしい天気になるでしょう」

In other news, the weather is going to be fantastic this weekend.

休止 (pause)、つなぎ言葉 (filler)

次の言葉を考えているときや、忘れたときは、そこで間をとります。er や huh やため息などを使って沈黙を埋めることもあります。「で…あなたのチームが今夜、ひどい試合をしたのはなぜでしょうか」

So...why did your team play so badly tonight?

話し言葉を文字化するときは省略記号で休止を表す。「えー…私たちに…弁解の余地はありません」

Er...we...have no excuse.

用語集

なまり：ある言語が発音されるときの口調。
口語：くだけた日常的な話し方をするときに使われる言葉づかい。
短縮語：文字を省いて短くした単語。
方言：特定の社会集団や地域集団によって使われる、正式でない語彙や文法。
ピッチ：音の高低。
トーン：うれしい、悲しい、腹が立った、興奮したなど、声によって醸し出される感触や気分。

構文

会話をしているとき、単語を省いたり不完全な文を使ったりすることがよくあります。haven't や couldn't のような短縮形［縮約形］は、書き言葉よりも話し言葉でよく使われます。言いやすく、会話の流れをスムーズにするからです。

Did you see the game last night?
（きのうの晩の試合、見た？）

Awesome, wasn't it? （すごかったね）

これは完全文ではなく、相手が使った言葉に依存している。（＝ The game last night was awesome, wasn't it?）

Yeah.
（うん）

Reckon we're going to win the league now.
（俺たち、もうこれでリーグ優勝すると思うよ）

I が省かれ、we are の代わりに we're が使われている。reckon（～と思う）というくだけた動詞は、話し言葉でよく使われる。

コミュニケーション技能

ディベートとロールプレイ
Debates and role plays

ディベートとロールプレイは会話の一種ですが、どちらも前もって準備する会話です。

参照ページ	
‹ 202-203	影響を及ぼす書き方
‹ 206-207	分析したり論評したりする書き方
‹ 216-217	台本の書き方
‹ 222-223	話し言葉
プレゼンテーションの技術	228-229 ›

「準備する会話」は、友達とのくだけたおしゃべりとはまったく異なります。参加者は前もって何を言うかを検討し、相手にどう対応するかを考えておかなければなりません。

- 正式な議論では、正式な言葉づかいが要求されます。標準英語を使うようにしましょう。

大論争
ディベートは、ある主題をめぐる正式な(formal)話し合い、または討論のことです。参加者は、自分の意見を自信たっぷりに表明し、他人の意見を聞いて返答します。
（下の3つの発言の訳はp.254）

I think Powerman is the best superhero because he has the most superhuman powers. He is incredibly strong and can fly at supersonic speeds.

常に根拠を挙げて意見を裏づける。

異義を唱える前に、反対意見を受け入れる。

I understand your point. However, I think Birdman's lack of superpowers makes him more inspirational, because he has had to overcome challenges and learn his skills.

▷ 準備する
参加者は自分の考えや意見を伝えなければなりません。最もよい方法は、討論の主題を詳細に調べて、それに関連する別の見方を検討することです。最も有意義な討論とは、できる限り多くの観点が飛び出すものです。

◁ よく聞いてから対応する
聞くことは、話すことに劣らず大切です。参加者は、適切に反応したり関連質問をしたりして、相手の言葉に耳を傾けていることを示しましょう。そして、賛成して相手の考えを補足するか、反対してその理由を述べるかします。

So, Melvin, what do you think? Maybe you prefer someone else, such as Tigerwoman?

敵対的なしぐさは避ける。

▷ 他人を巻き込む
すべての参加者を議論に巻き込んで、グループ活動にすることが大切です。誰かが話しているとき以外は、誰が話してもよいことにします。グループの中で口数の少ない人は、勧められなければ参加しないかもしれません。

質問をして、ほかの参加者たちに発言を促す。

◁ 身振り言葉（body language）
身振り言語も参加者同士のやりとりに役立ちます。同意を示すうなずき(nod)は、最も単純な方法です。グループの全員、特に話し手と視線を合わせるのも効果的です。なお、腕を組んでいると、その場にいたくないように見えてしまいます。

ディベートとロールプレイ

ロールプレイ

ロールプレイ[役割演習]とは、参加者がそれぞれの役柄を演じる架空の筋書きのことです。台本はないので、誰もが臨機応変に行動することになります。最もよい準備方法は、自分が受け持つ役柄の性格と、その人間が特定の状況でどう行動するかをよく検討することです。

アメリカ大統領候補同士の最初のディベートは、1960年にジョン・F・ケネディとリチャード・ニクソンの間で行われました。これはアメリカのテレビ史上で最高ランクの視聴率を稼いだ放送でした。

役柄の"頭"に入り込む

準備のスタートは、担当する役柄の人物がどんなことを考えているかを想像することです。その人物の来歴や、その人物が現在の状況をどう思っているのかを想像しましょう。さらに、他の役柄との人間関係や、その人たちの中でどう行動するはずかをよく検討しましょう。

"らしく"話す

演じる役柄に説得力を持たせるためには、その人物になり切って話すことが大切です。腹を立てている人なら大声を出し、恥ずかしがり屋ならボソボソ話し、興奮している人なら早口でしゃべるはずです。特定の国や地域の出身者は、それにふさわしいなまりで話すようにし、その人物の年齢に合った語彙を使うようにします。

"らしく"歩く

その役柄の性格や雰囲気を表すには、それにふさわしい身振り言語を使わなければなりません。自信たっぷりの人なら、頭をしっかり上げ、肩を後ろにそらし、ふんぞり返って歩くかもしれません。内気で人見知りする人なら、視線を地面に落とし、足をひきずり、前かがみになって、他人と目を合わせるのを避けることでしょう。

Not you again!
(またおまえか[いい加減にしろ]！)

REAL WORLD
法廷で

刑事裁判(criminal trial)はディベートの一種です。法廷弁護人が、被告の有罪・無罪について論争するからです。検察側と弁護人側は、交互に主張を述べ、証拠を挙げます。裁判官(時に陪審員)たちは、その後、判決を下します。弁護人の説得能力によって、裁判結果はまったく違ったものになります。

- 討論では、反対意見が出そうな見解をテーマに選びましょう。たとえ賛成する人が1人も出てこないような変わった見解でも、ディベートは可能です。
- 大声を出すのは厳禁。意見が不一致でも、礼儀正しくすることが大切です。

スピーチ原稿の書き方
Writing a speech

スピーチとは、聴衆に向かって特定の主題を語るものです。

私たちがスピーチをする理由はさまざまですが、多いのは仕事や社交の場でのスピーチです。スピーチ原稿を書く技法は、ほかの文書の場合と似ていますが、スピーチ原稿は、声に出して読んだとき効果を発揮するものでなければなりません。

参照ページ	
‹ 34-35	代名詞
‹ 182-183	適切な単語を選ぶ
‹ 188-189	段落分け
‹ 202-203	影響を及ぼす書き方
‹ 222-223	話し言葉
プレゼンテーションの技術	228-229 ›

話すテーマ
スピーチには、聴衆に対する明瞭で熱のこもったメッセージを盛り込みましょう。政治家は自分に投票してほしい、自分の政策を支持してほしいと訴えるためにスピーチをします。活動家は、動物愛護などへの問題意識を喚起するために話します。（下のメモの訳は p.254。なお、アメリカ英語では、sports star は sports hero、mobile phones は cell phones が一般的）

- くだけたスピーチには俗語を入れてかまいませんが、何を言っているかを聴衆が理解するためには、標準英語を使うのがよいでしょう。

Ideas for my speech:
- Save the Brussels sprout!
- When I met my favourite sports star.
- Mullet hairstyles are a fashion disaster.
- Why I should be the next James Bond.
- Mobile phones should not be banned in school.

用語集

頭韻法：効果を狙って、語頭で同じ文字や音を繰り返すこと。

代名詞：I や me や she のような、名詞の代わりをする単語。

修辞疑問：効果を上げるために使われる、答える必要のない問い。

スローガン(slogan)：メッセージを要約した、短くて覚えやすい表現。

標準英語：正式な語彙と文法を使う英語形態。

構成
ほかの文書と同様、スピーチでも明確な出だし・中間部分・結末が備わっていなければなりません。（3つの文章の訳は p.254）

I have a shocking secret. I like Brussels sprouts!

Brussels sprouts are incredibly good for you. There is more vitamin C in a sprout than an orange.

So, next time you tuck into dinner, give the little green things a chance.

(＊訳注：tuck into は〈英略式〉。＝eat)

△**出だし**
出だしの文句では、ジョーク、びっくりするような統計数字、刺激的な引用を使って、聴衆の関心を引きつけます。

△**中間部分**
中間部分では、重要ポイントを1つ1つ述べます。各ポイントは、証拠で裏づけなければなりません。

△**結末**
最後の部分では、スピーチで伝えたいことをまとめ、記憶に残る文句を使って完璧に締めくくることが必要です。

スピーチ原稿の書き方 227

話のうまい人

原稿の作り手は、聴衆を魅了する興味深いスピーチにするために特別な技法を使います。最も大切なのは、声に出したときの言葉の響きを十分に検討することです。（以下の5つの文章の訳は p.254）

修辞疑問

話し手は、聴衆に向かって、ほとんど返事を期待しないような質問をすることがあります。質問を投げかければ、聴衆は自分に関わりがあるように感じ、それを深く考えようとします。

You say that you hate Brussels sprouts, but have you ever given them a chance?

反復とリスト化

単語や語句を繰り返せば、スピーチによいリズムが生まれ、重要な単語や考えを強調することができます。スピーチ原稿では、3回繰り返して強調するパターンが特に一般的です。また、具体例をリストにして並べれば、「多さ」を訴える材料になります。

Sprouts are bursting with goodness. They are packed with **vitamin C, vitamin A, potassium, calcium, iron and protein**.

REAL WORLD

アカデミー賞の受賞スピーチ

俳優は受賞スピーチをすることがよくあります。アカデミー賞は、極めて長い感動的なスピーチで有名です。最長記録は、今もグリア・ガースンが保持しています。彼女は1942年に、長々と7分間も話しました。その後、式の主催者が45秒ルールを課したため、スピーチが45秒を超えると、オーケストラ演奏によって中断されてしまいます。

感情を刺激する言葉づかい

スピーチは出来事や論理的主張の単なる羅列ではありません。聴衆が共感や罪悪感や高揚感を抱くように、感情に訴える言葉づかいをしましょう。（＊訳注：下の rubbish bin「ゴミ箱」は、アメリカ英語では trash が一般的）

Every year, thousands and thousands of untouched Brussels sprouts are **thoughtlessly dumped** in the rubbish bin.

代名詞

代名詞の I や you や we を使うと、スピーチはいっそう個々人に語りかけるものになります。話し手はまた、聴衆とのつながりを深めるために、friends とか comrades（仲間）といった親しみのこもった呼びかけを使います。

I changed my mind about Brussels sprouts. **You** can, too. **Together we** can make this vegetable popular again.

スローガン[キャッチフレーズ]

スピーチには、論点を要約した、スローガンと呼ばれる心に残る表現がよく盛り込まれます。しばしば頭語法が使われるので、スローガンはたいてい短く、説得力があり、聞いて耳触りのよいものです。

Bring **b**ack the **B**russels!

優れたスピーチはたいてい短いものです。アブラハム・リンカーンのゲティスバーグでの演説（Gettysburg Address）は歴史上最も有名なスピーチの1つですが、3分もかかりませんでした。

プレゼンテーションの技術
Presentation skills

人前で話すのが上手な人ほど、話が明快で魅力的です。

参照ページ	
＜116-117	箇条書き
＜202-203	影響を及ぼす書き方
＜222-223	話し言葉
＜224-225	ディベートとロールプレイ
＜226-227	スピーチ原稿の書き方

よく書かれたスピーチ原稿でも、発表の仕方がまずければ退屈なものになります。明快に話し、適切な声の調子や身振り、さらに小道具（prop）も使って聴衆を引き込むことが大切です。

チラリ見カード（flash card）

つい、スピーチ原稿を1語1語読み上げたくなるものですが、自然に話す方が聴衆に受けます。スピーチ原稿をできる限り記憶した上で、発言メモとして使うために、重要ポイント、引用、統計数字を書いた小さなカードを用意しましょう。（右のメモの訳はp.254）

重要ポイントを書いておく。メモ風でよい。

Why I love Brussels sprouts
- I have a secret. I love Brussels sprouts!
- The day I changed my mind
- They have a bad reputation but don't deserve it
- Largest producer is the Netherlands, with 82,000 tons a year

忘れやすいので、統計数字を書いておく。

はっきり話す

叫ぶのは厳禁ですが、会場中に声が届くように発声しなければなりません。早口にならないことも大切です。聴衆がついていけないと感じるからです。実際には、時々「休止」（pause）をはさむと非常に効果的です。そうすれば、聴衆は発言内容を考える時間が持てます。最後に、なまりを隠す必要はありませんが、聞き取りやすい発音で話すべきです。（右のメモの訳はp.254）

Some nutritional facts about Brussels sprouts
- Brussels sprouts contain more vitamin C than oranges. (pause)
- There is almost no fat in Brussels sprouts. (pause)
- Unlike most vegetables, Brussels sprouts are high in protein. (pause)

数秒間「間」を置くところを示すために、「休止」と書き込んでおく。

抑揚（intonation）をつける

話すときには、声に高低差や強弱をつけますが、自然に生じるこの変化を抑揚といいます。声の調子がずっと同じだと、ロボットが話しているように聞こえ、聴衆は眠気を催します。重要な単語や語句を強く発声すれば、リズムを生むのに役立ち、重要ポイントも強調できます。（右のメモの訳はp.254）

History of Brussels sprouts
- Forerunners to the Brussels sprout were cultivated in ==Ancient Rome.==
- American Founding Father ==Thomas Jefferson== grew Brussels sprouts.
- Today, production is ==huge. Approximately 32,000 tons== are produced in the United States every year.

強調すべき単語や語句に下線を引くか、マーカーで塗る。

身振りと動き

身振りを使えば、発言者の熱心さが伝わり、聴衆は引きつけられます。また、ある論点を強調するために、両手を振ることもよくあります。会場を歩き回れば、聴衆の一部に近づくことになり、スピーチはさらに個々人に向けた感じになります。聴衆の何人かと視線を合わせることも大切です。

- 話し手は、熱心さを示さなければなりません。退屈そうにしていたら、聴衆だって退屈するでしょう。
- 鏡の前でスピーチの練習をすると有益です。

聴衆を引きつけるために視線を合わせ続ける。

△ 熱心さ
こぶしを突き上げたり手を振ったりするような熱のこもった身振りは、話し手を情熱的に見せます。

△ 重要な考え
両手を広げるなどの動作は、扱う問題点が大きなものであることを強調します。

△ 気を散らす行為
あまり動き回らないようにすることも大切です。落ち着きのない動きをすると、聴衆は話の内容に集中できなくなります。

視覚的な補助（visual aids）

聴衆を引きつけるために視覚教材［資料］を使うこともあります。画像、グラフ、表などは、複雑な情報をわかりやすく説明し、聴衆の興味を深めます。プロジェクター［投影機］のスライドや印刷資料を使って重要ポイントをまとめることも、最重要事項を強調し、それを聴衆が記憶する助けになります。（下の表の訳は p.254。1kcal ＝約 4.2kJ）

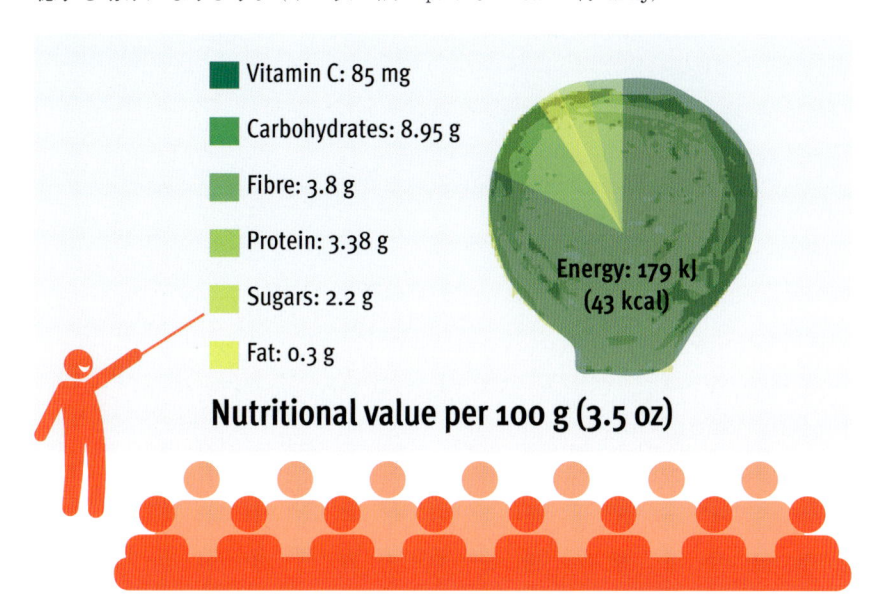

- Vitamin C: 85 mg
- Carbohydrates: 8.95 g
- Fibre: 3.8 g
- Protein: 3.38 g
- Sugars: 2.2 g
- Fat: 0.3 g

Energy: 179 kJ (43 kcal)

Nutritional value per 100 g (3.5 oz)

REAL WORLD

ラフな服装

公の演説をする人は、聴衆に向かって話すとき、服装にまで気を配ります。政治家や実業界の大物の中には、演説のときはスーツやネクタイを着用しないと決めている人もいます。カジュアルな服装にすることで、くつろいだ感じや親しみやすさを演出し、聴衆が自分に共感するように期待するのです。

5

参考資料

「文法」の参考資料

品詞

単語を共通の特徴によって分類したものを品詞といいます。文の主要な要素は名詞と動詞だけですが、形容詞・副詞などの他の品詞も、文の内容をよりくわしく記述する働きをします。

品詞	意味・働き	例
名詞	人や事物の名称	cat, Evie, girl, house, water
形容詞	名詞・代名詞を説明[修飾]する	big, funny, light, red, young
動詞	動作や状態を示す	be, go, read, speak, swim, walk
副詞	動詞・形容詞・副詞を説明し、場所・時・程度などの情報を加える	briskly, easily, happily, here, loudly, quite, rather, soon, together, very
代名詞	名詞の代用をする	he, she, you, we, them, it
前置詞	名詞・代名詞の前に置いて他の語と結びつける	about, above, from, in
接続詞	複数の単語・語句・文を結びつける	and, because, but, while, yet
間投詞	強い感情を表したり相手の注意を引いたりする	ah, hey, hi, hmm, wow, yes
冠詞	名詞の前に置かれ、人や物が特定か不特定かを示す	a, an, the
限定詞	名詞の前に置かれ、文脈でのその名詞の役割を示す	all, her, my, their, your

否定語(句)と肯定語(句)

単語には no、none、not や insult(〜を侮辱する)、deny(〜を否定する)のように、否定的な意味を持つものもあれば、anti-、dis-、un- などの接頭辞や -less のような接尾辞が付いて、否定的な意味になるものもあります。単語をうまく使えば、否定文が肯定文になり、文が簡略化され、意味がつかみやすくなります。

否定文になる	肯定文になる
was not typical	was atypical
is not social	is antisocial
have no defences (〈米〉defenses)	is defenceless (〈米〉defenseless)
was not hydrated	was dehydrated
does not approve	disapproves
was not legal	was illegal
is not balanced	is imbalanced
was not direct	was indirect
was not spelt correctly (〈米〉spelled)	was misspelt (〈米〉was misspelled)
does not exist	is non-existent (〈米〉is nonexistent)
was not happy	was unhappy

不規則動詞

規則動詞は、過去形・過去分詞形に変えるとき原則的に -(e)d を付けますが、そうでない動詞（不規則動詞）も多数あります。以下は、いくつかの不規則動詞について、その過去形と過去分詞形を示したものです。

原形[不定詞]	過去形	過去分詞形
awake	awoke	awoken
bear	bore	borne
beat	beat	beaten
bend	bent	bent
bind	bound	bound
bite	bit	bitten
burn	burned/burnt	burned/burnt
deal	dealt	dealt
dig	dug	dug
dream	dreamed/dreamt	dreamed/dreamt
feed	fed	fed
fight	fought	fought
forbid	forbade	forbidden
forget	forgot	forgotten
forgive	forgave	forgiven
forsake	forsook	forsaken
grind	ground	ground
hide	hid	hidden
hit	hit	hit
hurt	hurt	hurt
kneel	knelt	knelt
leap	leaped/leapt	leaped/leapt
light	lit	lit
overdo	overdid	overdone
prove	proved	proved/proven
read	read	read
ring	rang	rung
seek	sought	sought
shine	shone	shone
slay	slew	slain
stink	stank	stunk
tread	trod	trodden
wake	woke	woken
weave	wove	woven

代名詞

代名詞は、名詞の繰り返しを避けるために名詞の代用として使われます。単数名詞は単数を指す代名詞で、また、複数名詞は複数を指す代名詞で代用しなければなりません。なお、単数にも複数にもなる代名詞（you、all、some など）もあります。

種類	単数	複数
人称代名詞	I you he she it me him her	we you they us them
所有代名詞	mine yours his hers its	ours yours theirs
関係代名詞	that what which who whom whose	that what which whose
再帰代名詞	myself yourself himself herself	ourselves themselves
指示代名詞	this that	these those
疑問代名詞	who whom what which whose	what which
不定代名詞	all another any anyone anything each more most neither nobody none no one nothing other some somebody	all any both few many most none others several some

よくある文法ミス

懸垂分詞

下に示した最初の2つの文には、「smile している人」を表す名詞がありません。このような宙ぶらりんの分詞を懸垂分詞といいます。文の後半部分の最初の名詞（主語）を、前半部分の分詞の行為者にする必要があります。「顔をほころばせて、ジョーは学校のディベートチームでの彼女のポジションが承認されたのを聞いた」

✗ **Smiling** from ear to ear, **the school** confirmed Jo's position on the debate team.

✗ **Smiling** from ear to ear, **Jo's position** on the school debate team was confirmed.

✓ **Smiling** from ear to ear, **Jo** heard that her position on the school debate team was confirmed.

二重否定

数学と同じく、否定語を2つ使うと打ち消し合って、「マイナス×マイナス」でプラス（肯定）の意味になります。「1つも食べられなかった」

✗ Charlie **couldn't** have **none** of the sweets.

✓ Charlie **could** have **none** of the sweets.

✓ Charlie **couldn't** have **any** of the sweets.

不完全な文

文が完全なものとして意味を持つためには、基本的に、主語と述語動詞を備えていなければなりません。下の2つ目の文は2語だけでできていますが、主語と述語動詞があるので「私は眠った」の意味の完全な文です。1つ目の文には主語がないので、文として不完全です。

✗ Where is.

✓ I slept.

me と myself と I の誤用

下の1つ目の文は、分割すると Me travel(l)ed by train となるので誤文だとわかります。

✗ Luke and **me** travelled by train.

✓ Luke and **I** travelled by train.

同様に、下の1つ目の文を分割すると It was a long journey for I となるので誤文です。

✗ It was a long journey for Luke and **I**.

✓ It was a long journey for Luke and **me**.

myself は、それを指す単語が前になければ使えません。次の1つ目の文には I も me もないので myself は不適切です。「同じ状況にいる自分（自身）を考えてみた」

✗ Luke wondered about **myself** in the same situation.

✓ I wondered about **myself** in the same situation.

修飾語（句）の位置の間違い

修飾語（句）は、誤解が生じないように、修飾される単語のそばに置きます。下の1つ目の文は、hot がどんぶりの熱さではなくお粥の熱さを指すように、位置を変えなければなりません。「毎朝、熱いお粥を1杯食べた」

✗ Becky ate a **hot** bowl of porridge every morning.

✓ Becky ate a bowl of **hot** porridge every morning.

中性的な代名詞の誤用

たとえば they は、性別を特定しない代名詞です。they は複数を指す代名詞ですが、単数を指す代名詞が必要なときに誤用されることがあります。下の1つ目の文では、主語の someone は単数なので、they は誤りです。he or she に変えるか、文全体を書き換える必要があります。「もし誰かがそんなことをすれば、そのときはその人が間違っている」（＊訳注：仮定法の文）

✗ If **someone** did that, then **they were** wrong.

✓ If **someone** did that, then **he or she was** wrong.

分離不定詞

to run や to have などの to 不定詞は、文中では to と不定詞[原形]を切り離さない方が好まれます。下の1つ目の文では、副詞の secretly が to と不定詞[原形]like を分断しています。このような分離不定詞の形は避けるようにしましょう。「彼女は以前はひそかにサッカーを好んでいたものだった」

✗ She used **to** secretly **like** football.

✓ She secretly used **to like** football.

主語と動詞の不一致

1つ目の文では、主語を複数名詞の presents と勘違いしたため、動詞として複数形の were が使われています。実際には文の主語は単数名詞の sack なので、動詞もそれに合わせて単数形の was にしなければなりません。「プレゼントの入ったその袋は配達が遅れた」

✗ The **sack** of presents **were** delivered late.

✓ The **sack** of presents **was** delivered late.

関係のない発言（*non sequiturs*）

このラテン語を直訳すると「つながらない」です。つまり、発言や結論が前に言ったり論じたりしたことと論理的につながっていない場合をいいます。次の、最も簡単な2つの例で考えてみてください。(therefore「したがって」)

You have a big nose. Therefore, your face looks young.

I will win the game. I have a hat.

よくある単語や語句の誤用

bored by や bored with の代わりに bored of を使う

✗ She was bored **of** studying.

✗ He was bored **of** the classes.

✓ She was bored **with** studying.（勉強に退屈していた）

✓ He was bored **by** the classes.（授業に退屈していた）

compared to と compare with の混同

compared to は本来、2つのものが同じだと言うときに使います。「先生はジェスをクラスの最優秀生徒に匹敵するとみなした」

✓ The teacher compared Jess **to** the best in the class.

compare with は本来、2つのものの異同をはっきりさせるときに使います。「先生はジェスをクラスの最優秀生徒と比較した」
（＊訳注：実際には compare to と compare with は同じ意味で使われることも多い）

✓ The teacher compared Jess **with** the best in the class.

different from の代わりに different of を使う

✗ The left side is different **of** the right side.

✓ The left side is different **from** the right side.（～と違う）

as if や as though の代わりに like を使う

like は、下の最後の例のように厳密には前置詞として使い、接続詞としては使いません。

✗ He acted **like** he didn't care.

✓ He acted **as though** he didn't care.（まるで～のように）

✓ It looks **like** a turtle.（～のように）

neither と一緒に or を使う

either は or と一緒に使い、neither は nor と一緒に使います。

✗ Use **neither** the left one **or** the right one.

✓ Use **either** the left one **or** the right one.（～か…のどちらか）

✓ Use **neither** the left one **nor** the right one.（～も…も～ない）

should [would, could] have の代わりに should [would, could] of を使う

話し言葉でこのような誤りがよく見られます。

✗ Steve **should of** stood up for himself.

✓ Steve **should have** stood up for himself.（～すべきだった）

✓ Steve **should've** stood up for himself.

try to や go to の代わりに try and や go and を使う

動詞の try や go と一緒に、前置詞 to の代わりに接続詞の and を使う誤りがよく見られます。

✗ We should **try and** change our flights.

✓ We should **try to** change our flights.

✗ I'll **go and** see the show.

✓ I'll **go to** see the show.

名詞を動詞として使う

話し言葉（特に業界用語など）では、名詞を動詞として使うことがよくあります。このような癖は避けるのが無難です。

✗ The fire will **impact** the environment.

✓ The fire will have **an impact** on the environment.
（その火事は環境に影響を及ぼすだろう）

文を作るための規則

- 文はいつも主語と述語動詞を含み、はじめを大文字にし、最後に終止符、疑問符、感嘆符を付けます。目的語を含む文もあります。

- 文の基本構造は〈主語＋述語動詞＋目的語〉です。

- 2つの主節［完全な文］(p.66)をコンマ1つでつなげてはいけません。終止符かセミコロン（；）を使って別々の文にするか、〈コンマ＋and（または but）など〉を加えるようにします。

- 文がちゃんとした意味を表しているかどうかを確かめましょう。意味を成さないときは、たいてい、必要な要素が何か欠けています。たとえば、従属節(p.66)だけでは完全な文にはなりません。主節が必要です。

- 主語と述語動詞が一致しているかどうかを確かめましょう(p.52)。主語が単数なら動詞も単数に、主語が複数なら動詞も複数にします。

- 受動態の代わりに能動態を使うようにしましょう(p.54)。能動態の文の方が簡潔で、意味もはっきりします。

- 肯定文で表現できるときは、できるだけ否定文ではなく肯定文にするようにしましょう。その方が簡潔で、意味もはっきりします。

- 文の構成要素がちぐはぐにならないようにしましょう。同じ働きをする単語や語句を並べるときは、その単語や語句が同じ形になるようにします。

✗ Darcy likes swimming, running and to ride her bike.

✓ Darcy likes to swim, run and ride her bike.

「句読法」の参考資料

句読点	名称	使い方
.	終止符	・文を終えるときに付ける ・略語の後に付ける(Mt. など)
…	省略記号	・文中の省略された部分や、文が終わっていないことを表すときに付ける
,	コンマ	・導入部分(単語・語句・節)の後に付ける(When I 〜, I ... など) ・補足事項を表すために、カッコの代わりに使う(Tom, who 〜, ... など) ・2つの完全な文を並べるとき、接続詞の前に付ける(She 〜, but ... など) ・単語や語句を並べるときに使う(Ann, Mary, Jane and I など) ・単語を省略して繰り返しを避けるときに使う(tall, white building など) ・地の部分と引用部分の分け目に付ける(〜, " ...." など)
;	セミコロン	・関連性の強い2つの完全な文を並べるときに付ける ・節をつなぐ副詞 however、therefore、consequently、nevertheless などの前に付ける ・長めの語句(または文)を並べるとき、コンマの代わりに使う
:	コロン	・主節とそれを説明する節・句・単語を結びつけたり、主節の内容を補強したりするときに使う ・完全な文の後で具体例を列挙するときに使う ・引用文の前に置く(〜 says: " ...." など)
'	アポストロフィ	・文字を省略するときに使う(I'm など) ・所有を表すときに使う(Bill's bike など) ・s を付けるだけでは複数形だとわかりにくいときに使う(two o's「2つの o」など)
-	ハイフン	・2語で名詞を修飾するときに使う(well-known singer など) ・分数や 21 〜 99 の数字を書くときに使う(two-thirds、twenty-five など) ・接頭辞の後に付けることがある(re-election「再選」など)
" "	引用符	・直接話法(p.88)や引用の前後に付ける ・特定の単語や語句を目立たせるときに使う ・芸術作品のタイトルや書物中の小見出しであることを示すために付ける
?	疑問符	・尋ねる文の最後に付ける
!	感嘆符	・強い感情を表す文の最後に付ける(Be silent! など) ・強調のために文を中断するときに付ける(p.113)
( )	丸カッコ	・文中で補足事項を示すときに使う ・独立した文として、段落の最後などで補足事項を示すときに使う
−	ダッシュ	・文中に情報を挿入するとき、その前後に付ける ・数の範囲を示すときに使う(5−6 hours など) ・道路・路線などを表すときに使う(London−Parris route「ロンドン−パリ航路」など)
•	箇条書き符号[黒丸]	・重要事項を並べてリストにするときに使う
/	スラッシュ	・and や or の代わりに使う(his/her など)

短縮形[縮約形]

	be	will	would	have	had
I	I am I'm	I will I'll	I would I'd	I have I've	I had I'd
you	you are you're	you will you'll	you would you'd	you have you've	you had you'd
he	he is he's	he will he'll	he would he'd	he has he's	he had he'd
she	she is she's	she will she'll	she would she'd	she has she's	she had she'd
it	it is it's	it will it'll	it would it'd	it has it's	it had it'd
we	we are we're	we will we'll	we would we'd	we have we've	we had we'd
they	they are they're	they will they'll	they would they'd	they have they've	they had they'd
that	that is that's	that will that'll	that would that'd	that has that's	that had that'd
who	who is who's	who will who'll	who would who'd	who has who's	who had who'd

(助)動詞＋not	短縮形
is not	isn't
are not	aren't
was not	wasn't
were not	weren't
have not	haven't
has not	hasn't
had not	hadn't
will not	won't
would not	wouldn't
do not	don't
does not	doesn't
did not	didn't
cannot	can't
could not	couldn't
should not	shouldn't
might not	mightn't
must not	mustn't

〈助動詞＋have〉	would have	should have	could have	might have	must have
短縮形	would've	should've	could've	might've	must've

よくある句読点のミス

コンマ結合
主節(単文になれる節)を2つ並べるときは、コンマの代わりにセミコロン(；)や終止符を使うか、〈コンマ＋接続詞〉にしなければなりません。「あなたが料理してください。そして私は皿を洗います」

✗ You cook, I'll do the dishes.
✓ You cook, and I'll do the dishes.

「八百屋のアポストロフィ」
複数形を作るとき、sの前にアポストロフィを付けてしまう誤りです。「八百屋のアポストロフィ」と呼ばれています。(p.104)

✗ carrot's   ✗ apple's
✓ carrots   ✓ apples

複合修飾語とハイフン
-ly で終わる副詞が複合修飾語になるときは、ハイフンを使ってはいけません。必ず2語に分けます。「巧みに[とてもうまく]計画された会合」

✗ cleverly-planned meeting
✓ cleverly planned meeting

your と you're の混同
どちらも同じ発音ですが、you're が you are の短縮形[縮約形]であることを知っていれば、この混同は簡単に避けられます。「あなたのバッグ」「あなたは間違って[誤解して]いる」

✗ It's in **you're** bag.   ✗ **Your** mistaken.
✓ It's in **your** bag.   ✓ **You're** mistaken.

「スペリング」の参考資料

つづりをよく間違える単語

英語には、正しくつづるのに苦労する単語がいろいろあります。以下は、最も間違えやすい単語の例です。正確につづるためのちょっとしたヒントも載せておきました。

正しいつづり	ヒント	よくあるつづりミス
accommodation	c と m が 2 つずつ	accomodation
apparently	中間部分は ant でなく ent	apparantly
appearance	末尾は -ence ではなく -ance	appearence
basically	末尾は -cly ではなく -cally	basicly
beginning	中間部分は nn	begining
believe	「c の後を除き、i は e の前」という規則(p.156)	beleive or belive
business	busi- で始める	buisness
calendar	末尾は -er ではなく -ar	calender
cemetery	末尾は -ary ではなく -ery	cemetary
coming	m は 1 つだけ	comming
committee	m と t と e が 2 つずつ	commitee
completely	語末が e のときは -tly でなく -tely (p.146、規則 2)	completly
conscious	中間部は sc (p.132「s」)	concious
definitely	中間部は ate ではなく ite	definately
disappoint	s が 1 つで p が 2 つ	dissapoint
embarrass	r と s が 2 つずつ	embarass
environment	nm とつづる (p.132「n」)	enviroment
existence	語末は -ance ではなく -ence	existance
familiar	語末は -iar	familar
finally	l が 2 つ	finaly
friend	「c の後を除き、i は e の前」という規則(p.156)	freind
government	nm とつづる (p.132「n」)	goverment
interrupt	中間部に r が 2 つ	interupt
knowledge	dg とつづる (p.132「j」)	knowlege
necessary	c が 1 つで s が 2 つ	neccessary
separate	中間部は per ではなく par	seperate
successful	c と s が 2 つずつ	succesful
truly	e が脱落	truely
unfortunately	末尾は -tly ではなく -tely	unfortunatly
which	wh で始める	wich

2語か1語か？

英語には2語で1つのまとまった意味を表す名詞句があり、それらはしばしば1語と勘違いされます。右は、うっかり1語で書いてしまう例です。（意味を辞書で確かめましょう。home page はウェブサイトの最初のページのこと）

a lot	full time	home page	real time
bath time	half moon	ice cream	seat belt
blood sugar	hard copy	life cycle	side effect
cash flow	high chair	never mind	time frame
first aid	hip bone	post office	time sheet

よく混同する単語

英語には、意味は違うのに発音が似ているものが山ほどあります。したがって、意味が通じる文にするには、単語を正確なつづりで書かなければなりません。以下は、発音が似ているために混同しやすい単語の例です。正しい用法も示しておきました。（各例文の訳は p.254）

accept and **except** （〜を受け入れる／〜以外は）
I **accept** your apology.
Everyone was on the list **except** for me.

adverse and **averse** （逆の／嫌って）
She was feeling unwell due to the **adverse** effects of her medication.
He was lazy and **averse** to playing sports.

aisle and **isle** （通路／小島）
The bride walked down the **aisle**.
They visited an **isle** near the coast of Scotland.

aloud and **allowed** （声を出して／許された）
She read the book **aloud**.
He was **allowed** to choose which book to read.

amoral and **immoral** （道徳観念のない／道徳に反する）
Her **amoral** attitude meant that she didn't care if her actions were wrong.
He was fired from the firm for **immoral** conduct.

appraise and **apprise** （〜を評価する／〜を知らせる）
The manager needed to **appraise** the employee's skills.
The lawyer arrived to **apprise** the defendant of his rights.

assent and **ascent** （同意、賛成／上がること、上昇）
He nodded his **assent**.
They watched the **ascent** of the balloon.

aural and **oral** （耳の／口の）
The **aural** test required her to listen.
The dentist performed an **oral** examination.

bare and **bear** （裸の／クマ）
He walked with **bare** feet.
The large **bear** roamed the woods.

break and **brake** （割れる／ブレーキがかかる）
The chocolate was easy to **break** apart.
The car didn't **brake** fast enough.

broach and **brooch** （〜を切り[持ち]出す／ブローチ）
He decided to **broach** the subject for discussion.
She wore a pretty **brooch**.

cereal and **serial** （シリアル／連続の）
He ate a bowl of **cereal** for breakfast.
She found the **serial** number on her computer.

complement and **compliment** （〜を補完する／賛辞）
The colours **complement** each other well.
He paid her a **compliment** by telling her she was pretty.

cue and **queue** （合図／列）
The actor waited for his **cue** before walking on stage.
The checkout **queue** was very long.

desert and **dessert** （砂漠／デザート）
The **desert** is extremely hot and dry.
She decided to have cake for **dessert**.

draught and **draft** （すきま風／下書き）
There was a **draught** coming from under the door.
He had written a **draft** of the letter. （＊訳注：〈米〉ではどちらも draft）

pore and **pour** （穴、毛穴／〜を注ぐ）
He had a blocked **pore** on his nose.
She helped **pour** the drinks at the party.

principle and **principal** （主義、原理／学長、主要な）
The man believed in strong **principles**.
He was given the role of the **principal** character.

stationary and **stationery** （動かない／文房具、事務用品）
The aircraft landed and remained **stationary**.
She looked in the **stationery** cupboard for a pen.

油断できない大文字

大文字で始めたり、始めなかったりする単語があります。意味の通じる文を書くためには、どんなとき大文字を使うかを知っておかなければなりません。単語によっては、たとえつづりが同じでも、大文字と小文字で指すものがまったく変わってしまう場合があります。

混同する単語	小文字のときの意味	大文字にしたときの意味
alpine and Alpine	山岳[高山]の	アルプス(山脈)の
august and August	威厳のある、尊い	８月
cancer and Cancer	がん〔病名〕	カニ座
china and China	陶磁器	中国
earth and Earth	土壌、陸地	地球
jack and Jack	ジャッキ	ジャック〔男の名〕
italic and Italic	斜字体の	古代イタリア(人)の
lent and Lent	lend の過去・過去分詞形	四旬節〔復活祭前の期間〕
march and March	行進(する)、堂々と歩く	３月
marine and Marine	海の	海兵隊員
mercury and Mercury	水銀	水星
nice and Nice	すてきな	ニース〔フランス南部の都市〕
pole and Pole	円柱、棒	ポーランド人
swede and Swede	野菜(〈英〉スウェーデンカブ)	スウェーデン人

ラテン語系の語根とギリシャ語系の語根

ラテン語系の語根	主な意味	例
act	する、行う	**act**ion, en**act**
ang	曲げる、曲がる	**ang**le, tri**ang**le
cap	頭	**cap**ital, de**cap**itate
dic	話す	**dic**tate, pre**dic**t
imag	類似	**imag**e, **imag**ination
just	法(律)	**just**ice, **just**ify
ques	尋ねる、求める	**ques**tion, re**ques**t
sci	知る	con**sci**ence, **sci**ence

ギリシャ語系の語根	主な意味	例
arch	(組織の)長	**arch**bishop, mon**arch**
auto	自身、自動	**auto**biography, **auto**matic
cosm	宇宙	**cosm**opolitan, **cosm**os
gen	誕生、種族	**gen**eration, **gen**ocide
log	言葉	apo**log**y, dia**log**ue (〈米〉dialog も)
lys	分解する、壊す	ana**lys**is, cata**lys**t
morph	形、姿	meta**morph**osis, **morph**ology
phon	音	sym**phon**y, tele**phon**e

接頭辞と接尾辞

接頭辞	主な意味	例
aero-	空気、気体	**aero**dynamic, **aero**sol
agri-	土地の、農業の	**agri**business, **agri**culturalist
ambi-	両方	**ambi**guous, **ambi**valent
astro-	星	**astro**logy, **astro**naut
bio-	生命、生物	**bio**diversity, **bio**fuel
contra-	逆、反対	**contra**band, **contra**dict
deca-	10	**deca**de, **deca**hedron
di-, du-, duo-	2	**di**oxide, **du**et, **duo**tone
electro-	電気の、電子の	**electro**lysis, **electro**magnet
geo-	地球の	**geo**graphy, **geo**logy
hydro-	水の	**hydro**electricity, **hydro**power
infra-	より下の、以下の	**infra**red, **infra**structure
kilo-	1000	**kilo**gram, **kilo**metre (〈米〉kilometer)
mal-	悪い、ひどく	**mal**aise, **mal**nourished
maxi-	特大の、特に長い	**maxi**mise, **maxi**mum (〈米〉maximize)
multi-	多数の	**multi**cultural, **multi**ply
nano-	10億分の1、極めて小さい	**nano**second, **nano**technology
ped-	足	**ped**estrian, **ped**ometer
proto-	最初の	**proto**col, **proto**type
sy-, syl-, sym-, syn-	伴った、共に	**sy**stem, **syl**lable, **sym**bol, **syn**thesis
tele-	遠距離の	**tele**phone, **tele**scope

接尾辞	主な意味	例
-ade	行為、作用	block**ade**, masquer**ade**
-an	～に属する[関する]人	guardi**an**, histori**an**
-ancy, -ency	状態	vac**ancy**, ag**ency**
-ar, -ary	～に類似している	line**ar**, exempl**ary**
-ard, -art	～の性質を持つ[に関する]もの	wiz**ard**, bragg**art**
-ence, -ency	状態	depend**ence**, emerg**ency**
-ess	女性、めす	lion**ess**, waitr**ess**
-fy	～にする	beauti**fy**, simpli**fy**
-iatry	癒し、治療	pod**iatry**, psych**iatry**
-ile	～の性質を持つ	project**ile**, sen**ile**
-our	様子、状態	hum**our**, glam**our** (〈米〉humor)
-ory	～の機能を持つ	compuls**ory**, contribut**ory**
-phobia	～への恐怖	agora**phobia**, arachno**phobia**
-ure	行為、作用	expos**ure**, meas**ure**
-wise	～の方法[やり方]で	clock**wise**, like**wise**

同形同音異義語

同形同音異義語とは、つづりと発音が同じで、意味が異なる単語のことです。

同音異義語	意味1	意味2	意味3	意味4
back	人の背中〔肩から腰まで〕	物の裏側〔表側の反対〕	後退する	戻って、帰って
board	板〔薄くて平らな木材〕	委員会〔決定機関〕	宿泊施設などで出す食事	船や列車に乗る
bore	穴を掘る	管などの内径	退屈な人や物事	人をうんざりさせる
cast	人を(刑務所などに)追いやる	表面に光や影を投じる	投票する	ドラマの出演者、キャスト
clear	明快な、理解しやすい	疑う余地がない	透明な	さえぎるものがない
course	針路、進路	コース料理の一品	方針、指針	特定科目を教える一連の講座
dock	波止場	被告席	賃金・給与などを差し引く	動物の尾などを切って短くする
fair	公平[公正]な	金髪の、色白の	好天で湿気の少ない	〈英〉催しでの屋台や余興〈米〉品評会と余興を伴う催し
tie	ネクタイ	糸やひもでしばる	同点、引き分け	きずな

異形同音異義語

異形同音異義語とは、発音が同じでもつづりと意味が異なる単語のことです。

つづり1	意味1	つづり2	意味2	つづり3	意味3
aisle	進路	isle	小島	I'll	I will の短縮形[縮約形]
buy	買う	by	～によって	bye	goodbye の短縮語
cent	セント〔貨幣単位〕	scent	香り	sent	send の過去・過去分詞形
cite	～を示す、～を引用する	sight	光景	site	場所
for	～のために	fore	前部[前方]の	four	4
meat	動物の食肉	meet	会う	mete	罰などを与える
rain	雨	rein	(馬の)手綱	reign	支配[統治]期間
raise	物を上げる	rays	光線	raze	完全に破壊する[取り壊す]
vain	うぬぼれた	vane	風向計	vein	血管、静脈

役に立つつづりの規則

- 語末の［イー］音はほとんどの場合 y とつづる（例：emergency、dependency）。例外は fee、coffee など。
- all や well に別の音節が続くと、l が 1 つになる（例：already、welcome）。
- full と till が語根に連結すると、後ろの l が脱落する（例：useful、until）。
- 単語の中に母音字が 2 つ並んでいるときは、最初の母音字を発音し、2 つ目の母音字は黙字になる（例：approach、leather）。例外は poem、build など。（＊訳注：poem は o も e も発音し、build は 1 つ目の母音字が黙字になる）
- 語末が黙字の -e で終わる単語に母音字で始まる語尾が続くと、-e が脱落する（例：give → giving）。子音字で始まる語尾が続くときは、-e は脱落しない（例：give → gives）。
- 語末が "ick" 音の単語は、1 音節なら ick とつづる（例：click、brick）。ただし、2 音節以上から成る単語の場合は、ic とつづる（例：electronic、catastrophic）。例外は homesick、limerick など。
- q の文字の後にはふつう u が続く（例：quiet、sequence）。

つづりを覚えるための楽しいヒント

（＊訳注：これらは p.165 の補足。それぞれ声に出して読んでみよう）

affect and effect
Affect is the action;
effect is the result.

dilemma
Emma faced
a dilemma.

ocean
Only cats' eyes
are narrow.

misspells
Miss Pells never misspells.

desert and dessert
What's the difference between deserts and desserts? Desserts are sweeter with two s's for sugars.

soldier
Soldiers sometimes die
in battle.

difficulty
Mrs. D, Mrs. I,
Mrs. FFI, Mrs. C,
Mrs. U, Mrs. LTY.

height and weight
There is an eight in
height and weight.

secretary
A secretary must
keep a secret.

island
An island is land that is
surrounded by water.

measurement
You should be sure of your measurements before you start work.

piece
You have to have a
pie before you can
have a piece.

hear
Hear with your
ear.

「コミュニケーション技能」の参考資料

同意語

優れた書き手は語彙が豊富です。同じ単語を繰り返さず、同じ内容を表す別の単語(同意語、類義語)を使ってみましょう。最初の単語より、ずっと豊かなニュアンスに変わります。たとえば、she said より she whispered(彼女はささやいた)の方が、読み手に多くの情報を与えます。

exciting(わくわくするような)
- dramatic
- thrilling
- sensational

said(言った)
- cried
- muttered
- whispered
- remarked
- demanded
- yelled
- gasped
- exclaimed

beautiful(美しい)
- gorgeous
- attractive
- elegant
- exquisite
- stunning
- graceful

definitely(確かに)
- unquestionably
- clearly
- categorically
- positively
- surely
- inescapably

boring(退屈な)
- dull
- monotonous
- tedious
- tiresome
- mundane

amazing(楽しい)
- remarkable
- overwhelming
- astonishing
- impressive
- spectacular

interesting(興味深い)
- absorbing
- appealing
- arresting
- fascinating
- captivating
- inspiring

big(大きな)
- gigantic
- huge
- immense
- monstrous
- vast
- tremendous
- enormous
- massive

look(見る)
- gawk
- gape
- glimpse
- browse
- observe
- stare
- watch
- peep

difficult(難しい)
- demanding
- trying
- challenging
- arduous
- exacting
- gruelling 〈米〉grueling

walk(歩く)
- amble
- lumber
- wander
- march
- prance
- plod
- swagger
- waddle

angry(腹の立つ)
- annoyed
- livid
- furious
- irate
- incensed

人の性格を表す形容詞

優れた物語には個性的な人物が登場します。独特な形容詞を使って、登場人物の雰囲気や性格を表現しましょう。（意味は辞書を参照）

absent-minded, argumentative, bossy, charismatic, considerate, eccentric, flamboyant, generous, glamorous, gregarious, intelligent, intuitive, materialistic, morose, optimistic, responsible, ruthless, witty

類語反復（tautology）

同じ内容を繰り返す表現を類語反復[重複表現]といいます。不必要な表現なので、使わないようにしましょう。（＊訳注：日本語では「馬から落馬する」など）

類語反復	避ける理由
tiny little baby	tinyもlittleも「小さい」
a round circle	円は常に丸い
an old antique	骨董品は当然古い
an unexpected surprise	驚きは必ず予想外のこと
yellow in colour	「色が黄色の」。色以外の黄色はない
month of May	5月は常に月の名
new innovation	革新なら当然新しい

常套句(じょうとうく)

常套句とは、ありきたりな決まり文句のことです。これを使って書くと、独創性のない文章になってしまいます。使わないようにしましょう。（意味は辞書を参照）

face the music, as light as a feather, up in the air, at the end of the day, at all costs, in a nutshell, on a roll, cost an arm and a leg

感情に訴える言葉

書き手は読み手の感情に訴えるために、感情のこもった言葉を使います。この技法は、読み手を説得したり、楽しませたりするときに役立ちます。こうした言葉づかいの効果をよく知っておくことが大切です。（下の表現の違いを辞書で確かめましょう）

ふつうの表現	ドラマチックな表現
she cried	she wailed
a good result	a staggering result
disturbance in town centre	riot in town centre（〈米〉center）
school fire	school blaze
brave person	heroic citizen
unhappy workers	furious workers
animals killed	animals slaughtered
house prices fall	house prices plummet
problems in schools	chaos in schools

少ない語数で

単語を使いすぎると、語句の意味があいまいになってしまいます。簡潔に書けば、意味が明瞭になり、洗練された文章になります。（例：かなりの数の → 多数の）

語数の多い表現	簡潔な表現
a considerable number of	many
are of the same opinion	agree
as a means of	to
at the present time	currently, now, today
at this point in time	now
give an indication of	show
has a requirement for	requires, needs
has the ability to	can
in close proximity to	near
in the absence of	without
in the course of	during
in the majority of instances	usually
in the very near future	soon
is aware of the fact	knows

246 参考資料

添え状（cover letter）

就職申込書には、添え状と呼ばれる正式な手紙を履歴書に添えます。正式な紙面構成にし、採用してもらえるように細かい情報を盛り込みます。簡潔に書き、1ページに収まるようにするのがよい添え状です。
（下の手紙の本文の訳は p.255）

志願者の住所氏名を上部に置く。

Joe Elf
Hollow Tree
Snowy Forest
Lapland

住所の下に日付を入れる。〈米〉September 15, 2013

15 September 2013

雇用側の詳細（宛先、社名、所在地）を上部左に置く。

Mr. Santa Claus
Toy Workshop
Secret Mountain
North Pole

件名として欠員[求人]部署を書き、下線を引く。

Junior Toymaker Vacancy

第1段落では、応募したい部署や、募集を何で知ったかなどを書く。

Dear Mr. Claus,

I would like to apply for the position of Junior Toymaker advertised in the *Lapland Chronicle*. As requested, I have enclosed my résumé and two references.

The role would be an excellent opportunity for me to start my career in toy manufacturing. I believe that my impressive education and examination results from the Toy College would make me an asset to the company.

I can be contacted at the address and phone number on my résumé. I am available for interview next week.

中間部では、応募の理由や特技・経験などを書く。

I look forward to discussing this role with you soon.

熱意を示す前向きな表現で締めくくる。（＊訳注：結びの Yours sincerely は、〈米〉では Yours truly が一般的）

Yours sincerely,

Joe Elf

Joe Elf

引用文献の表示

学術文書では、出典を表示しなければなりません。これは、他人が書いたものを無断借用したり、業績を横取りしたり、情報をでっちあげたりしたものではないことを証明するためです。引用文献は、他人の言葉を直接引用するときや、他人の見解や研究成果を取り上げるときに記載します。統計数字の場合でも必要です。表示方式は数通りありますが、文書全体で統一することが必要です。（＊訳注：方式は学会などによってかなり異なる）

▷番号を付ける方式

引用した部分ごとに小さい数字を付けていく方式です。この数字は、ページ下に番号を振って並べた脚注(footnote)と対応しています。そして、論文の最後で、これらを参考文献(bibliography)として改めて列挙します。

〔右の引用部分の訳〕「ピザには2種類しかありません。マリナラとマルゲリータです。お出しできるのはそれがすべてです」

> Pizza purists argue that pizzas should only be topped with tomatoes, herbs and sometimes mozzarella. According to the Italian food writer, Gennaro Rossi, "There are only two types of pizza – Marinara and Margherita. That is all I serve."[1]
>
> 1 Gennaro Rossi, *The Perfect Pizza* (London: Pizza Press, 2010), p.9.

- 脚注。書籍名はイタリック体にする。
- 出版社の所在地と社名をコロンで分けてカッコに入れる。社名の後にコンマを付け、出版年を記す。
- 引用したページも記す。1ページだけなら p.○とし、複数ページなら pp.○-○とする。数字だけを表示する方式もある。

▷丸カッコに入れる方式

丸カッコを使って、文章中に著者と出版年を表示する方式です。ハーバード大学で最初に採用したので「ハーバード方式」（右の例）とも呼ばれます。なお、引用の直後に著者の姓とページ数（数字のみ）を丸カッコに入れて示す方式もあり、これを「MLA（米国現代語学文学協会）方式」といいます。

> Pizza purists argue that pizzas should only be topped with tomatoes, herbs and sometimes mozzarella. According to the Italian food writer, Gennaro Rossi (Rossi 2010, p.9), "There are only two types of pizza – Marinara and Margherita. That is all I serve."

- 発行年を入れる。
- 載っているページも記す。
- 著者の姓だけ記す。
- コンマは、著者名と発行年の間には入れず、発行年とページ数の間に入れる。

▷引用文献リスト

丸カッコ方式の場合は、論文などの最後に、他の情報も加えたくわしい引用文献リストを載せます。これは参考文献とは違い、直接または間接的に引用したものだけを載せます。下調べなどで参考にした本は載せる必要はありません。（＊訳注：右の2行目をMLA方式で表記すると、次のようになる。Rossi, Gennaro. *The Perfect Pizza*. London: Pizza Press, 2010. Print.）

> Romano, S. (1982) *The History of Italian Cooking*, Rome: Food Books.
> Rossi, G. (2010) *The Perfect Pizza*, London: Pizza Press.
> Smith, J. (2006) *My Love of Pizza*, New York: Big Fat Publishing.

- 出典は著者の姓をアルファベット順に並べる。
- 著者の後に、発行年をカッコ付きで入れる。
- 書籍名はイタリック体で。
- コロンを使って出版社所在地と出版社名を入れる。
- 最後に終止符を付ける。

本文の日本語訳

● p.169「よくつづりを間違える単語」
(are) その少年たちは面倒を起こしてばかりいる。
(our) 私たちのチームは国内選手権大会に招かれた。
(hear) 飛行機が頭上を飛んでいるのが聞こえた。
(here) これが私の家族の最新の写真です。
(know) タクシー運転手は私の家への行き方を知らなかった。
(now) 昔、私の家があったところには今、カフェがある。
(lose) 彼女が決勝戦で負けるはずなかった。
(loose) 友人がバラで入れていた小銭がポケットから落ちた。
(passed) 彼は友人にプレゼントを手渡した。
(past) 彼女は車で帰宅する途中、公園を通り過ぎた。
(weather) 天気予報は降雪を予測していた。
(whether) 今日はコートを着たらよいかどうかわからない。

● p.169「1語か2語か？」
(anyone) 喫煙しているところを見つかると誰でも罰せられます。
(any one) あの人たちの誰のせいであってもおかしくない。
（＊訳注：of が続くときは必ず any one of ～となる）
(already) 私たちのパスポートはすでに検閲済みだ。
(all ready) 私たちは皆、飛行機に搭乗する準備ができている。
(altogether) その歌はまったく不適切だった。
(all together) それらの絵画は初めて同時に展示された。
(everyday) 私は家の中では普段着を着ていた。
(every day) 私は毎日、シャワーの後でヘアードライヤーを使う必要がある。
(maybe) たぶんいつか、彼らは真実を明らかにするだろう。
(may be) 2人以上の容疑者が存在するかもしれない。

● p.171「紛らわしい単語（追加）」
(accident) 自転車事故で彼女には大きなあざが残った。
(incident) そのチーム内でいじめ事件があった。
(angel) 経典のその一節は天使について言及していた。
(angle) 正方形の各内角は同じ角度である。
(desert) 砂漠の真ん中は非常に暑かった。
(dessert) 私の大好きなデザートはキーライムパイです。
（＊訳注：キーライムは、小ぶりで黄緑色をした果汁の多いライム）
(elicit) 父親は息子から返事を聞き出そうとした。
(illicit) 空港ではその男から違法な食品を没収した。
(envelop) 霧が町をまさに包み込もうとしていた。
(envelope) 彼は手紙を封筒に入れた。
(lightening) 美容師は私の髪を明るい色に染めていた。
(lightning) 激しい雷雨が大災害をもたらした。
(rational) 彼女のふるまいには合理的な理由がなかった。
(rationale) 彼女は自分の決断の論理的根拠を説明した。

● p.180「あいまいなメッセージ」
私の誕生日を一緒に祝ってください
7月14日　土曜日　午後7時
住所　ソーンブリッジ、ヨーク通り13　TH12 2HE
フォーマルな装いでいらしてください。

● p.181「正しいメッセージを送る」
パーティーを楽しもう！
年に一度のお祝いの日、絶対に来てね。
7月14日　土曜日　午後7時
食べ物、ダンス、花火、手品ほか、盛りだくさん。
住所　ソーンブリッジ、ヨーク通り13　TH12 2HE
道順

● p.183「どれくらい格式ばったものにするか」
ジョーンズ先生
（息子の）ジェイクは昨夜の宿題を終えるのに非常に苦労していました。一生懸命やってはいましたが、練習問題が理解できませんでした。息子が宿題をやり終えるには、もう少し誰かに手伝ってもらう必要があるかもしれません。
敬具
シーラ・ジェソップ

● p.184「選んで混ぜる」
怪物は逃亡していた。夜になると現れ、その遠吠えがとどろいた。人々は、怪物は緑色の体毛でおおわれ、赤い目をしていると言っていたが、目撃した者は誰もいなかった。

● p.184「テンポを変える」
（左）彼女は走り出した。怪物が後を追った。彼女の心臓は早鐘のように高鳴っていた。怪物は背後に迫っていた。決断の時だった。彼女は湖に飛び込んだ。
（中）湖からはい出ると、遠くの小屋の明かりが見えた。岸をはい上がり、ぬかるみの中を走り、樫の木々の下をくぐり、道のカーブを回り、家の通路にかけ込んだ。彼女は家に着いたのだ。

(右)「われわれが結束して血に飢えた怪物を追い詰めなければ、子供たちは安心して外に出られないし、われわれだってベッドでぐっすり眠れないだろう。今こそ行動しなければ」

● p.185「出だしを変える」
森を通って歩いていると、ジェシカはゾクっと寒気がした。あたりには誰もいなかった。突然、彼女は遠くで唸り声がするのを聞いた。

● p.185「詳細を加える」
(上) ジェシカは怪物から後ずさった。
(中) ジェシカは怒り狂った怪物から恐る恐る後ずさった。
(下) 恐る恐る、ジェシカは怒り狂った怪物から後ずさった。

● p.186「最初のメモ書き」
(中央) 若者はなぜもっと運動すべきなのか
(上段) 肥満の度合いが増す／スポーツ選手から引用／新しい友達を作る
(下段) 健康を増進する／病気を防ぐ／才能を伸ばす

● p.186「情報収集」
世界的に見た病的肥満は、1980年と比べて2倍以上になった。(世界保健機関報告、2012年)
「運動不足は冠状動脈性心臓病を引き起こす独立危険因子である。言い換えれば、運動をしなければ、高齢化したとき心臓発作で死亡する危険性が劇的に増大する」 ジョン・ホッブス博士

● p.187「計画を練る」
導入部
背景となる情報。現在の若者が以前と比べてどれほど運動しないか。これは不健康や非行につながる。ショッキングな統計を入れる。
1. 変わるのは簡単
ランニングをする、サッカーチームを始める、ウォーキングをするというような運動は、安上がりで、設備もいらない。時間もあまりとらない。──図表を示す。(＊訳注：footballはイギリス英語ではsoccerを指す)
2. 健康効果
運動によって気持ちが明るくなり、体重が減り、健康レベルが向上する。統計数字をいくつか取り上げる。
3. 社会的効果
団体競技は人との交わりを促す。──若い人同士がつきあうことによって友人が増え、トラブルに巻き込まれることが少なくなる。健全な競争心と団結心を促進する。
4. 長期にわたる効果
健康問題の少ない世代。プロスポーツにおける成功の増大。

結論部
導入部で考察した心配な状況がどう変わりうるか。将来への展望。オリンピックの金メダリストからの引用。

● p.188「よい出だし」
あなたの言い訳はどんなものですか(＝あなたはなぜ運動しないのですか)。汗をかきたくない、時間がない、あるいはやりたくないだけなのかもしれません。理由が何であれ、それはあなたに限ったことではないのです。十分運動をする若者はますます減っています。しかし、スポーツにはさまざまな健康上の効果、社会的な効果があります。さあ、不平を言うのはやめて行動する時です。

● p.188「新しいアイディアは新しい段落で」
…このようにして、定期的な運動をすると長期的な健康が促進されるだけでなく、気分は明るくなり、ストレスも減ります。
　健康面での効果に加えて、スポーツは社会生活を向上させます。定期的に友人たちと会え、またチームに入れば、新しい人たちとも知り合いになれるのです。

● p.189「強い印象を残す」
　さあ、もう言い訳はできませんね(＝スポーツをやらない理由はありませんね)。定期的に運動をすれば、心臓疾患やその他の重大な病気になる可能性が減ります。短期的には、私たちは健康的になり、気持ちが明るくなり、また元気になります。そして、運動は、新しい人々と出会い、楽しく過ごし、新しい才能も発見できるかもしれない、うってつけの方法なのです。

● p.192「正確な情報」
課題文1
あなたの両親はいつも、朝食を食べなさいとうるさく言っていますか。まあ、今度ばかりは彼らが正しいのです。午前中、あなたの体は、1台の車と同様、燃料を必要としています。ひとたび満タンになれば、出かける準備ができたことになるわけです。
課題文2
最近の研究で、栄養価の高い朝食をとることの健康効果が数多くわかってきています。朝、体内にあるグリコーゲンの貯蔵量は減り始めます。朝食を抜くと、疲れを感じ始めるのです。

● p.193「論拠を示す」
最初の抜粋(課題文1)は、健康的な朝食をとるように子供たちを説得するために書かれています。それは、「あなたの両親はいつも、朝食を食べなさいとうるさく言っていますか」と読み手に尋ねることで始まっています。書き手はまた、朝食をとる行為を車を燃料で満タンにする行為にたとえるた

めに、fuel や filled up や hit the road という語句を使いました。

● p.193「理由を説明する」
書き手は、朝食をとる行為を車を燃料で満タンにする行為にたとえるために、fuel や filled up や hit the road という語句を使いました。このわかりやすいたとえによって、子供たちは行為を理解しやすくなります。同時に、文章がずっとおもしろくなるので、若い読み手の興味を引くでしょう。

● p.193「文章を比べる」
どちらの文章も栄養価の高い朝食の大切さに関するものです。そしてどちらも、より健康的な食事をするように読み手を説得しようとしています。しかし、言葉の使い方が非常に異なっています。子供向けの最初の文章では簡単な言葉を使って基本的な説明をしていますが、大人向けの2つ目の文章では、より詳細に述べ、「グリコーゲンの貯蔵量」といった科学用語を使っています。…

● p.194〜195「見出し」
超常現象の目撃例が急増
最近発表された統計によれば、当地における超常現象の目撃例は史上最多を記録したとのこと。警察は過去5年間に、幽霊31回のほか、ユーフォー25回、ゾンビ15回、吸血鬼10回、魔女8回の目撃例を記録している。
謎の侵入者
通報はしばしば敷地内への不法侵入といった事件のように思われるが、その後、もっと謎めいたことだと判明する。警察は電話への対応に追われ、その負担は年間数千ポンドに及ぶとのことだ。
さらに奇妙な目撃情報
・この5年間に巨大猫の目撃が14件あり、加えて、巨大猫が原因の負傷が8件報告されている。
・海の怪獣を見たと主張している人が6人。一見、うろこが紫色の巨大なアメリカワニに似ているそうだ。
・幽霊船が港の岸壁で4回、目撃された。1876年にまさにこの地点で一隻の船が難破している。
(キャプション) 超常現象の目撃例では幽霊が最多。
ゾンビは映画のエキストラだった
目撃例はたいていあっさり解明されている。2011年、「ゾンビを見た」との情報があったが、昼休み中の映画エキストラだと判明した。ある土曜日の夜、目撃物が空中に漂っているのを見て通報してきた別の目撃者の話：「大きなオレンジ色の輝く球が地面から昇って行くのを見ました」 これは中国提灯であることが後にわかった。

● p.196〜197「平易に、でも詳細に」
(p.196) ヨセミテ国立公園
ヨセミテ国立公園はカリフォルニア州シエラネバダ山脈に約761,268エーカー($3,081km^2$)の地域を占めています。この国立公園に魅せられて、毎年370万人を超える観光客が訪れます。
ヨセミテ国立公園を探索して楽しむ方法は無数にあります。(p.197) お勧めは以下のレクリエーションです：
サイクリング
公園内には19キロ(12マイル)以上の舗装されたサイクリングロードがあります。
バードウォッチング
ヨセミテでは262種類の鳥が記録されています。そのいくつかを見つけてみましょう。
ハイキング
トレッキングシューズをはいて、自分の足で公園内を探索しましょう。
釣り
規則を守って、湖と川で何が釣れるかを確かめましょう。
乗馬
馬に乗って、馬の背から公園の雄大な景色を楽しみましょう。
次のことを守ってください：
・通り道から外れないこと。
・水を十分に飲むこと。
・ゴミを捨てないこと。
当地への道順
サンフランシスコからのお車での行き方
1．ベイブリッジ(州間高速道路80号線)を東へ進む。
2．580号線を東へ行き、トレーシー／ストックトン方面の標識に従って205号線に進む。
3．205号線を通って幹線道路120号線に進む。
4．幹線道路120号線を進んでヨセミテ国立公園に至る。

● p.198〜199「どちらの新聞か？」
ビレッジ・ヘラルド
スーパー犬、病気のおばあちゃんを救う
地元の老婦人が土曜日、燃えさかる家から飼い犬によって救出された。シャーリー・ウィリアムズさん(65歳)は、電気系統の故障で午後2時頃火災が発生したとき、インフルエンザで寝込んでいた。
　飼い犬のゴールデンリトリバー、スターは庭にいたが、生命の危険を冒して火中に飛び込んだ。スターは煙と炎の中をかいくぐってシャーリーさんを安全な場所へ連れ出した。あとから現場に到着した地元の消防士ジョー・ピット氏は、「われわれの到着を待っていたら手遅れだったでしょう。おばあちゃんの命が助かったのはワンちゃんのおかげですよ」と言った。
　シャーリーさんは病院で回復中。市長はスターの勇気をほめ讃えた。

● p.200「正式な手紙」
北極　秘密のお山
おもちゃ工場
サンタ・クロース様
ひどいクリスマスプレゼントの件、子供番号 12,231,923,000
クロース様
私は常々、貴殿の高品質の製品と、手際のよいプロ意識に満ちた配送サービスをうれしく思っております。それだけに、今年はひどく嫌な経験をして非常に驚いております。
2013年11月15日に、私は貴殿にクリスマスプレゼントの一覧表をお送りしました。しかし、クリスマスの日に受け取ったのは、紺色の靴下1足だけでした。それは少なくとも3サイズ分も大きく、しかも左足のつま先に穴が開いていました。
貴殿が非常に多忙で、ミスの発生が避け難いことはよくわかります。そこで、私の当初のリスト（同封しておきます）で注文した贈り物の1つを受け取ることができればうれしく存じます。そうしていただければ、この問題はこれで終わりにいたします。
ご連絡をお待ちしております。

● p.201「略式の手紙」
ルドルフ君へ
新年の誓いをしっかり守っているよね！　ダイエットはどんな具合かな？
（妻の）メアリーと私は、すばらしい大みそかのパーティーを君が開いてくれたことに感謝したい。忙しかった数週間のあと、私たちみんなが一緒に（年越しの）お祝いをすることができて、とても楽しかった。
では、近々ディナーで君に会えることを願って。
サンタより

● p.201「eメール」
件名：ジュニア・トイメーカーの欠員
ジョー様
このたびはジュニア・トイメーカーの職にご応募いただき、ありがとうございます。
履歴書を拝見し、ぜひ面談を行いたいと存じます。
来週木曜日の午後2時は、ご都合がよろしいでしょうか？
お知らせください。

● p.202「強い反論」
猫より犬を好む人たちの根拠
・犬は猫より知性がある。〔反論〕猫には獲物を取り、自分の体を洗い、自活できるだけの賢さがある。
・猫は死んだネズミを家の中に持ち込むので困る。〔反論〕これは猫の愛情表現。
・猫には社交性がない。〔反論〕猫は人懐こいが、常にかまってもらいたい——これは犬の困った習性——とは思っていない。

● p.204〜205「追加説明」
アニーに相談しよう
悪臭を消す！
アニー様
私は臭い足のことで深刻な問題を抱えています。ばかげていると思われるかもしれませんが、私の全人生に影響しています。においで自分がイライラするだけでなく、周囲の人が気づき始めて、からかったりするのです。私はすっかり自信をなくし、靴を脱ぐのがひどく恐ろしくて、もう友達の家に行くことさえできません。どうしたらいいでしょうか？
匿名、14歳
＊＊＊＊＊
匿名様
ご心配なく—あなただけの問題ではありませんよ！　足の悪臭はよくある問題です。なぜなら、足には体のほかのどこよりも汗腺が多くあるからです。足から汗が出ると、皮膚の細菌がそれを分解します。こうした作用で、そんなチーズのような嫌なにおいが発散するのです。
うれしいことに、悪臭を消す簡単な方法がいろいろあります。第一に、毎日足を洗い、靴下を替えましょう。特別な足専用の消臭剤も試せますが、ふつうの消臭剤を足に吹きつけても、同じ効果があるようです。においを除く間違いのない方法は、抗菌石鹸で足を洗うことです。これを1日に2度すれば、1週間以内に臭い足を追放できるはずです。
ほかにも有効な方法があります。
・合成繊維ではなく、足が皮膚呼吸できるように天然繊維でできた靴下と靴をはきましょう。
・夏はつま先の開いたサンダルをはき、夜、家では素足で過ごしましょう。
・もしこれらの簡単な方法が役立たなければ、医師に相談してください。

● p.206「バランスのとれた判断」
（左欄）リアリティーテレビ（のぞき見テレビ番組）に反対
テレビ局のプロデューサーは、視聴率を上げるために番組を通俗的で不愉快なものにしている。
勉強や努力によって成功するよりはむしろ、有名人の地位を追い求めるように人を仕向けている。
出演者は侮辱され、粗末に扱われる。それは視聴者にとって悪い手本になる。
すべての番組が同じ常套手段をとっていて、番組作りにまったく創造性がない。
（右欄）リアリティーテレビに賛成
リアリティーテレビは人気があるし、プロデューサーは視聴者が求めるものを提供すべきだ。

この種の番組を見たくない視聴者は、テレビのチャンネルを替えるか、テレビを消してしまえばよい。
健康に悪い食習慣といった、社会の重要問題に取り組んでいる番組もある。
リアリティーテレビは人間の本性や特定状況での人間の行動について、くわしく教えてくれる。

● p.207「ほめたり、けなしたり」
映画批評
テイク・トゥー・ザ・フロア2
「テイク・トゥー・ザ・フロア2」は、映画化されたティーンのダンス劇シリーズの最新作だ。例によって、物語は町の正反対の地区［裕福な地区と貧しい地区］出身の2人の若いダンサーに焦点を当てている。ストリートキッドのチャドは名門ダンススクールの奨学金を得るが、この学校になじめないことに気づく。そんなある日、チャドはバレーダンサー、エリーの目にとまる。彼女は彼の踊りの動きに心を奪われたのだ。
ダンス場面の多くは、土砂降りの中の屋上でのタンゴから、ショッピングモールでのサルサの華やかなショーに至るまで壮観。出演者はすべて高度な訓練を受けたダンスの名手たちだが、彼らの演技力は舞台裏に取り残されたようだ。エリーとチャドは、彼らがダンスフロアで醸し出した観客を酔わせる魔法をせりふに持ち込むことができず、見る者を失望させる。
「テイク・トゥー・ザ・フロア2」には新味はなく、筋書きには断じてどんな驚きもない。しかし、この映画は拍手喝采のダンス場面と、活気に満ちたサウンドトラックによって救われている。全体的に言って、前に見たことがあるという気分で終わるにしても、見て大いに楽しめるものになっている。（キャプションの訳）屋上でのタンゴの場面は見事で感動的。

● p.208「感覚に訴える」
バーバラが台所に足を踏み入れると、温風と甘い匂いにいきなり包まれた。カウンターの上には、ファッジアイシング（チョコ味の軟らかい砂糖ごろも）が脇にたれ下がっている三層のチョコレートケーキがあった。彼女ははやる思いで一切れカットし、口に詰め込んだ。チョコのスポンジ部分はこってりとして苦味があり、かすかにナッツの風味もした。まぶした粒状のチョコレートが口の中で砕け、歯の間に詰まった。突然、玄関のベルがブーッと鳴った。バーバラは（びっくりして）飛び上がり、持っていたケーキは床に飛び散ってしまった。

● p.211「読ませたい部分を編集」
大事な試合の前、ぼくは午前中ずっと気分が悪く、パニック状態だった。ぼくたちは勝たなければならず、それにぼくは、とうとうチームの一員になっていたのだ。ぼくにはそれ（チームの一員になったこと）を証明するだけの十分な実力があった。

● p.211「現実感を出す」
その夜、競技場は暑かった。サポーターたちの騒ぎ声は耳をつんざくようで、彼らが歌う応援歌は嵐の中の雷鳴のように競技場にとどろき渡った。

● p.211「個性的にする」
ぼくは縁起のいい靴下をはいていた。いつものピーナッツバターのサンドイッチを食べたし、猫を3回なでた（＊訳注：すべて縁起かつぎ）。ぼくは、人生最大の試合をする準備ができていた！

● p.211「きみはぼく」
きみは今までに負け組になったり、きみのチームがあのような決定的シュートを外すのを見たりしたことがあるに違いない。だからきみには、負けて感情的に打ちひしがれることがどんな気分か、わかってくれるよね。

● p.212「誰の視点か？」
（左）悪党たちは俺を裏切った。そこでやつらに、板の上を歩かせてやった！（＊訳注：walk the plank「船から突き出た板の部分を目隠しで歩く」、海賊の処刑方法）
（右）おいらの船長は、7つの海を航海する最も恐れられている海賊だ。
（下）その冷酷な船長は、乗組員らに板の上を歩かせた。

● p.213「完璧な設定」
その島には、極彩色の鳥が頭上を飛び回っている以外、誰もいなかった。黄金色の砂浜は、ココヤシの木と熱帯植物で縁どられていた。遠くに幽霊のように見える難破船は、激しくぶつかる波によってゴツゴツした岩に叩きつけられていた。

● p.213「ドラマチックな対話」
「あんたかい、キャップテン！」と、一等航海士は叫んだ。
「そうさ。さあ、俺に届くように急いでボートを下ろすんだ」と、キャプテンはどなった。

● p.214「見やすく」
旅に出よう（サイト名）
オーストラレーシア（オーストラリア、ニュージーランド、周辺諸島を含む地域）**旅行ガイド**
日頃のわずらわしさから解放されたいと心から願うなら、さいはてのオーストラレーシアがお勧めです。オーストラリアのゴールドコーストでの波乗り、ニュージーランドでの山歩き、あるいは、フィージーの浜辺でひたすらリラックス。この地域での生涯最高の旅行計画を立て始めましょう。（＊訳

注：you can't get much farther away than ～「～より遠くまで行くのは無理だ」→「（この際、イギリスから）最も遠い～に行ってはどうでしょう」。much は比較級を強調）

オーストラリアへ
おしゃれな都会、のどかな島々、それにアウトバック（内陸部の人口希薄地帯）まで、オーストラリアにはすべてがそろっています。グレートバリアリーフでスキューバダイビングを、シドニーでパーティーを、そして魅惑的な野生動物の観察もしましょう。
詳細はこちら

ニュージーランドへ
ニュージーランドはスリルを求める方々の楽園です。スカイダイビング、ホワイトウォーターラフティング（いかだでの急流下り）、バンジージャンプでアドレナリンを放出しましょう。美しい景色に触れるだけでも十分楽しめます。
詳細はこちら

フィージーへ
とびきり美しい浜辺でのんびりしたいなら、フィージーは期待を裏切りません。クリスタルのように透明な海と美しいサンゴ礁の島々が 300 以上点在しています。
詳細はこちら

● p.215「ブログ」
「旅に出よう」ブログ
ボンダイでサーフィン
ついにダウンアンダー（オーストラリアとニュージーランド）で実現！
こっちは早朝だけど、まだオーストラリア時間に慣れてないよ。それで、ぼくの旅行の最新情報をみんなに伝えることにした。きのうは、ボンダイビーチの荒波の中でサーフィンをして、時差ボケを治すことに決めたんだ！
続きを読む
インタラクティブな［双方向の］目的地地図をクリックしよう
メールで費用の見積もりを取る
ブログ仲間の 1 人に声をかける［教える］

● p.216「ナレーション」
時刻
映像（0:00）熱帯雨林の植物と野生動物の美しくカラフルな映像
　　（0:15）森林破壊のショッキングなシーン
　　（0:20）森林破壊全体にズームを合わせる
せりふ
　　（0:00）アマゾンの熱帯雨林は、植物種と動物種の世界最大の宝庫です。何百万もの奇抜ですばらしい生物が、ここをすみかとしています。
　　（0:15）しかし、この熱帯雨林はあとどれだけもつでしょうか。
　　（0:20）無言
効果音
　　（0:00）ジャングルの、のどかな響き
　　（0:15）無音
　　（0:20）無音

● p.217「演劇の台本」
抗議
場面　ショッピングセンター建設のため取り壊される予定の公園。抗議のシュプレヒコールがあがっている。
登場人物
メドウ：環境活動家
デテクティブ・スタッブズ：警官
　（メドウが木に登り始める）
　（デテクティブ・スタッブズ登場）
デテクティブ・スタッブズ：何のまねだ？
メドウ：（怒って）木を守ってるんだよ！
デテクティブ・スタッブズ：すぐ降りてこい！
　（メドウは笑って、木のてっぺんによじ登る）
デテクティブ・スタッブズ：おい、戻ってくるんだ！

● p.218「原作」
王子は、誰も知らないすてきな王女が到着したと聞かされ、外に迎えに走り出ました。王女が馬車を降りると、王子は彼女の手をとって、大勢の人が集まっている広間へと導きました。広間はたちまち静まりかえりました。誰もがダンスをやめ、バイオリンの演奏もやみました。誰もが、未知の新参者のまれに見る美しさにうっとりしてしまったのです。

● p.219「作り変え」
その夜は私の人生を永久に変えました。舞踏場に入ったとき、私は興奮で目がくらみました。色とりどりのドレスを着飾った女性たちは、きらめくシャンデリアの下で、床をしゃなりしゃなりと歩きました。客たちのおしゃべりやバイオリン演奏の音が部屋に満ちていました。ところが、すべてが静まり返ってしまいました。みんなが私を見ていました。

● p.219「王室の特ダネ」
ザ・キャッスル(新聞名)
彼女は誰？
（キャプション）秘密めいたとびきりの美女、夜中の 12 時直前にあわてて舞踏会を去る。
パーティーの王子、謎の女性とのツーショットを目撃される（＊訳注：spotted ＝ was spotted。見出しでは受動態の be はしばしば省略される）
それは数百人の心を打ち砕く光景だった。チャーミング王子（24 歳）は土曜日の晩、皆が初めて目にする女性と一晩中踊っているところを目撃された。

今年結婚する意思を公に発表している王子は、この美しい金髪女性に魅了されたようだ。床まで届く光沢のあるガウンを身につけ、きらびやかなガラスの靴をはいたこの女性は、王子の恒例の舞踏会で注目の的だった。
　参加者の１人は、「彼女が部屋に入ってきたとき、みんなしーんとしてしまいました。誰もが、彼女の美しさにうっとりしました」と言った。

● p.220〜221「的確な解答を」〔修正後の英文の訳〕
ウェブサイトが言葉と表示機能をどのように使って、このテーマパークに読み手を来させようとしているかを論ぜよ。
（＊訳注：ここではウェブ上の文章は省略されている）
このサイトはワイルドウェイブズウォーター公園に人々を誘うために作られている。特に学校休暇中の若者をターゲットとしている。一連の画像が説得力を高めている。選び抜かれた写真は皆、見るからに楽しんでいる人たちの集団を写したもので、読み手はその楽しみに参加したくなる。多色刷りの文章はとても目を引くもので、一瞬で読み手の注意を引く。サイトで使われている言葉は、実に説得力がある。たとえば、この文章は動きを表す動詞に満ちている。書き手は、「あなたには急流乗りをする覚悟がありますか」といった、読み手を挑発する修辞疑問文を使っている。

● p.224「大論争」
（左上）パワーマンは最も超人的なパワーを持っているので、最高のスーパーヒーローだと思います。彼は途方もなく強く、超音速で飛ぶことができます。
（右）あなたの主張はわかりました。でも、バードマンはスーパーパワーはありませんが、それが彼をいっそう影響力の強い男にしていると思います。なぜなら、彼は試練を乗り越えて技術を身につけざるをえなかったからです。
（下）それではメルビン、あなたはどう思いますか。もしかしたらあなたは、ほかの人が好みなのでは？　タイガーウーマンとか…。

● p.226「話すテーマ」
スピーチのアイディアいろいろ
・芽キャベツを救え！
・大好きな花形スポーツ選手に会ったとき。
・マレット風の髪型（えり足だけ長く伸ばした男性の髪型）はファッションの失敗例だ。
・次のジェームズ・ポンド役に私がふさわしい理由。
・学校内で携帯電話（の使用）を禁止すべきではない。

● p.226「構成」
（左）私にはショッキングな秘密があります。芽キャベツが好物なのです！
（中）芽キャベツは、信じられないほど優れたものです。ビタミンCがオレンジよりたくさん含まれています。
（右）ですから、今度皆さんがディナーをお腹に入れるときは、この小さな野菜にチャンスを与えてください。

● p.227「話のうまい人」
（左上）皆さんは芽キャベツなんか大嫌いだと言いますが、食べてみたことはあるのでしょうか。
（左下）芽キャベツは滋養分にあふれています。ビタミンC、ビタミンA、カリウム、カルシウム、鉄分、タンパク質が豊富です。
（右上）毎年、莫大な量の手つかずの芽キャベツが、軽々しくゴミ箱に放り込まれています。
（右中）私は芽キャベツに対する考え方を変えました。皆さんもできます。私たちは協力して、この野菜をふたたび人気者にしましょう。
（右下）芽キャベツを見直しましょう！

● p.228「チラリ見カード」
私はなぜ芽キャベツが大好物か
・私には秘密がある。芽キャベツが大好きなのだ！
・私が考えを変えた日
・芽キャベツは評判が悪いが、それは不当だ
・最大の生産地はオランダで、年間８万2000トン

● p.228「はっきり話す」
芽キャベツの栄養面
・芽キャベツはオレンジより多くのビタミンCを含む。（休止）
・芽キャベツは脂肪をほとんど含んでいない。（休止）
・大半の野菜と違って、芽キャベツは高タンパク。（休止）

● p.228「抑揚をつける」
芽キャベツの歴史
・芽キャベツの前身は古代ローマで栽培された。
・アメリカ建国の父トーマス・ジェファーソンは芽キャベツを育てていた。
・今日、生産高は莫大。アメリカ合衆国では毎年、約３万2000トンが生産されている。

● p.229「視覚的な補助」
ビタミンC：85ミリグラム／炭水化物：8.95グラム／食物繊維：3.8グラム／タンパク質：3.38グラム／糖類：2.2グラム／脂肪：0.3グラム
100グラム（3.5オンス）当たりの栄養価

● p.239「よく混同する単語」
（accept と except）
私はあなたの謝罪を受け入れます。

私を除いてみんなリストに載っていた。
(adverse と averse)
彼女は薬の逆効果［副作用］のために気分［体調］がすぐれなかった。
彼は怠惰で、スポーツをするのを嫌がった。
(aisle と isle)
花嫁は通路を歩いていった。
彼らはスコットランド沿岸の小島を訪れた。
(aloud と allowed)
彼女は本を音読した。
彼は読む本を選ぶことを任された。
(amoral と immoral)
道徳観念に欠けた彼女の態度は、自分の行動が間違っていてもかまわないということを示していた。
彼は不道徳な行為で会社を首になった。
(appraise と apprise)
経営者は従業員たちの技能を評価する必要があった。
その弁護士は被告に諸権利を伝えるためにやって来た。
(assent と ascent)
彼はうなずいて同意［承諾］した。
彼らは気球が上がるのをじっと見ていた。
(aural と oral)
聴覚検査で、彼女はじっと耳を傾けるように求められた。
その歯医者は口内検査を実施した。
(bare と bear)
彼ははだしで歩いた。
その大きなクマは森を歩き回った。
(break と brake)
そのチョコレートは簡単に 2 つに割れた。
その車はブレーキのかかりが遅かった。
(broach と brooch)
彼はそのテーマを議論に持ち出すことにした。
彼女はきれいなブローチを身につけていた。
(cereal と serial)
彼は朝食にボウル 1 杯のシリアルを食べた。
彼女はコンピュータに通し［製造］番号を見つけた。
(complement と compliment)
それらの色はお互いをよく引き立たせる。
彼はきれいだと言って彼女をほめた。
(cue と queue)
舞台に上がる前、その俳優は（きっかけの）合図を待っていた。
レジに並ぶ列はとても長かった。
(desert と dessert)
砂漠は極端に暑く、乾燥している。
彼女はデザートにケーキを食べることにした。
(draught と draft)
ドアの下からすき間風が入っていた。
彼女は（もう）手紙の下書きを書いた。

(pore と pour)
彼は鼻が詰まっていた。
彼女はパーティーで飲み物をつぐのを手伝った。
(principle と principal)
その男性は強固な主義の信奉者だった。
彼は主人公役を与えられた。
(stationary と stationery)
航空機は着陸し、静止したままだった。
彼女はペンを探して文具戸棚の中をのぞいた。（＊訳注：〈米〉stationery cabinet）

● p.246「添え状」
「ラップランド・クロニクル」紙にありましたジュニア・トイ・メーカー部署の求人に応募したいと存じます。ご要望通り、私の履歴書と推薦状を 2 通、同封いたします。
この職務は、私が玩具製造の仕事を始めるすばらしい機会になることでしょう。トイ大学で得たすばらしい教育内容と試験結果［成績］により、私は貴社の貴重な人材になれることと信じております。
履歴書に記載した住所と電話番号で連絡していただけます。
私は来週、面接に伺えます。
近々、この仕事に関してぜひお話ししたいものです。

[著者] キャロル・ヴォーダマン
「トゥモロウズ・ワールド」「カウントダウン」など多くの英国のテレビ番組で司会・アシスタントを務め、一躍人気者になる。英国国立科学・技術・芸術基金創設時の理事。王立科学研究所および技術教育諮問委員会のメンバーであり、英国内の大学から多くの名誉学位を取得。著書に児童向け英語教材 English Made Easy シリーズその他がある。

[著者] リンダ・ギャンブレル
クレムゾン大学教育学特別教授。過去に国際読書学会、教材協議会その他の会長を務める。2004年、読書殿堂（the Reading Hall of Fame）入り。学級主任、読書専門指導の経験を持つ。読書教育に関する著書物を出版するほか、主要な教育学術誌に論文を多数発表。

[著者] スーザン・ローワン
ロンドン特別区の元英語・読解力専門指導主任。3大学で教育学士号、文学・歴史学士号および修士号を取得。25年以上、ロンドンその他の学校で英語学および読み書きの指導にあたり、現在は英語指導分野のコンサルタントとして活躍。

[著者] スチュワート・サヴァード
カナダ、ブリティッシュコロンビア州コモックスバレーの電子図書館司書。授業指導助手の経験を持つ。学校図書館、オンライン上の盗作問題その他を扱った記事・著作物多数。

[訳者] リーピン・リザーズ（Leapin' Rizards）──英語関連出版物の企画・編集・執筆・翻訳グループ。著書に『自己紹介の英語ハンドブック』『Eメールの英語ハンドブック』『電車の中の英語テスト 444』（いずれも創元社刊）などがある。
本書翻訳担当：島村栄一（しまむら えいいち）・岡　恭平（おか きょうへい）
[協力] 佛木則子（ほとぎ のりこ）・Dan Moye（ダン・モイ）・岩田尚子（いわた ひさこ）・アベル社

HELP YOUR KIDS WITH ENGLISH by Carol Vorderman
Copyright © 2013 Dorling Kindersley Limited

Japanese translation rights arranged with
Dorling Kindersley Limited, London
through Fortuna Co., Ltd. Tokyo

親子で学ぶ英語図鑑──基礎からわかるビジュアルガイド

2014年10月1日　第1版第1刷発行
2018年7月10日　第1版第2刷発行

著　者　キャロル・ヴォーダマンほか
訳　者　リーピン・リザーズ
発行者　矢部敬一
発行所　株式会社 創元社　http://www.sogensha.co.jp/
〔本社〕　〒541-0047 大阪市中央区淡路町 4-3-6
　　　　Tel. 06-6231-9010　Fax. 06-6233-3111
〔東京支店〕　〒101-0051 東京都千代田区神田神保町 1-2 田辺ビル
　　　　Tel. 03-6811-0662

ISBN978-4-422-41413-3 C0082
Printed in China

落丁・乱丁のときはお取り替えいたします。

JCOPY 〈出版者著作権管理機構 委託出版物〉
本書の無断複写は著作権法上での例外を除き禁じられています。複写される場合は、そのつど事前に、出版者著作権管理機構（電話 03-3513-6969、FAX 03-3513-6979、e-mail: info@jcopy.or.jp）の許諾を得てください。